Software Project Development

초보 개발자를 위한

소프트웨어 프로젝트 개발

| 황만수 지음 |

한티미디어

저자 소개

황만수

신한대학교 IT융합공학부 교수로 재직 중으로, 금성 소프트웨어에서 근무하였고
현재 과기정통부 SW신산업 자문위원, TTA 소프트웨어 품질평가 표준화 그룹(PG 604)
의장 등으로 있다.
소프트웨어공학, 소프트웨어 요구공학 및 소프트웨어 품질관리 분야를 연구하고 있으며,
대학에서 소프트웨어 공학과 캡스톤 디자인 등을 주로 강의하고 있다.

초보 개발자를 위한
소프트웨어 프로젝트 개발

발행일 2020년 12월 30일 초판 1쇄
지은이 황만수
펴낸이 김준호
펴낸곳 한티미디어 | **주소** 서울시 마포구 동교로 23길 67 3층
등 록 제 15-571호 2006년 5월 15일
전 화 02)332-7993~4 | **팩스** 02)332-7995
ISBN 978-89-6421-415-2 (93000)
정 가 19,000원

마케팅 노호근 박재인 최상욱 김원국 | **관리** 김지영 문지희
편 집 김은수 유채원 | **본문** 이경은 | **표지** 유채원
인 쇄 한프리프레스

이 책에 대한 의견이나 잘못된 내용에 대한 수정정보는 한티미디어 홈페이지나 이메일로 알려주십시오.
독자님의 의견을 충분히 반영하도록 늘 노력하겠습니다.

홈페이지 www.hanteemedia.co.kr | **이메일** hantee@hanteemedia.co.kr

---

PREFACE

컴퓨터가 세상에 출현한 이후 인류의 역사 시계는 이전보다 더 빨리 돌아가고, 사람들의 생활도 더 빠른 처리와 더 많은 편리함을 추구하고 있다. 이와 관련하여 소프트웨어 개발 환경은 점점 더 복잡해지고 기술은 어려워지고 사용자들은 점점 더 높은 수준의 품질을 요구하고 있다.

그러나 소프트웨어 프로젝트를 수행하는 과정은 무척 힘들고 고통스러운 시간의 연속이다. 개발자 시계는 인류 역사 시계보다 몇 배는 더 빨리 돌아가는 것처럼 보인다. 이러한 환경에서 개발자들이 밤낮없이 자신의 영혼을 불어넣은 프로젝트가 제 시간에 끝나지 못하거나 중간에 포기하고 더 심한 경우 사용자들로부터 외면을 받게 된다면 어떨까? 특히 개발 경험이 적은 초보 개발자들은 이러한 상황에 더욱 자신의 머리를 쥐어짤 수밖에 없을 것이다.

소프트웨어를 개발하는 것과 프로그램을 작성하는 것은 다르다. 소프트웨어 개발은 단순히 코딩을 통해 소스 코드를 작성하는 프로그래밍이 아니라 프로젝트 요청을 받은 시작 단계부터 논리적인 사고와 체계적인 수행 과정을 통해 일관성 있는 다양한 산출물과 데이터를 만드는 일련의 과정이다.

10년 넘게 학생들의 졸업 작품을 지도하며 특히 아직 실무 경험이 없는 많은 소프트웨어 전공 학생들이나 초보 개발자들이 실제 프로젝트 개발과정을 참고하거나 이해하지 못하고 학습한 이론만을 토대로 만들어 가는 과정에서 좌절하고 힘들어 하며 결국 일부는 포기하는 것을 번번이 경험하였다.

그래서 아직 전체적인 소프트웨어 개발 경험이 없는 학생들이 프로젝트 진행 과정에서 겪는 어려움을 지켜보며 실무적 관점에서 실제 소프트웨어 개발자들이 필요로 하는 개발 환경과 기술을 이해하고 습득할 수 있도록 지원하고자 하였다.

이 책에서는 지난 30여 년 동안 강의와 연구, 개발 그리고 기업 컨설팅 등을 통해 얻은 지식을 정리하여 소프트웨어공학을 기반으로 소프트웨어 프로젝트 개발과 관련된 기본적인 이론을 정리하고 또한 현재 국내외 소프트웨어 개발 환경에서 실제 적용하고 있는 각종 프로세스와 개발 기법 및 방법론, 가이드와 템플릿 및 표준 등을 소개한다. 그래서 개인 또는 팀들이 이들을 실제 프로젝트 개발에 적용하고 경험함으로써 개발 역량을 높이고 또한 향후 실무에서의 적응력을 강화시킬 수 있도록 하는 것을 목표로 한다.

특히 지금까지 대부분의 서적이 소프트웨어 프로젝트의 시작인 제안 단계에 대한 설명이 많지 않았다. 그래서 이 책에서는 기존의 다른 서적에서 다루지 않는 소프트웨어 프로젝트에 대한 개요와 특성을 설명하고 프로젝트의 제안 단계에서 수행할 활동과 산출물에 대해 자세히 기술하였다. 그리고 이후에는 소프트웨어 개발 생명주기 단계인 소프트웨어 요구사항 분석, 설계, 구현 및 테스트 단계별로 수행 활동과 수행 결과에 대해 설명하였다.

소프트웨어 프로젝트는 도메인이나 개발 환경에 따라 다양한 특성을 갖기 때문에 모든 기술과 방법을 적용하기는 어렵다. 그래서 이 책에서는 국내 개발 환경에서 가장 일반적으로 사용하는 개발 모델을 기반으로 프로세스 단계를 정의하고 각 단계별로 수행할 활동과 그러한 활동의 결과로 생성되는 작업 산출물의 종류와 내용에 대해 소개하였다. 특히 이해를 높이기 위하여 개발 도메인 중 가장 많이 표준화되어 있는 공공 도메인의 개발을 기준으로 하였다. 또한 소프트웨어 유지보수 및 관리와 관련된 내용은 이 책의 범위 밖으로 하였다.

특히 이 책은 학부 졸업 프로젝트 수행이나 캡스톤 디자인 과목에 적용하여 사용하면 많은 효과가 있을 것으로 본다.

끝으로 완성되지 않은 원고를 받아 흔쾌히 출판을 허락해주시고 완성된 책으로 나오기까지 물심양면으로 도와주신 한티미디어 임직원 여러분들, 특히 박재인 부장님과 김은수 팀장님께 진심으로 감사를 드린다.

2020년 가을에

황 만 수

CONTENTS

C H A P T E R

1

소프트웨어 프로젝트 개요

CONTENTS

1 소프트웨어 프로젝트

1.1 소프트웨어 프로젝트 정의

프로젝트란 목표를 달성하기 위해 수행되는 잘 정의된 여러 작업들을 모아 놓은 것으로, 조직이나 개인이 명확한 목적과 범위를 가지고 제한된 예산과 비용 안에서 상호 연관성이 있는 일들을 계획, 실행 및 통제 하에서 처리하는 작업을 의미한다.[1]

소프트웨어 프로젝트는 소프트웨어 제품이나 서비스를 얻기 위해 이해관계자들이 계획된 기간 동안 요구사항 정의부터 유지보수까지 개발 방법론에 따라 수행하는 전체 소프트웨어 개발 절차이다. Wysocki는 소프트웨어 개발 프로젝트를 "기존 또는 새로운 비즈니스 프로세스에 중요한 비즈니스 가치를 추가하는 새롭거나 향상된 컴퓨터 코드를 시간, 비용 및 인력의 제약 안에서 두 사람 이상이 개발하는 복잡한 작업"으로 정의하였다.[2]

이러한 소프트웨어 프로젝트는 계약 방식에 따라 획득 프로젝트와 개발 프로젝트로 구분한다. 획득 프로젝트는 한 조직(사용자)이 사용할 소프트웨어 시스템을 다른 개발 조직(공급자)으로부터 계약을 통해 제공받는 프로젝트이고, 개발 프로젝트는 제한된 시간과 비용 안에서 구매자의 계약 요구사항을 만족하는 소프트웨어 시스템을 개발 또는 변경하는 프로젝트이다.[3]

1.2 소프트웨어 프로젝트 유형

소프트웨어 프로젝트 유형은 소프트웨어 사업이나 개발 생명주기 또는 개발 산출물의 서비스 형태 등에 따라 다양한 기준을 적용하여 분류한다. 그중 ICT 통합분류체계에서는 소프트웨어 및 디지털콘텐츠를 기준으로 시스템 소프트웨어와 응용 소프트웨어를 포함하는 패키지 소프트웨어, 게임 소프트웨어 및 IT 서비스의 3가지로 분류한다.[4]

표 1.1 ICT 통합분류체계

분류	소프트웨어	서비스
패키지 소프트웨어	시스템 소프트웨어	운영체계, 보안, 스토리지, IT운영관리, 데이터분석 및 관리, 미들웨어, 애플리케이션 개발 및 테스팅
	응용 소프트웨어	개인용
		산업범용: ERP/ERM, CRM, SCM/SRM, 콘텐츠 관련/협업용/엔지니어링/기타 산업범용 SW
		산업특화: 금융/제조/에너지/유통, 물류/미디어/의료, 제약/건설/교육/기타 산업특화 SW
		기타
게임 소프트웨어	유선 온라인/ 모바일/ PC/ 비디오/ 아케이드 게임	
IT서비스	IT컨설팅 및 시스템 개발	IT컨설팅, IT시스템 설계 및 개발 (SI/NI, 주문형 SW/사이트/DB 개발)
	IT시스템 관리 및 지원서비스	IT시스템 관리, BPO 서비스, IT지원서비스 (H/W, S/W, 교육훈련)
	기타 IT서비스	

출처: 과학기술정보통신부, 2017

그리고 광의의 소프트웨어 산업과 세부품목 분류 체계를 기준으로 패키지 SW, 게임 SW, 클라우드 서비스, IT 서비스, 인터넷 SW, 임베디드 SW, SW유통 등으로 분류한다.

표 1.2 광의의 소프트웨어 산업과 세부품목 분류체계

분류	소프트웨어	서비스
패키지 SW	시스템 SW	운영체제/ 플랫폼, 시스템관리/정보보호/ 미들웨어/ 데이터처리 · 관리/데이터 분석/ 개발용 SW
	응용 SW	일반사무용, 엔지니어링 · 과학용 SW, 콘텐츠 관련, Collaboration, 산업특화 SW(금융, 제조, 에너지, 유통/물류, 미디어, 의료 · 제약, 건설, 교육, SoC, 기타산업), ERP/ERM, CRM, SCM/SRM
게임 SW	온라인/ 모바일 게임	온라인 게임(온라인 RPG, 웹/보드, AOS, FPS/TPS, 스포츠, 퍼즐게임 등), 모바일 게임(모바일 퍼즐게임, 웹/보드 게임, RPG, 전략시뮬레이션 게임 등)
	기타 게임	게임장 및 기타 단말/콘솔 게임
클라우드 서비스	SaaS, PaaS, IaaS, Cloud Service Brokerage(CSB), 기타 Cloud Service	
IT 서비스	컨설팅 및 IT시스템 개발·구축	비즈니스/IT 컨설팅, 주문형 SW 개발, 시스템 구축 · 통합(SI), 네트워크 컨설팅 및 통합(NI)
	시스템 운영	IT시스템 관리 · 운영(SM), NW & Desktop 관리 · 운영, 데이터센터 관리 운영서비스, BPO 서비스
	기타 IT서비스	IT 지원 서비스, IT 교육 서비스
인터넷 SW	호스팅서비스	호스팅인프라 서비스, 애플리케이션 호스팅, 코로케이션 서비스
	포털 및 인터넷 정보매개 서비스	웹정보검색 서비스, 전자상거래, 전자지급 · 결제 서비스, 커뮤니케이션 서비스, 개인용 클라우드 서비스(파일공유), 전자인증 · 확인 서비스
	웹(디지털) 콘텐츠 전송 서비스	멀티미디어/엔터테인먼트/이북/교육 · 학습/위치기반/ 기타 콘텐츠
	기타 인터넷 서비스	기타 인터넷 서비스
임베디드 SW	임베디드 SW 플랫폼	임베디드 OS · 플랫폼, 임베디드 SW 개발도구
	산업용 임베디드 SW	유무선 통신기기, 정보 · 가전기기, 사무자동화 기기, 산업자동화 · 공장자동화, 자동차 · 교통, 조선 · 선박, 국방 · 항공 · 우주, 의료기기, 건설장비/기기
SW유통	라이선스 유통 및 기타	

출처: SPRi, 2017

또한 4차 산업혁명을 기반으로 핵심 기술 도메인에 따라 7개의 신SW사업으로 분류하고 있다.

표 1.3 신SW 사업 분류체계

<table>
<tr><th>신SW산업</th><th>소프트웨어</th><th>서비스</th></tr>
<tr><td>클라우드</td><td>SaaS, PaaS</td><td>IaaS, 클라우드 서비스 브로커리지</td></tr>
<tr><td>빅데이터</td><td>빅데이터 분석SW 도구
빅데이터 애플리케이션</td><td>데이터분석 서비스
비즈니스분석 서비스</td></tr>
<tr><td>IoT</td><td>IoT 분석 SW, IoT 응용 SW
IoT 플랫폼, 기타 SW</td><td>IoT 솔루션 설계, 구현 서비스
BPO/IaaS/헬프데스크 서비스</td></tr>
<tr><td>인공지능</td><td>인공지능 플랫폼
인공지능 애플리케이션</td><td>IT 서비스
비즈니스 서비스</td></tr>
<tr><td>VR/AR/ MR</td><td>AR/VR/MR SW 및 콘텐츠
AR/VR/MR 플랫폼</td><td>컨설팅, 시스템통합
타사 응용프로그램 개발</td></tr>
<tr><td>SW융합
신서비스</td><td colspan="2">스마트 팩토리, 스마트 에너지, 스마트 홈/빌딩/시티, 스마트 팜, 스마트 헬스케어, 스마트 물류서비스/BPO, 인터넷은행/핀테크, 자율주행/커넥티드 이동체, 3D 프린팅(스캐너, 모델링 툴), 공유경제(자동차, 숙박, 주차장 등), O2O</td></tr>
<tr><td>블록체인</td><td>블록체인 플랫폼
애플리케이션(AI, IoT, Cloud 접목)</td><td>IT 서비스
비즈니스 서비스(암호화폐 포함)</td></tr>
</table>

출처: SPRi, 2018

조달청의 "공공정보화사업 유형별 제안요청서 작성 가이드"에서는 ICT 서비스를 소프트웨어 생명주기와 물품분류체계 기준에 따라 16개의 사업유형으로 분류하고 있다. 여기에서 소프트웨어 및 시스템 개발 프로젝트는 패키지 소프트웨어 개발과 정보 시스템 개발 및 인터넷 지원 개발의 세 종류로 분류한다.[5]

표 1.4 ICT 서비스 사업유형 분류표

SW 생명주기	사업유형
ICT사업 컨설팅	01 정보화전략계획서비스 02 정보화프로젝트관리서비스(PMO) 03 정보시스템감리서비스
SW 및 시스템 개발	04 패키지 소프트웨어개발 및 도입서비스 05 정보시스템 개발 서비스 06 인터넷지원개발서비스
시스템 운용환경 구축	07 정보인프라구축서비스 08 컴퓨터네트워크 또는 인터넷보안서비스
운영 및 유지관리	09 운영위탁서비스 10 정보시스템유지관리서비스 11 소프트웨어유지 및 지원서비스 12 전산장비유지보수서비스
DB구축 및 자료입력	13 데이터서비스 14 공간정보DB구축서비스
디지털 콘텐츠 개발	15 온라인홍보 및 방송콘텐츠서비스 16 디지털콘텐츠개발서비스

출처: 조달청, 2018

1.3 소프트웨어 프로젝트 개발 현실

소프트웨어 프로젝트의 성공은 계획된 일정과 비용을 준수하며 사용자가 만족하는 품질 높은 결과를 제공하는가에 달려있다. Standish Group의 Chaos Report에 따르면 소프트웨어 프로젝트의 30% 정도만이 성공적으로 프로젝트를 완료하고 나머지 70%의 프로젝트는 중도에 취소되거나 개발 일정의 지연 또는 비용 초과 등으로 인하여 실패하는 것으로 나타났다.[6]

특히 프로젝트의 규모가 커질수록 그리고 복잡도가 높아질수록 프로젝트 실패율도 증가하고, 숙련되지 않은 개발자가 프로젝트에 포함될수록 실패율이 높아지는 것으로 나타났다.

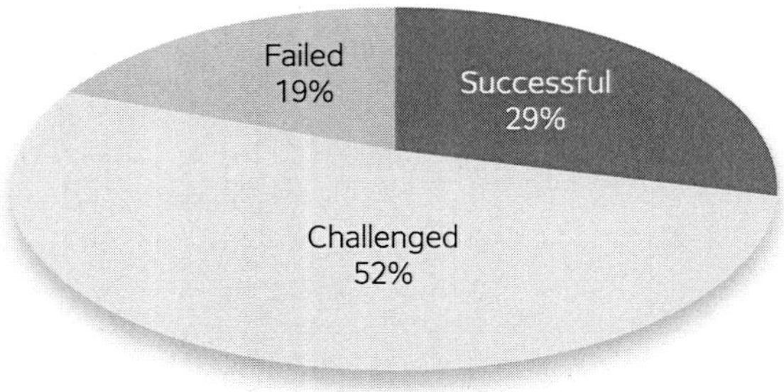

그림 1.1 SW 프로젝트 성공과 실패율

출처: Standish Group, 2014

이와 같이 소프트웨어 프로젝트가 실패하는 주요 원인은 기술적인 문제보다는 대부분 인력과 관리적 측면에서 발생하고 있다. 즉, 주로 소프트웨어 개발 초기에 이해관계자들의 참여가 부족한 상황에서 비효율적인 의사소통에 의해 불명확하고 불완전한 요구사항을 정의하고 이로 인한 자원의 부족과 비현실적인 기대를 갖게 됨으로써 잦은 요구사항 변경이 발생하게 된다. 이것은 프로젝트 발주자에게 잘못된 사업 예측과 낮은 품질 및 납기 지연의 문제를, 수주자에게는 지속적인 요구사항의 변경에 따른 개발 비용의 증가 문제를 초래한다.

반면 소프트웨어 프로젝트가 성공하는 경우는 효과적인 경영 지원 아래 이해관계자들이 프로젝트에 능동적으로 참여하여 명확한 요구사항을 제공하고 이를 기반으로 적정한 계획과 현실적인 기대 및 목표를 제공하는 경우로 나타난다.[7]

표 1.5 SW 프로젝트 성공 및 실패 원인

	성공 요인		실패 요인	
1	User Involvement	15.9%	Incomplete Requirements	13.1%
2	Management Support	13.9%	Lack of User Involvement	12.4%
3	Clear Requirements	13.0%	Lack of Resources	10.6%
4	Proper Planning	9.6%	Unrealistic Expectations	9.9%

	성공 요인		실패 요인	
5	Realistic Expectations	8.2%	Lack of Executive Support	9.3%
6	Smaller Project Milestones	7.7%	Changing Requirements	8.7%
7	Competent Staff	7.2%	Lack of Planning	8.1%
8	Ownership	5.3%	Didn't Need It Any Longer	7.5%
9	Clear Vision & Objectives	2.9%	Lack of IT Management	6.2%
10	Hard-Working, Focused Staff	2.4%	Technology Illiteracy	4.3%

출처: Standish Group, 2014

불완전하고 불명확한 요구사항은 소프트웨어의 결함을 발생시킨다. 소프트웨어 개발 초기인 요구사항 정의와 설계 단계에서 발생하는 결함은 개발 생명주기 전체에서 발생하는 결함의 50% 이상을 차지한다. 그렇지만 이들 결함은 발견하고 제거하기가 어렵고, 결국 잠재적인 결함으로 소프트웨어 생명주기 이후 단계로 연결되어 전체적인 소프트웨어 품질의 저하를 가져오게 된다.[8]

표 1.6 SDLC 단계별 결함 제거 효율

결함발생 단계	결함발생 비율	잠재적 결함	결함제거 효율	남아있는 결함
요구사항 결함	20%	1	77%	0.23
설계 결함	30%	1.25	85%	0.19
구현 결함	35%	1.75	95%	0.09
문서화 결함	5%	0.6	80%	0.12
잘못된 수정	10%	0.4	70%	0.12
Total	100%	5	85%	0.75

출처: Crosstalk, 2008

잘못된 요구사항으로 인한 결함은 결국 요구사항 변경에 따른 재작업을 발생시키고 이것은 많은 비용과 시간을 추가로 요구한다. 소프트웨어 결함의 수정은 개발 생명주기 후반으로 갈수록 더 많은 노력을 요구한다. 일반적으로 요구사항과 설계 단계에서 요구되는 평균 결함 수정 비용 대비 테스트 단계는 10배, 생성 단계는 100배 이상의 노력을 요구한다. 따라서 초기에 명확한 요구사항을 정의하고 설계를 함으로써 결함을 제거하면 전체 소프트웨어 품질과 생산성을 높일 수 있다.[9]

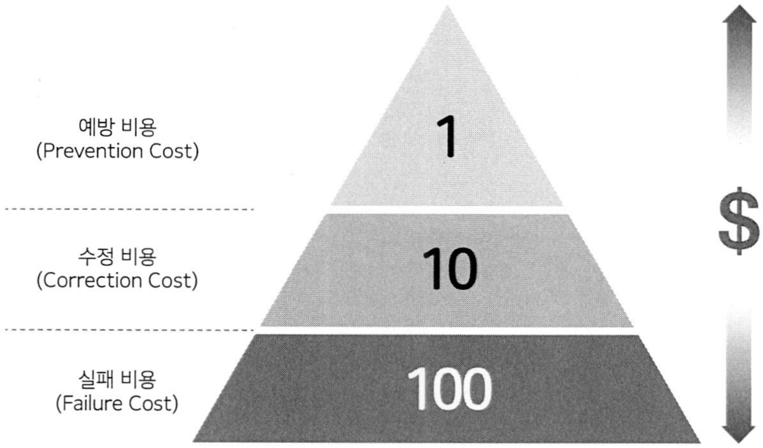

그림 1.2 소프트웨어 실패 비용

2 소프트웨어 개발 프레임워크

2.1 소프트웨어 개발 환경

소프트웨어 개발이 복잡화, 대형화되고 특히 산업 간의 융합을 통해 새로운 기술 도메인이 전개됨에 따라 결함을 포함하지 않고 고품질의 소프트웨어를 구현하는 것이 더욱 어렵게 되고 있다.

이와 관련하여 소프트웨어 개발 패러다임도 구현 단계로부터 점차 상위 추상화 단계로 중심이 이동하고, 이에 따라 처음부터 모든 범위를 일괄 개발하는 방식에서 기존 개발된 컴포넌트들을 재사용하는 방식으로 변화하고 있다. 이것은 단순하게 소프트웨어를 구현하는 것으로부터 조직의 비즈니스 전략과 소프트웨어를 통합하여 가치를 생성하는 단계로 진화하고 있음을 나타낸다.

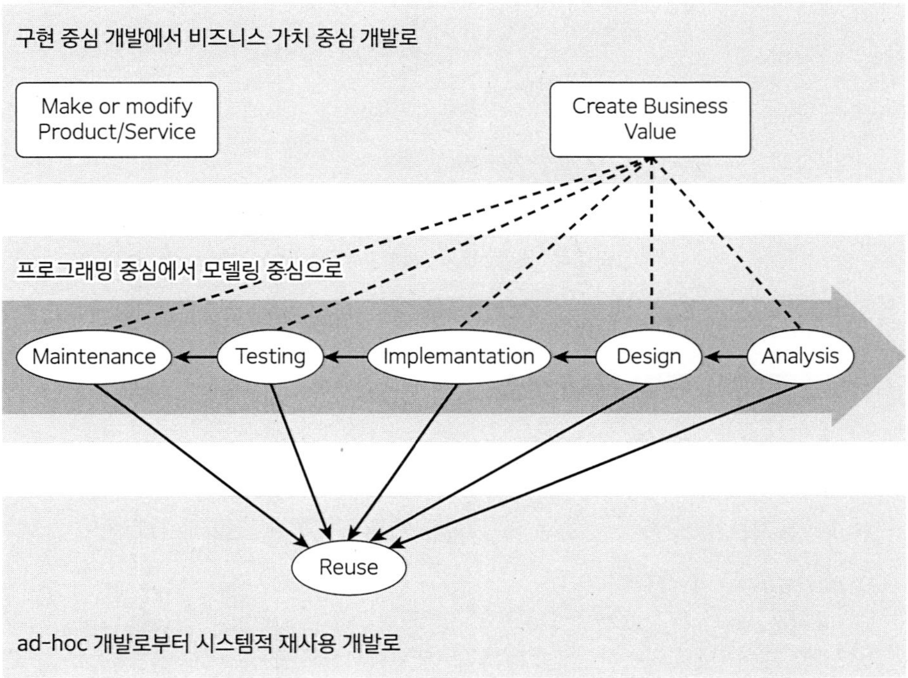

그림 1.3 소프트웨어 개발 패러다임의 변화

그래서 체계적이고 프로젝트 관리와 시스템적 재사용을 기반으로 더 빠르고 비용 효율적이며 시장 적시성과 비즈니스 가치를 가지는 소프트웨어를 개발하는 것이 필요하다.

소프트웨어의 생산성과 품질을 향상시키고 사용자들을 만족시켜 소프트웨어 프로젝트를 성공적으로 개발하기 위해서는 사용자의 요구사항을 체계적으로 분석 및 설계하고 이를 구현 및 테스트하며, 또한 유지보수 및 폐기까지 소프트웨어 전 생명주기 간에 걸쳐 체계적인 접근이 이루어져야 한다.

소프트웨어 개발 프레임워크는 소프트웨어의 생산성과 품질 향상을 목표로 개발 프로세스 단계와 활동 그리고 단계별 개발 기법 및 공학 도구의 지원들로 이루어진다.

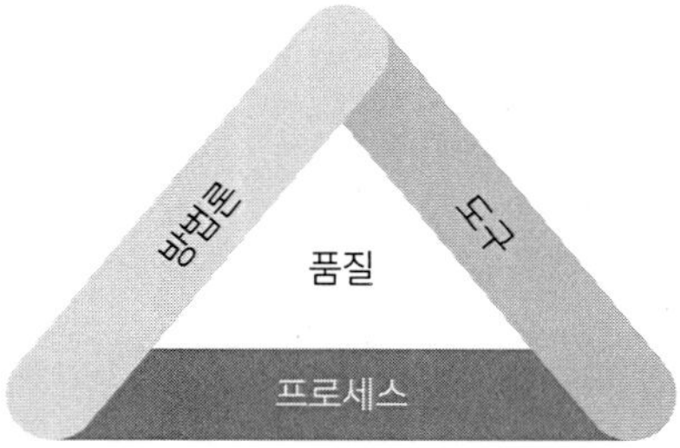

그림 1.4 소프트웨어 개발 환경 요소

2.2 소프트웨어 개발 프로세스

소프트웨어 프로세스는 품질을 보장하기 위하여 소프트웨어 프로젝트의 개발이나 유지보수에서 사용하는 활동(activities), 기법(methods) 그리고 실무지침(practices)들의 집합이다.

소프트웨어 프로세스는 개발과 관리에 따른 의사소통 수단을 제공하고 프로세스 체계화와 정형화를 통해 적합한 기술을 활용함으로써 소프트웨어 개발의 과정과 결과에 대한 예측가능성과 생산성을 향상시키고 지속적으로 동일한 품질을 보장하여 개발자나 조직이 최상의 이익을 얻기 위한 목적으로 사용한다.

결과적으로 소프트웨어 품질은 개발과 유지보수에 사용된 프로세스에 의해 영향을 받는다. 따라서 소프트웨어 프로세스가 가져야하는 능력은 명시적인 정의와 관리를 통한 통제와 적용 결과에 대한 측정을 통해 실제로 결과를 예측하고 그리고 지속적인 개선을 할 수 있어야 한다.

또한 프로세스에 대한 이해 없이는 최선의 성과를 얻을 수 없기 때문에 교육

훈련을 통해 개발 인원들이 프로세스를 이해하고 프로세스를 기반으로 기술을 적용할 수 있도록 해야 한다.

소프트웨어 프로세스를 적용할 때는 최신 유행이나 기법보다는 전체적으로 프로젝트를 이해할 수 있고, 이해관계자들과 협업할 수 있는 기법을 제공하는지 등을 고려한다. 소프트웨어 프로세스를 선정할 때 영향을 주는 요소는 다음과 같다.

- 이해관계자들 사이에 협업을 위한 의사소통 기법을 제공하는가?
- 프로세스가 도메인의 특성을 나타낼 수 있는가?
- 개발자들이 프로세스에 대한 활용 성숙도 정도가 높은가?
- 프로세스에 대한 프로젝트 관리자의 능력이 높은가?
- 개발 팀이 프로세스 적용 경험을 가지고 있는가?

미성숙한 개발 조직이 소프트웨어 프로세스를 적용할 때 처음에는 불안정하고 시행착오를 발생시킨다. 그리고 주로 발생된 문제를 해결하는 데 초점을 두고 객관적인 측정 기준을 제공하지 못하여 결과에 대해 예측을 하지 못한다.

한 번의 소프트웨어 프로세스 적용으로 완전한 성숙도 수준이나 원하는 결과를 얻는 것은 불가능하다. 오히려 소프트웨어 프로젝트에 프로세스를 적용할 때 적용 이전보다 결과가 더 나빠질 수 있다.

이것은 프로세스를 학습하는 과정에서 발생하는 것으로, 프로세스 활동을 적용(implementation)하고 그 과정에서 반복적으로 발생하는 문제를 해결하여 점차적으로 내재화(institutionalization)시키는 단계를 거치면서 개발 조직에 적합하도록 지속적인 개선 과정을 거쳐야 한다.

2.2.1 소프트웨어 개발 생명주기 프로세스

소프트웨어 시스템이 대형화되고 복잡해짐에 따라 시스템을 개발하고 활용하는 조직 모두 전체 시스템 생명주기와 상세 개발과정에서 새로운 도전에 부딪혔다. 이러한 문제를 해결하고 성공적인 소프트웨어 시스템의 실현을 가능하도록 하기 위해 현재 소프트웨어 개발에서는 소프트웨어 개발생명주기 프로세스를 적용하고 있다.

1 ISO/IEC/IEEE 12207 소프트웨어 생명주기 프로세스

ISO/IEC/IEEE 12207:2017 Systems and software engineering–Software life cycle processes는 소프트웨어공학 기반의 접근을 통하여 소프트웨어 시스템의 생명주기 전체에 대한 공통 프로세스 프레임워크를 제공하고 조직이나 프로젝트 내에서 소프트웨어 프로세스를 정의, 제어 및 개선하는 데 사용한다.[10]

이 생명주기 프로세스는 개발자와 사용자뿐만 아니라 관리자와 유지보수자 그리고 획득자, 공급자 등 모든 이해관계자 관점으로 소프트웨어의 개발 제안부터 유지보수 후 폐기까지 소프트웨어 생명주기 전체 구조를 지원한다.

그래서 관련된 이해관계자의 니즈를 충족하는 고품질의 소프트웨어 제품이나 서비스 제공을 목표로 개발 생명주기 초기에 모든 이해관계자의 비즈니스 및 기술 니즈를 고려하여 필요한 기능을 정의하고 요구사항을 문서화한다. 그리고 전체 시스템 문제를 고려하며 설계 통합과 시스템 검증을 수행한다.

ISO 12207 개발 프로세스를 적용하여 조직은 이해관계자들 간의 커뮤니케이션 및 협업 활동을 개선하고 통합하고 일관된 방식으로 소프트웨어를 개발, 활용 및 관리하는 데 도움을 줄 수 있다. 이 프로세스를 사용함으로써 전체 조직은 개발 방법, 절차, 기술, 도구 및 인력과 같은 인프라 등에 의해 지원되는 프로세스 환경을 설정할 수 있고 또한 프로젝트별로 확립된 환경 요소를 선택하고, 구조화 및 사용할 수 있다.

ISO 12207 프로세스는 전체 소프트웨어 생명주기를 개발 단계별 프로세스(process)로 나누고 각 단계별로 수행할 관련된 행동의 집합인 활동(activity) 그리고 활동에서 소프트웨어 개발을 위한 세부적인 행동을 정의한 태스크(task)의 계층적 구조를 가진다.

이 프로세스는 소프트웨어 개발 생명주기 모델을 구성하는 포괄적인 집합을 제공한다. 따라서 각 조직은 목적을 달성하기 위하여 제품 및 서비스에 적합한 하위 집합을 선택하고 적용하여 테일러링할 수 있다.

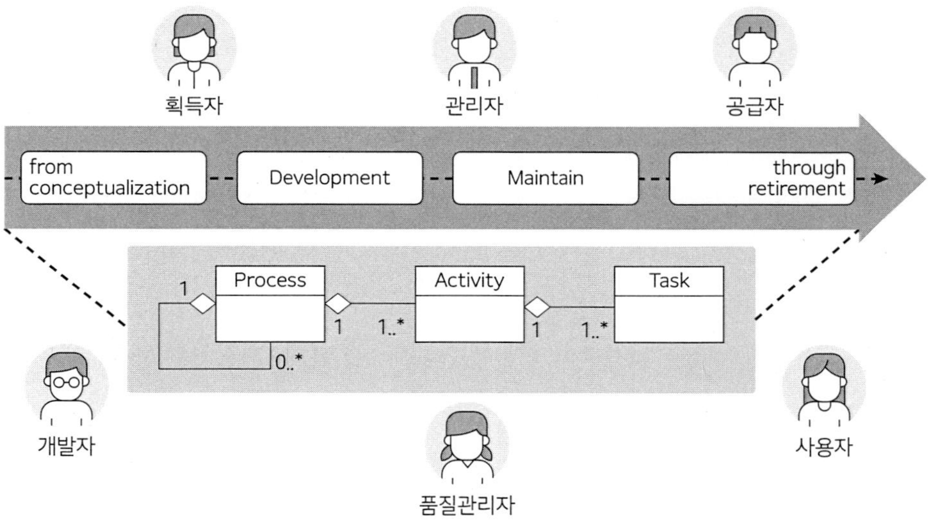

그림 1.5 ISO/IEC/IEEE 12207 프로세스의 개념

2 ISO/IEC/IEEE 12207 프로세스 모델 구조

ISO/IEC/IEEE 12207:2017은 소프트웨어 생명주기 프로세스를 계약, 조직 프로젝트 활성화, 기술 관리 및 기술 프로세스의 네 가지 주요 프로세스 그룹으로 나누고 각각의 프로세스 그룹 아래에는 30개의 다양한 하위 프로세스로 구성한다.[11]

특히 이 프로세스는 개발뿐만 아니라 시스템의 획득 및 공급을 위한 프로세스

도 제공한다. 획득자나 공급업체에 대해 프로세스 및 활동에 관한 계약을 지원하고, 프로세스 평가를 위한 참조 모델 역할을 하여 프로세스 평가자에 의한 조직의 프로세스 개선을 지원할 수 있다.

❖ 계약 프로세스(Agreement processes) 그룹

계약 프로세스 그룹에는 공급업체와 인수자 간의 계약 수립과 관련된 활동인 획득 및 공급 프로세스가 포함된다. 획득 프로세스(Acquisition processes)는 프로젝트 시작과 관련된 모든 활동을 포함하며 획득 단계는 시간 순으로 완료되는 여러 활동과 결과물로 나눌 수 있다. 또한 공급 프로세스(Supply processes)에서는 달성해야 하는 이정표와 같은 프로젝트 정보를 포함하여 프로젝트 관리 계획을 개발한다.

❖ 조직 프로젝트 활성화 프로세스(Organizational project-enabling processes) 그룹

조직 프로젝트 활성화 프로세스는 비즈니스 또는 조직이 시스템 생명주기 및 관련 프로젝트를 활성화, 제어 및 지원하기 위한 활동과 관련된 그룹으로 생명주기모델 관리, 인프라구조 관리, 포트폴리오 관리, 인적자원 관리, 품질 관리 및 지식 관리 등 6개의 프로세스를 포함한다.

생명주기모델 관리 프로세스(Life cycle model Management process)는 획득 및 공급 노력을 지원하며 인프라구조 관리 프로세스(Infrastructure Management process)와 포트폴리오 관리 프로세스(Portfolio Management process)는 전체 시스템 생명주기 동안 비즈니스 및 프로젝트별 이니셔티브를 지원한다. 나머지 인적자원 관리 프로세스(Human Resource Management process), 품질 관리 프로세스(Quality Management process) 및 지식 관리 프로세스(Knowledge Management process)는 비즈니스의 프로젝트 및 시스템 노력을 지원하는 데 필요한 자원과 품질 제어가 마련되어 있는지 확인한다.

❖ 기술 관리 프로세스(Technical management processes) 그룹

기술 관리 프로세스는 생명주기 동안 소프트웨어 및 기타 프로젝트의 계획,

평가 및 제어를 처리하여 품질을 보장하기 위한 그룹으로 작업 계획(Task planning), 프로젝트 평가 및 제어(Project assessment and control), 의사결정 관리(Decision management), 위험 관리(Risk management), 형상 관리(Configuration management), 정보 관리(Information management), 측정(Measurement) 그리고 품질 보증(Quality assurance) 등 8개의 서로 다른 프로세스가 포함되어 있다.

❖ 기술 프로세스(Technical processes) 그룹

기술 프로세스에는 소프트웨어 시스템의 운영 전,후 및 동작 중에 발생하는 기술 활동과 인력을 포함한다. 기술 프로세스는 다음과 같은 14개의 서로 다른 프로세스를 포함한다.

- 비즈니스 또는 임무 분석(Business or mission analysis) 프로세스
- 이해관계자 니즈 및 요구사항 정의(Stakeholder needs and requirements definition) 프로세스
- 시스템/소프트웨어 요구사항 정의(Systems/Software requirements definition) 프로세스
- 아키텍처 정의(Architecture definition) 프로세스
- 설계 정의(Design definition) 프로세스
- 시스템 분석(System analysis) 프로세스
- 구현(Implementation) 프로세스
- 통합(Integration) 프로세스
- 검증(Verification) 프로세스
- 전이(Transition) 프로세스
- 확인(Validation) 프로세스
- 운영(Operation) 프로세스
- 유지관리(Maintenance) 프로세스
- 폐기(Disposal) 프로세스

분석 및 정의 프로세스는 초기에 소프트웨어 및 프로젝트에 대한 구현 방법을 위한 단계를 설정한다. 그리고 통합, 검증, 전환 및 확인 프로세스는 품질과 준비 상태를 보장하고, 운영 프로세스는 사용자가 구현된 소프트웨어 제품으로 작업하는 것을 지원하는 활동으로 구성된다. 또한 유지관리 프로세스는 제품을 계속 실행하기 위한 태스크로 구성되며, 폐기 프로세스는 필요한 경우 시스템이나 프로젝트를 폐기하고 정리하는 방법을 제공한다.

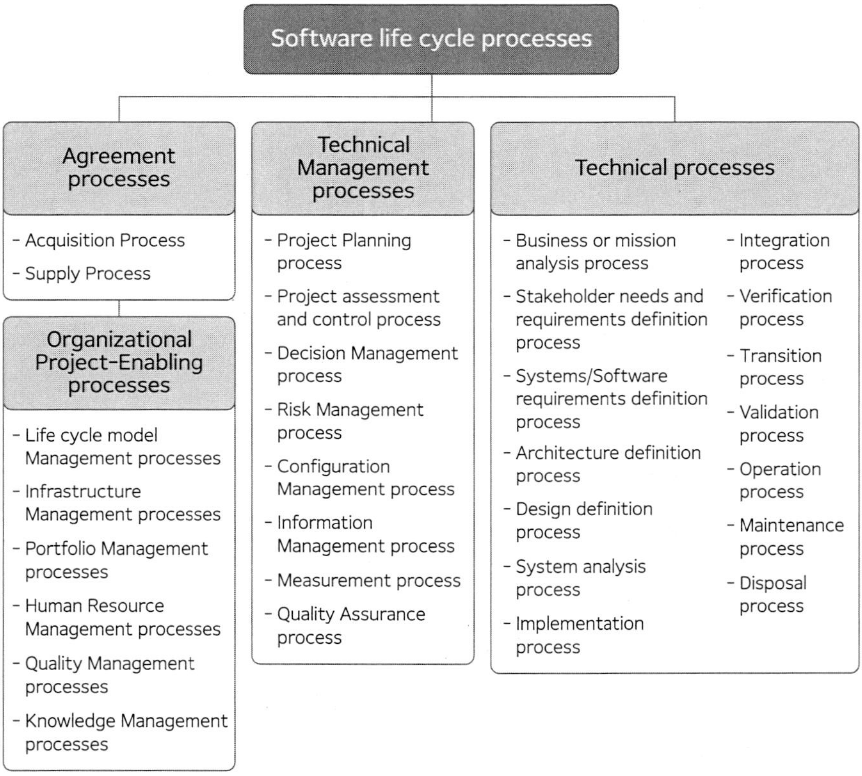

그림 1.6 ISO 12207:2017 소프트웨어 생명주기 프로세스 구성

2.2.2 소프트웨어 개발 프로세스 활용

현재 국내외적으로 ISO 12207 개발 프로세스를 기반으로 많은 개발 방법론들이 다양한 조직과 기관에서 구축 및 적용되고 있다. 여기서는 그중 국내 공공

기관을 중심으로 구축된 방법론들을 소개한다.

1 공공부문 SW사업 발주관리 표준 프레임워크

소프트웨어의 중요성에도 불구하고 낮은 성공률을 보이는 정보화사업 문제를 해결하기 위해서 소프트웨어 사업을 보다 체계적으로 추진하고 관리하기 위해 특성화된 발주관리 표준 프로세스를 정립하고 적용하도록 공공부문 SW 사업 발주 · 관리 표준 프로세스 프레임워크를 제공하고 있다.[12,13,14]

이 표준 프레임워크는 ISO/IEC 12207 생명주기를 기반으로 소프트웨어 발주에서 폐기에 이르는 모든 활동을 지원하는 프로세스에 대한 정의, 활동 및 작업을 제공하기 위하여 핵심, 지원 및 조직 수명주기 프로세스 등 3개의 생명주기 프로세스 그룹과 20개의 프로세스로 구성되며 각각의 프로세스는 88개의 활동과 178개의 작업으로 구성된다.

❖ 핵심 수명주기 프로세스

핵심 수명주기 프로세스는 지원 수명주기 프로세스와 조직 수명주기 프로세스와 연관관계를 갖으며 사업 발주로부터 운영 및 유지보수까지 전체 소프트웨어 생명주기의 핵심 프로세스들로 구성되어 있다.

그중 핵심 수명주기 프로세스들은 계약 관점의 발주프로세스와 공급프로세스, 운영관점의 운영 프로세스와 유지보수 프로세스들도 포함된다. 특히 개발 프로세스는 소프트웨어의 개발과 관련된 요구사항 분석, 설계, 코딩, 통합, 시험, 설치 및 인수 등을 위한 개발자의 활동을 정의한다.

소프트웨어 개발과 연계된 시스템의 도입이 필요한 경우 시스템 관련 활동도 포함할 수 있다. 다음은 핵심 수명주기 프로세스의 개발 프로세스 활동과 태스크를 보여준다.

표 1.7 SW사업 발주관리 개발 프로세스 활동

활동	작업	출력물
개발준비	소프트웨어 생명주기 모델 선택	• 소프트웨어 생명주기 모델기술서
	개발계획작성	• 소프트웨어 개발계획서
시스템 요구사항 분석	시스템 요구사항 정의	• 시스템 요구사항명세서
	시스템 요구사항 검토 및 평가	• 시스템 요구사항명세서 • 시스템 요구사항 검토결과
시스템 설계	시스템 설계	• 시스템 설계기술서
	시스템 설계 검토 및 평가	• 시스템 설계기술서 • 시스템 설계 검토결과
소프트웨어 요구사항 분석	소프트웨어 요구사항 정의	• 소프트웨어 요구사항기술서
	소프트웨어 요구사항 검토 및 평가	• 소프트웨어 요구사항기술서 • 소프트웨어 요구사항 검토결과
소프트웨어 구조설계	소프트웨어 구조 정의	• 소프트웨어 구조설계기술서
	인터페이스 설계	• 최상위 인터페이스 설계기술서
	데이터베이스 설계	• 최상위 데이터베이스 설계기술서
	사용자문서 개발	• 초기사용자문서 • 통합시험계획서 • 초기사용자문서 • 통합시험계획서
	소프트웨어 통합시험 요구사항 정의 및 계획작성	
	소프트웨어 구조 설계검토 및 평가	• 소프트웨어 구조설계기술서 • 최상위 인터페이스 설계기술서 • 최상위 데이터베이스 설계기술서 • 소프트웨어 구조설계 검토결과
소프트웨어 상세설계	소프트웨어 구성요소 상세설계	• 소프트웨어 설계기술서
	인터페이스 상세설계	• 상세 인터페이스 설계기술서
	데이터베이스 상세설계	• 상세 데이터베이스 설계기술서
	사용자문서 갱신	• 사용자문서

활동	작업	출력물
	소프트웨어 단위시험 요구사항 정의 및 계획 작성	• 단위시험 계획서
	소프트웨어 통합시험 요구사항 정의 및 계획 갱신	• 통합시험 계획서
	소프트웨어 상세설계/시험 검토 및 평가	• 소프트웨어 설계기술서 • 상세 인터페이스 설계기술서 • 상세 데이터베이스 설계기술서 • 소프트웨어 설계 검토결과
소프트웨어 코딩 및 단위시험	소프트웨어 단위코딩 및 DB 개발	• 소스 코드 • 실행 프로그램 코드
	소프트웨어 단위 및 DB 시험절차/자료 준비	• 단위시험절차서
	사용자문서 갱신	• 사용자문서
	소프트웨어 통합시험 요구사항 정의 및 계획 갱신	• 통합시험계획서
	소프트웨어 코드 및 단위시험 결과 검토	• 소스 코드 • 실행 프로그램 코드
소프트웨어 통합	소프트웨어 통합계획 작성	• 소프트웨어 통합계획서
	소프트웨어 통합 및 시험	• 통합시험 결과보고서
	사용자문서 갱신	• 사용자문서
	소프트웨어 자격시험 준비	• 소프트웨어 자격시험절차서
	소프트웨어 통합결과 검토 및 평가	• 소프트웨어 통합평가결과 • 사용자문서
소프트웨어 자격시험	소프트웨어 자격시험 실시	• 소프트웨어 자격시험 결과보고서
	사용자문서 갱신	• 사용자문서
	소프트웨어 산출물 검토	• 소프트웨어 산출물 검토결과
	감리 지원	• 감리 결과보고서

활동	작업	출력물
시스템 통합	시스템 통합 및 시험	• 시스템 통합시험 결과보고서
	시스템 자격시험 준비	• 시스템 자격시험절차서
	시스템 통합결과 검토	• 시스템 통합평가결과
시스템 자격시험	시스템 자격시험 실시	• 시스템 자격시험 결과보고서
	시스템 자격시험 검토	• 시스템 자격시험 검토결과
	감리 지원	• 감리 결과보고서
소프트웨어 설치	소프트웨어 설치계획 작성	• 소프트웨어 설치계획서
	소프트웨어 설치	• 소프트웨어 설치결과
소프트웨어 인수지원	소프트웨어 인수시험 지원	• 인수시험 결과보고서
	소프트웨어 인도	• 인수확인서
	발주자 사후지원	• 지원결과

❖ 지원 수명주기 프로세스

지원 수명주기 프로세스는 핵심 수명주기 프로세스와 조직 수명주기 프로세스와 연관관계를 가지며, 소프트웨어의 성공과 품질을 보장하고 다른 프로세스들을 지원하기 위해 문서화, 형상관리, 품질보증, 검증, 확인, 감리, 합동검토, 문제해결 등 8개의 프로세스들로 구성된다.

❖ 조직 수명주기 프로세스

조직 수명주기 프로세스는 핵심 수명주기 프로세스와 지원 수명주기 프로세스들에 대한 관리, 기반구조, 프로세스개선, 인적자원 프로세스, 정보화기획 프로세스, 그리고 성과관리 프로세스로 구성되어 있다.

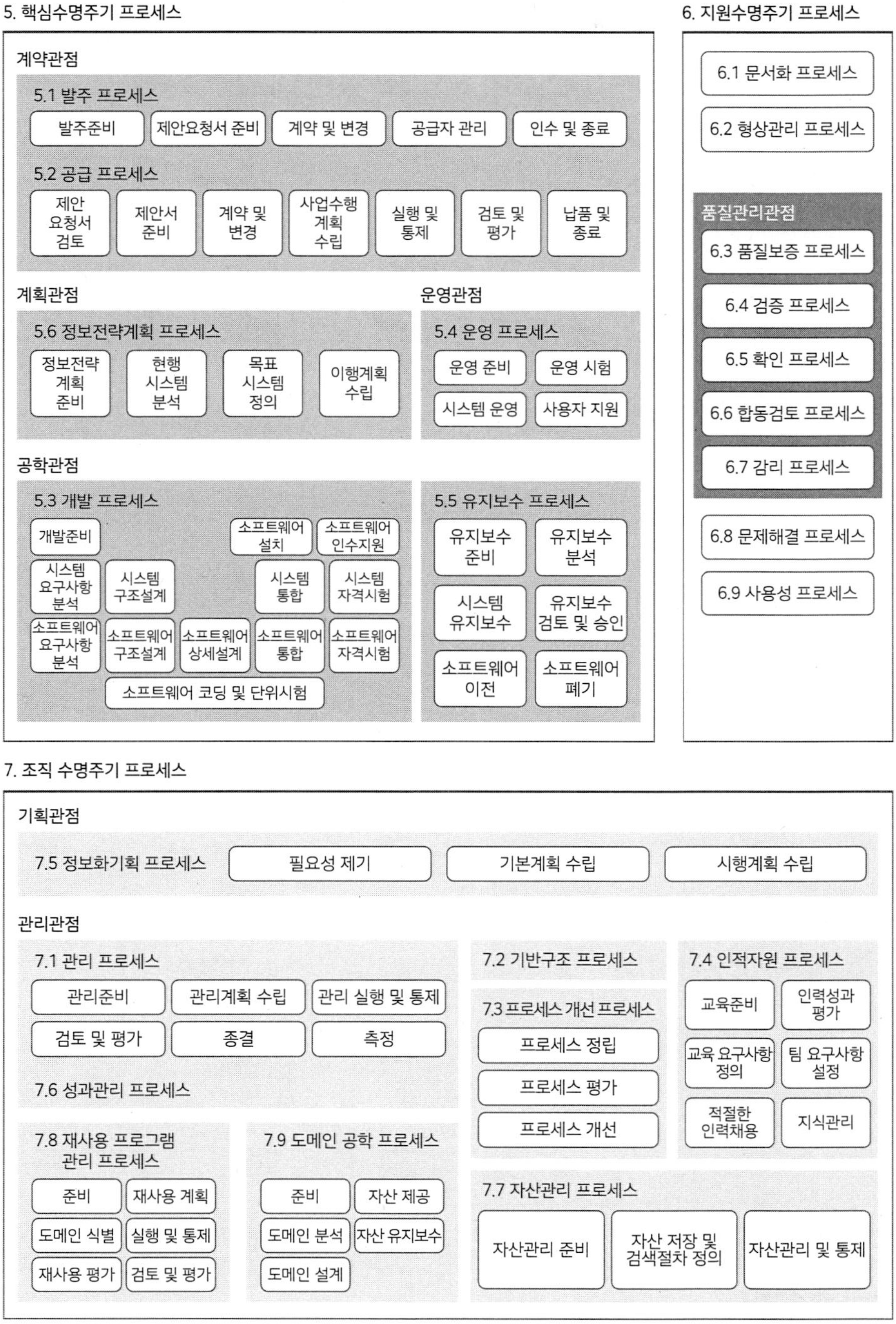

그림 1.7 SW사업 발주·관리 표준 프로세스프레임워크 구성

출처: TTA, 2005

2 특허청의 소프트웨어 개발방법론

특허청의 소프트웨어 개발방법론은 웹기반 시스템을 구축할 때 개발 단계별 프로세스 및 산출물을 표준화하여 개발 생산성과 품질향상을 이루고 체계적으로 개발과정을 관리하기 위하여 컴포넌트기반 개발(CBD) 방법론을 기반으로 ISO/IEC 12207의 개발프로세스를 변경 및 적용하였다.[15]

이 개발 방법론은 7 단계의 프로세스와 23개 활동 그리고 52개의 작업으로 구성되며 74개의 산출물을 제공한다. 다음은 소프트웨어 개발 프로세스의 단계와 활동 및 작업을 보여준다.

표 1.8 소프트웨어 개발 방법론 프로세스 활동

<table>
<tr><th>단계(Phase)</th><th>활동(Activity)</th><th>작업(Task)</th></tr>
<tr><td rowspan="3">PP.
(Project Planning)
개발준비</td><td rowspan="2">PP10.TFT 구성 및 테일러링</td><td>PP11. 사업TFT구성</td></tr>
<tr><td>PP12. 방법론 테일러링</td></tr>
<tr><td>PP20.개발 사전준비</td><td>PP21. 특허청 정보화 개발준비</td></tr>
<tr><td rowspan="9">AN.(Analysis)
분석</td><td rowspan="4">AN10.요구사항분석</td><td>AN11. 요구사항수집</td></tr>
<tr><td>AN12. 요구사항정의</td></tr>
<tr><td>AN13. 유스케이스 기술</td></tr>
<tr><td>AN14. 요구사항 추적</td></tr>
<tr><td rowspan="2">AN20.업무/데이터분석</td><td>AN21. 업무 분석</td></tr>
<tr><td>AN22. 데이터 분석</td></tr>
<tr><td>AN30.아키텍처분석</td><td>AN31. 현행아키텍처 분석</td></tr>
<tr><td>AN40.분석단계 테스트계획</td><td>AN41. 총괄테스트 계획</td></tr>
<tr><td>AN50.분석단계점검</td><td>AN51. 분석단계 산출물점검</td></tr>
<tr><td rowspan="2">DE.(Design)
설계</td><td rowspan="2">DE10.아키텍처설계</td><td>DE11. SW아키텍처 설계</td></tr>
<tr><td>DE12. 시스템 아키텍처 설계</td></tr>
</table>

단계(Phase)	활동(Activity)	작업(Task)
	DE20.애플리케이션 설계	DE21. 클래스 설계
		DE22. 사용자 인터페이스 설계
		DE23. 컴포넌트 설계
		DE24. 인터페이스 설계
		DE25. 배치프로그램 설계
		DE26. 사용자 웹 구성 설계
	DE30.DB 설계	DE31. 개념 DB모델 설계
		DE32. 논리 DB설계
		DE33. 물리 DB설계
		DE34. 데이터흐름도(DFD)작성
		DE35. 특허데이터검증식(BR) 작성
	DE40.데이터전환설계	DE41. 데이터 전환/검증계획
		DE42. 데이터 정비계획
	DE50.설계단계 테스트계획	DE51. 단위테스트케이스작성
		DE52. 통합테스트시나리오작성
		DE53. 시스템테스트시나리오작성
		DE54. 사용자테스트시나리오작성
	DE60.설계단계점검	DE61. 설계단계 산출물점검
CO.(Construction) 구현	CO10.구현준비	CO11. 개발환경 구성
	CO20.개발	CO21. 프로그램 개발
	CO30.단위 테스트	CO31. 단위 테스트
	CO40.구현단계점검	CO41. 웹표준점검
		CO42. 소스품질검사
		CO43. 구현단계 산출물점검

단계(Phase)	활동(Activity)	작업(Task)
TE.(Test) 시험	TE10.테스트	TE11. 테스트 준비작업
		TE12. 통합테스트
		TE13. 사용자테스트
	TE20.시험단계점검	TE22. 시험단계 산출물점검
IM.(Implementation) 전개	IM10.리허설	IM11. 리허설준비작업
		IM12. 최종점검 및 리허설
	IM20.전개	IM21. 전개준비작업
		IM22. 최종점검 및 리허설
TO.(Take Over) 인도	TO10.인수인계	TO11. 인수인계 계획
		TO12. EA 현행화
		TO13. 매뉴얼 작성
		TO14. 산출물 현행화
		TO15. 산출물인수인계
	TO20.교육	TO21. 교육준비 및 교육

출처: 특허청, 2014

3 국방 CBD 방법론의 개발 프로세스

국방 CBD 방법론은 UML(Unified Modeling Language)과 CBD(Component Based Development) 방법론에 기초하여 소프트웨어의 분석, 설계 및 구현 산출물을 표준화시켜 이해관계자들 간의 의사소통의 용이성과 개발의 일관성을 유지하며 최소의 노력으로 높은 품질의 소프트웨어 시스템을 개발하기 위해 제정하였다.

이 방법론은 ISO/IEC 12207-소프트웨어 생명주기 프로세스를 준수하여 전체 프로세스를 핵심(Primary), 지원(Supporting), 조직(Organizational)의 3개 생명주기 프로세스로 나누고, 이중 핵심 생명주기 프로세스에서 개발

(development) 프로세스를 컴포넌트 기반 개발 방법을 적용할 때 이에 대한 개발 프로세스 절차와 산출물을 정의한다.

국방 CBD 방법론의 프로세스는 4개의 단계, 15개의 활동, 37개의 작업으로 구성되어 있으며 전체 프로세스 단계화 활동은 다음과 같다.[16]

표 1.9 국방 CBD 방법론의 개발 프로세스 단계

단계	활동	작업	산출물
분석	요구사항 식별	도메인 모델링	도메인 정의서
			용어집
		현행 시스템 분석	현행 시스템 분석서
		비즈니스 모델링	비즈니스 정의서
		요구사항 정의	요구사항 정의서
	아키텍처 정의	시스템 아키텍처 정의	시스템 아키텍처 정의서
		표준 지침 수립	표준 지침서
	요구사항 분석	유스케이스 모델링	유스케이스 정의서
		연동 소요 분석	연동 소요 정의서
		사용자 인터페이스 정의	사용자 인터페이스 정의서
		클래스 모델링	클래스 정의서
	자료 구축 준비	자료 구축 계획	자료 구축 계획서
	테스트 준비	테스트 계획	테스트 계획서
설계	개략 설계	컴포넌트 식별	컴포넌트 아키텍처 명세서
		인터페이스 상호작용 명세	인터페이스 상호작용 명세서
		컴포넌트 명세	컴포넌트 명세서
		사용자 인터페이스 명세	사용자 인터페이스 명세서
		데이터 모델링	데이터 명세서

단계	활동	작업	산출물
	상세 설계	컴포넌트 구현 설계	컴포넌트 설계서
			트랜잭션 설계서
		사용자인터페이스 구현 설계	사용자 인터페이스 설계서
		데이터베이스 설계	데이터베이스 설계서
		연동 설계	연동 설계서
		자료 구축 설계	자료 구축 설계서
		시스템 보안 설계	시스템 보안 설계서
	시스템 설치 준비	시스템 설치 계획	시스템 설치 계획서
구현 및 테스트	구현	데이터베이스 구축	물리적 데이터베이스
		컴포넌트 구현	컴포넌트 코드
		사용자 인터페이스 구현	사용자 인터페이스 코드
	단위 테스트	단위 테스트 준비	단위 테스트 기술서
		단위 테스트 수행	
	소프트웨어 통합 및 테스트	소프트웨어 통합테스트 준비	소프트웨어 통합 테스트 기술서
		소프트웨어 통합 및 테스트 수행	
	시스템 통합 및 테스트	시스템 통합 테스트 준비	시스템 통합 테스트 기술서
		시스템 통합 및 테스트 수행	
	지침서 작성	사용자 지침서 작성	사용자 지침서
		운용자 지침서 작성	운용자 지침서
인도	시스템 설치	시스템 설치 실시	시스템 설치 결과서
	인수 지원	인수 지원 실시	-

출처: 국방부, 2010

2.3 소프트웨어 개발 방법

소프트웨어 개발 방법(Software Development Methodology)은 소프트웨어 개발 생명주기(SDLC: Software Development Life Cycle)에 소프트웨어공학 원리를 적용하여 소프트웨어를 체계적으로 개발하는 것이다. 이것은 소프트웨어 최종 제품이나 서비스의 품질을 중심으로 개발 절차와 기법 및 개발도구 등의 적용 방법과 단계별 산출물 등을 정의한다.

표 1.10 소프트웨어 개발 방법론 구성 요소

요소	내용
절차 및 기법	개발 단계별 활동과 활동별 세부작업 내용 및 수행할 작업 절차와 방법을 정의하고 각 단계별 작업 중 적용할 기술 및 기법을 정의
개발 도구	개발 기법별 자동화 지원도구에 대한 사용표준 및 방법 정의
산출물	각 개발 단계별 산출물 종류 및 양식 정의

소프트웨어 개발 방법론은 정형화된 개발 절차와 작업의 표준화로 이해관계자들 사이에 효율적인 의사소통과 재활용을 가져오고 또한 개발과정의 가시화로 효과적인 프로젝트 관리가 가능하여 생산성 향상과 품질 개선을 가져올 수 있다. 이와 같은 이유로 소프트웨어 개발 조직에서는 다양한 유형의 개발 방법론을 사용하고 있다.

그래서 초기 전통적 개발 방법론인 구조적 방법론으로부터 객체지향 방법론, 컴포넌트 기반 개발 방법론 및 애자일 방법론까지 생산성 향상과 품질 개선의 목표를 위하여 지속적으로 발전하고 있다.

소프트웨어 개발 방법론을 선정할 때는 프로젝트의 특성, 규모와 복잡도 그리고 도메인 환경을 고려한다. 또한 프로젝트의 비용, 투입 자원을 기반으로 생산성 향상과 품질 개선 관점에서 방법론을 적용한다.

그러나 소규모 프로젝트에 대규모 방법론을 적용하거나 프로젝트에 형식적으로 적용할 경우 가치 없는 문서만 생성하고 결국 프로젝트의 실패를 가져올 수 있다.

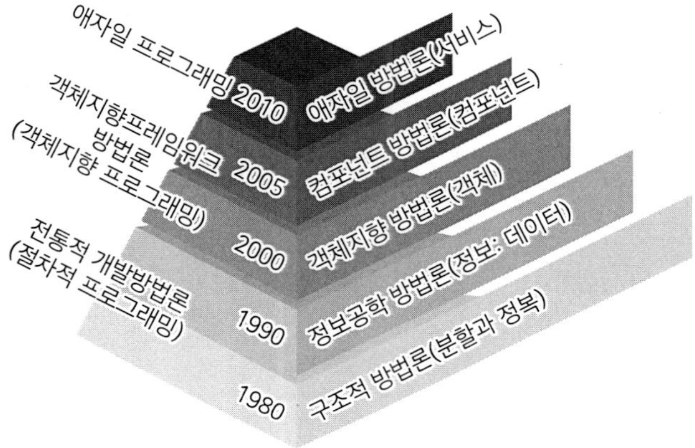

그림 1.8 소프트웨어 개발 방법론 변화

1 전통적 개발 방법론

❖ 구조적 방법론(Structured Methodology)

구조적 방법론은 1970년대 소프트웨어 위기를 해결하기 위하여 제공된 방법론으로 이전 개발 단계의 완성을 기반으로 다음 단계를 진행한다.

이 방법론은 폭포수 모델(Waterfall Model)을 기본으로 SDLC 단계대로 정형화된 절차에 따라 추상화, 구조화, 단계적 상세화 및 분할과 정복에 의한 모듈화의 개발 원리를 적용하여 기능 중심으로 시스템을 개발한다. 구조적 방법론은 구조적 분석 및 설계 그리고 구조적 프로그래밍의 개발 단계를 따른다.[17]

그러나 이 방법론은 프로세스 중심의 복잡한 개발 체계와 많은 산출물의 연계로 모든 정의된 절차를 따르기 어렵고 특히 대규모 시스템 개발에는 비효율적이어서 개발 조직에 맞게 커스터마이징하여 적용하는 것이 필요하다.

표 1.11 구조적 방법론 개발 단계

단계	내용
구조적 분석	데이터흐름 지향(Data flow-oriented)으로 프로세스 위주의 정형화된 절차와 데이터흐름 다이어그램, 데이터 사전 및 소단위 명세서 등의 도형 중심의 도구를 사용하여 사용자 요구사항을 분석한다.
구조적 설계	모듈의 분할과 정복에 의해 N-S(Nassi-Schneiderman) 차트나 구조도 등을 사용하여 하향식 설계를 한다.
구조적 프로그래밍	순차, 반복, 조건의 3가지 논리적 구조로 프로그래밍을 하여 복잡도를 감소시킨다.

또한 분석보다 설계와 구현을 강조하고 정보 은닉이나 데이터 설계 방안이 부족하며 유지보수와 재사용성이 낮은 단점을 가지고 있으며, 단위 프로젝트 위주로 프로젝트 관리나 조직 및 역할 등에 대한 정의가 없다.

❖ 정보공학 방법론(Information Engineering Methodology)

정보공학 방법론은 James Martin에 의해 전파되어 1980년대부터 사용해온 방법론으로, 구조적 방법론이 가진 데이터 모델링의 문제를 극복하고 기업 업무 중심의 개발을 목표로 한다. 이 개발 방법론은 데이터 중심의 분석과 설계로 초기에는 생산성과 품질 개선에 초점을 두었지만 점차 기업의 정보전략계획(ISP: Information Strategy Planning) 작업을 포함하여 조직의 정보와 업무를 체계적으로 분석 및 모형화하고 정보 시스템 개발에 필요한 작업 절차의 자동화로 진화하였다.

또한 하향식으로 문제 영역을 세분화하고 설계 및 구현 단계에서 데이터를 우선적으로 개발하고, CASE 도구를 활용하여 빠르게 결과물을 산출한다. 그러나 구조적 방법론과 같이 SDLC를 이용하지만 유지보수나 재사용성이 낮은 단점이 있다[18].

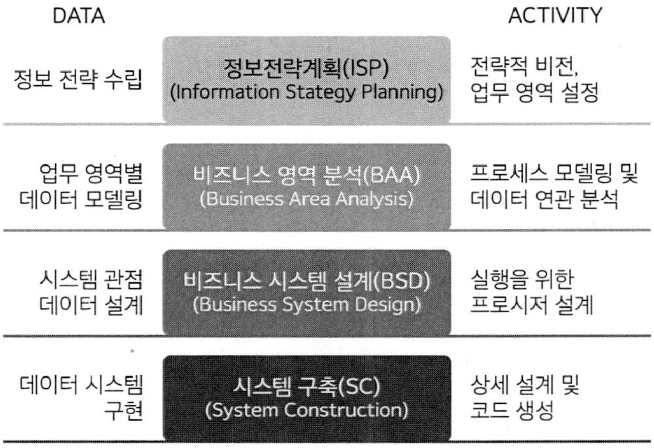

그림 1.9 정보공학 활동 단계

2 객체지향 프레임워크 방법론

객체지향 프레임워크 방법론은 소프트웨어 재사용성과 유지보수성을 높이기 위해 클래스, 메시지와 이들 간의 관계를 식별하고 추상적 개념으로 설계 및 구현하는 방법론이다. 이 방법론은 객체지향 개발 방법론(OOD: Object-oriented Development Methodology)과 컴포넌트 기반 개발 방법론(CBD: Component Based Development Methodology)이 있고 전통적 개발 방법론에 비해 분석, 설계, 구현 단계의 구분이 명확하지 않으며 주로 반복 개발에 적용한다.[19]

❖ 객체지향 방법론(Object-oriented Methodology)

1990년대부터 사용해온 객체지향 방법론은 현실 세계의 객체를 데이터 중심의 모델링(데이터+함수)을 통해 가변적인 기능 중심으로부터 가시적이고 불변적인 객체 중심으로 개발한다.

이 방법론은 클래스(class)와 인스턴스(instance), 추상화(abstraction), 상속성(inheritance), 캡슐화(capsulation), 다형성(polymophism), 정보은닉(information hiding) 등의 개념을 기본으로 객체와 객체 간의 인터페이스 형태

로 구성하고 객체 간의 메시지 통신을 통해 시스템을 구현한다.

객체지향 방법론은 반복적이고 점증적인 상향식 개발 방식으로 쉽고 표준화된 표기법이 존재하고 재사용성과 유지보수성이 높은 장점을 가지며 대규모의 복잡한 시스템에 대한 이해도 용이하다.

객체지향 프로세스는 구조적 방법론과 같이 객체지향 분석 및 설계 그리고 프로그래밍의 개발 단계를 따르지만 실제로 분석과 설계의 경계가 명확하지는 않다.

표 1.12 객체지향 방법론 개발 단계

단계	내용
객체지향 분석	• 사용자의 요구를 기능적 관점으로 파악 • 관련된 객체를 식별 및 분류 • 객체 간의 관계를 분석(일반화, 특수화, 집단화), • 개념 모델링(객체 모델링, 동적 모델링, 기능 모델링)
객체지향 설계	• 시스템 기능에 대해 객체간의 관계 및 객체 간의 상호작용 분석 • 시스템 구조 설계(아키텍처 수립), • 객체 설계 및 데이터베이스 설계
객체지향 프로그래밍	• 객체지향 언어로 프로그래밍

❖ 컴포넌트 기반 개발 방법론(Component-Based Development Methodology)

20000년대부터 사용해온 컴포넌트 기반 개발 방법론(CBD)은 재사용이 가능한 컴포넌트들을 조립하여 소프트웨어를 개발한다. 여기서 컴포넌트(component)란 "인터페이스를 통해서 서비스를 제공하는 소프트웨어 패키지"를 의미한다. 컴포넌트 기술은 컴포넌트 생산 기술과 컴포넌트 사용 기술로 구분한다.

CBD 방법론은 반복적이고 점진적인 상향식 개발 프로세스를 제공하고 표준화된 산출물 작성과 컴포넌트 제작 기법을 통해 컴포넌트를 조합하여 소프트웨어 개발 생산성과 품질을 높이고, 시스템 유지보수 비용을 최소화한다.[20]

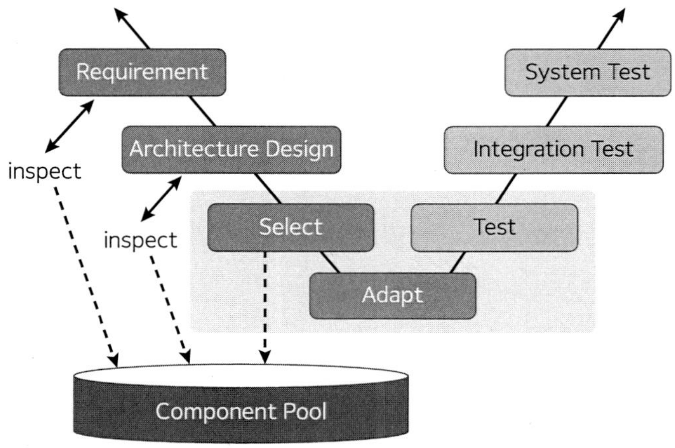

그림 1.10 CBD를 위한 소프트웨어 개발 프로세스

3 애자일 방법론

소프트웨어 개발 환경이 새로운 개발보다 변경에 의한 개발로 변함에 따라 점차 빠른 결과를 요구하고 결과물의 배포시기가 중요해지고 있다. 그러나 폭포수 모델과 같은 절차 및 문서 위주의 전통적인 방법론은 변경에 대한 빠른 대응이 어렵고 생산성이 저하됨으로 인해 새로운 방법론의 필요성이 제기되었다.

애자일 방법론(Agile Methodology)은 변화에 민첩하게 대응하기 위하여 작업을 단순화하고 우선순위에 따라 중요 활동을 먼저 수행하여 고객에게 작동하는 가치 있는 소프트웨어를 빠르고 지속적으로 전달함으로써 더 좋은 의사소통과 변경관리를 통하여 고객을 만족시킨다.

애자일 소프트웨어 개발은 프로젝트 생명주기 동안 반복적 개발을 수행하는 개념적 프레임워크이다. 특히 애자일은 개발 방법론이지만 프로세스보다는 가치와 철학 그리고 개인과의 상호작용을 중요시한다. 그리고 하나의 방법론을 적용하기보다 Scrum, XP(Extreme Programming), Kanban 등 다양한 기술과 프로세스들을 통합하여 중소 규모의 팀이 경량화된 문서 작업과 빠른 피드백을 제공한다.

❖ XP(eXtreme Programming)

가치와 원칙을 중요시하며 사용자 요구사항의 변경에 민첩하게 대응하고 고객이 원하는 품질의 소프트웨어를 빠른 시간 안에 전달할 수 있도록 테스트에 기반을 두고 반복적으로 개발한다. 소규모 프로젝트에 적용하여 개발 문서보다는 소스 코드를, 조직적인 개발보다는 개인의 책임과 용기에 중점을 둔다.

❖ Scrum

개발할 태스크를 가능한 작은 제품 백로그(Product Backlog)로 만들어 우선순위를 부여하고 이를 1~4주의 짧은 개발 주기(sprint)로 실제 동작하는 제품을 만들어 반복적인 개발을 한다. 스크럼은 특정 언어나 방법론에 독립적이며 팀 단위 활동으로 잦은 회의를 통해 의사소통을 한다.

❖ Kanban

린 접근 방식의 애자일 방법론으로 작업의 흐름을 시각화하는 것으로 워크플로우를 시각화하고 각 워크플로우 상태에서 진행 중인 항목 수를 명시적으로 제한한다. 그리고 한 항목을 완료하는 데 걸리는 평균 시간(리드 타임)을 최대한 작게 예측할 수 있도록 프로세스를 최적화한다. 이 방법은 불확실성과 변동성이 높아서 스프린트 의미가 없는 상황에 유용하다.

2.4 소프트웨어 개발 기술

1 SWEBOK의 소프트웨어 공학 기술

ISO 122027 생명주기 프로세스는 소프트웨어공학 기술을 기반으로 하고 있다. IEEE Computer Society에서 작성한 SWEBOK(Software Engineering Body of Knowledge: www.computer.org)은 소프트웨어공학에 대한 일관된 관점을 제공하고 소프트웨어공학을 엔지니어링 관점으로 확립하는 데 중요한 역할을 하였다. 이 가이드에서는 소프트웨어공학의 범위와 분야를 특성화하여 15개의 지식영역(KA: Knowledge Areas)으로 구성하고 있다.

- Software Requirements
- Software Design
- Software Construction
- Software Testing
- Software Maintenance
- Software Configuration Management
- Software Engineering Management
- Software Engineering Process
- Software Engineering Models and Methods
- Software Quality
- Software Engineering Professional Practice
- Software Engineering Economics
- Computing Foundations
- Mathematical Foundations
- Engineering Foundations

이 지식 영역과 관련된 소프트웨어공학 기술은 크게 소프트웨어 생명주기별 개발 기술과 전체 소프트웨어에 대한 관리 기술 그리고 소프트웨어 개발 지원 기술로 분류할 수 있다.[21]

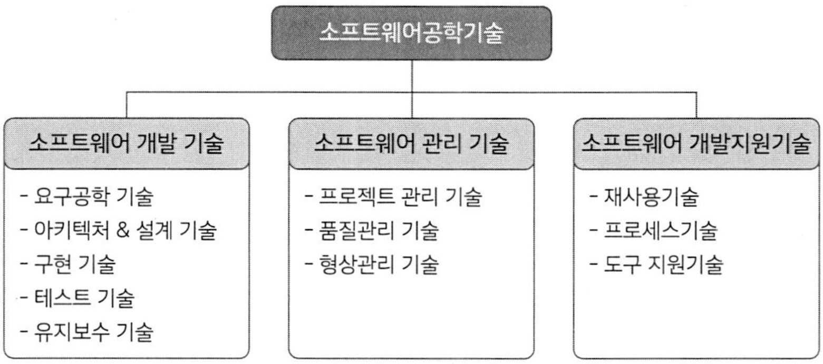

그림 1.11 소프트웨어공학 기술의 분류

2 소프트웨어 개발 표준 적용

많은 소프트웨어 개발에서 품질 지향적 프로세스 접근 방식과 개발 및 관리를 위한 표준을 적용하고 있다. 표준(standard)은 의사소통과 이해의 공유를 강조하여 비생산적인 작업에 소요되는 시간을 줄이고 모범 사례들을 통하여 실수를 방지함으로써 소프트웨어 관리를 개선하여 일정과 예산을 만족시키고 품질 목표를 달성할 가능성을 높일 수 있다.

또한 개발과 관련된 이해관계자들의 교육과 인증 등을 통해 비즈니스 수익성을 높이는 데 도움이 될 수 있다. 이러한 표준은 크게 국제 표준과 국가 표준 그리고 단체 표준의 세 가지로 분류한다.

1. 국제 표준: ISO, IEC 등 국가별 대표기관이 참여해 제정하는 표준
2. 국가 표준: KS와 같이 국가 전체에 영향을 주는 표준
3. 단체 표준: 회원사 공동의 이익을 위해 제정하는 표준

현재 국제 표준은 주로 ISO(International Organization for Standardization)와 IEC(International Electrotechnical Commission) 그리고 IEEE(Institute of Electrical and Electronics Engineers)를 중심으로 단독 또는 공동으로 제·개정되고 있다. 특히 소프트웨어와 관련된 표준은 ISO/IEC가 공동으로 작업하는 JTC 1(Joint Technical Committee 1–Information Technology) 아래 SC 7(Sub Committee 7–Systems & Software Engineering)의 WG(Working Group)에서 작업하고 있다.

국내에서는 ICT와 관련된 표준에 대해 주로 국가 표준은 국가기술표준원(KATS, https://kats.go.kr/)에서 KSX 시리즈로, 단체 표준은 정보통신기술협회(TTA, https://www.tta.or.kr/)에서 TTAS 시리즈로 제정하고 있다.[22,23]

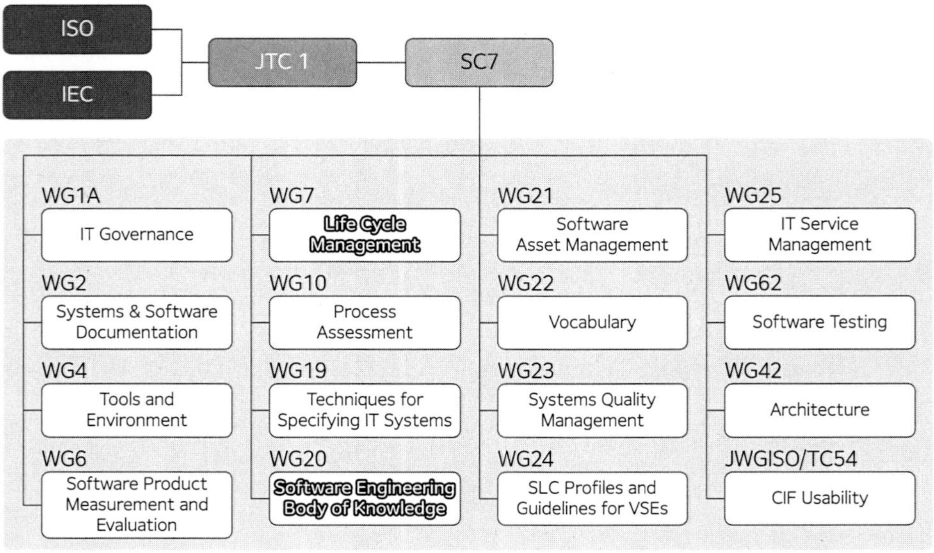

그림 1.12 ISO/IEC JTC1 SC7 구조

3 공개 소프트웨어의 활용

공개 소프트웨어(Open Source Software)는 모든 사용자에게 소스 코드가 공개되고 접근 권한이 제공되어 누구나 자유롭게 소스 코드를 사용하고 또한 수정할 수 있으며, 복제 및 배포가 가능한 소프트웨어를 의미한다.

공개 소프트웨어는 비용 측면에서 사용료가 무료라는 개념보다는 오히려 사용 측면에서 사용자에게 소스 코드를 공유시키고 이에 대한 변경 등의 접근 권한을 제공하는 것을 의미한다.[24,25]

그러나 공개 소프트웨어는 단순히 소스 코드에 대한 액세스만을 의미하는 것은 아니다. 그래서 OSI(Open Source Initiative)에서는 공개 소프트웨어의 의미를 명확하게 나타내기 위하여 공개 소프트웨어의 배포는 다음 기준을 준수할 것을 제시하고 있다.[26]

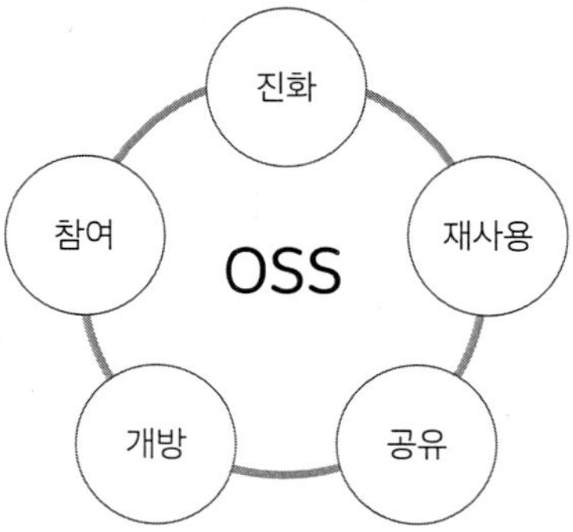

그림 1.13 공개 소프트웨어의 특징

출처: NIPA, 2012

1. Free Redistribution : 공개 소프트웨어는 자유롭게 재배포한다.
2. Source Code : 공개 소프트웨어는 소스 코드를 공개한다.
3. Derived Works : 공개 소프트웨어는 2차 저작물의 재배포를 허용한다.
4. Integrity of The Author's Source Code : 공개 소프트웨어는 소스 코드의 수정을 제한할 수 있다.
5. No Discrimination Against Persons or Groups : 공개 소프트웨어는 특정 개인이나 단체에 대해 차별을 금지한다.
6. No Discrimination Against Fields of Endeavor : 공개 소프트웨어는 특정 분야에서 프로그램 사용하는 것을 제한하는 것을 금지한다.
7. Distribution of License : 공개 소프트웨어의 라이선스는 배포한다.
8. License Must Not Be Specific to a Product : 공개 소프트웨어의 라이선스는 제품에 한정되지 않고 모든 제품에 동일하게 적용한다.
9. License Must Not Restrict Other Software : 공개 소프트웨어는 다른 라이선스를 포괄적으로 수용한다.
10. License Must Be Technology-Neutral : 공개 소프트웨어 라이선스는 기술적으로 중립성을 가진다.

공개 소프트웨어를 소프트웨어 개발에 활용하는 이유는 소프트웨어 개발 생명 주기가 획기적으로 짧아짐에 따라 처음부터 모든 것을 개발하는 기존의 개발 방법으로부터 짧은 개발 주기를 만족시키기 위하여 존재하는 소스 코드를 재사용하기 때문에 적은 비용과 빠른 시간에 호환성, 신뢰성 및 안정성을 가진 소프트웨어를 구현할 수 있다.

특히 상용 소프트웨어에 비해 표준화 가능성이 높고, 다수에 의해 품질이 관리되므로 안전하고 높은 품질의 소프트웨어를 개발할 수 있다. 또한 공개된 소스 코드를 활용하여 기술 교육적 활용을 통해 개발자의 능력 성숙도를 높일 수 있는 장점을 가지고 있다. 그러나 낮은 기술 지원과 문서화 그리고 지적재산권과 관련된 문제 등으로 인하여 개발 비용이 증가할 위험도 존재한다.

공개 소프트웨어는 기본적으로 저작권은 존재하기 때문에 재배포 시에는 저작권자의 라이선스 규정을 준수해야 한다. 라이선스 규정은 다음과 같다.

❖ GNU GPL(General Public License) 2.0

GPL은 대표적인 공개소프트웨어 라이선스로서 소프트웨어를 배포할 때 저작권과 보증 책임 없음 그리고 GPL에 의한 배포를 표시해야 한다. 그리고 소프트웨어를 수정할 때는 소스 코드 전체를 제공한다.

❖ GNU LGPL(Lesser GPL) 2.1

LGPL은 소스 코드의 일부를 수정하더라도 소스 코드 전체를 제공해야 하는 엄격한 GPL 라이선스를 일부 완화한 것으로, 소프트웨어를 배포할 때 저작권 및 보증 책임 없음 그리고 LGPL에 의한 배포 표시는 해야 한다. 그러나 LGPL Library를 수정하는 경우 소스 코드 전체가 아닌 수정한 소스 코드만 공개한다.

❖ BSD(Berkeley Software Distribution) License

BSD는 GPL이나 LGPL보다 덜 제한적으로, 소프트웨어를 배포하는 경우 저작권 표시와 보증 책임 없음 표시는 하지만 GPL이나 LGPL과 달리 수정 프로그램에 대한 소스 코드는 공개하지 않아도 된다.

❖ Apache License 2.0

아파치 소프트웨어 재단(ASF: Apache Software Foundation)에서 만든 규정으로, BSD 라이선스와 유사하여 소스 코드 공개의 의무는 없다. 그러나 재배포할 경우에는 ASF에서 개발된 소프트웨어임을 밝혀야 한다.

❖ MPL(Mozilla Public License)

모질라 재단에서 규정한 라이선스로 소스 코드를 수정할 경우에는 필수적으로 소스 코드를 공개하지만, MPL 소스 코드와 다른 코드를 결합해서 만든 경우는 MPL 코드를 제외한 다른 소스 코드는 공개하지 않아도 된다.

표 1.13 주요 공개 소프트웨어 라이선스 비교

종류	무료 이용	배포 허용	소스 코드 사용	소스 코드 수정	2차 저작물 재공개	독점SW와 결합
GPL	⦿	⦿	⦿	⦿	⦿	X
LGPL	⦿	⦿	⦿	⦿	⦿	⦿
MPL	⦿	⦿	⦿	⦿	⦿	⦿
BSD license	⦿	⦿	⦿	⦿	X	⦿
Apache license	⦿	⦿	⦿	⦿	X	⦿

출처: NIPA 공개SW역량프라자, 2018

현재 공개 소프트웨어는 기존의 시스템 소프트웨어, 미들웨어 등으로부터 클라우드, 빅데이터, 사물인터넷, 모바일, 인공지능 등의 첨단 분야까지 확장되고 있다. 본 책의 부록에는 NIPA에서 발표한 공개 소프트웨어 솔루션과 커뮤니티 리스트를 제공하고 있다.

4 전자정부 표준프레임워크

전자정부 표준프레임워크는 자바 기반의 시스템을 개발 또는 운영할 때 필요한 애플리케이션 아키텍처, 기본 기능 및 공통 컴포넌트를 표준화하여 미리 구현해 두고, 개발자는 이들을 재사용하여 기능을 구현 및 조립하여 전체 시스템을 구축한다.

현재 표준프레임워크에서는 공통 기술 147종과 요소 기술 104종 등의 공통 컴포넌트를 제공하고 있다. 이 책의 별첨에서는 공통 컴포넌트 목록 및 기능에 대한 상세한 설명을 제공한다.[27]

이 프레임워크는 공개 소프트웨어 기반의 개방형 표준을 준수하고 있어 누구나 무료로 활용이 가능하다. 또한 아파치(Apache) 라이선스 2.0 및 MIT 라이선스를 채택함으로써 표준프레임워크를 적용하여 개발된 응용시스템은 소스 코드를 공개할 의무가 없다.

표 1.14 표준프레임워크 공통 컴포넌트

구분	분류	기 능
공통기술	사용자디렉토리/통합인증	• 사용자통합인증, 로그인
	보안	• 실명확인, 역할/권한관리, 암호화/복호화
	통계/리포팅	• 통계
	협업	• 게시판, 동호회, 일정관리, 전자우편, 주소록/명함록, 문자 메시지, 전자결재, • 모바일 실시간 공지서비스, 오프라인 웹서비스, 모바일 위치정보 연계서비스, 모바일 기기식별, 모바일 메뉴
	사용자지원	• 사용자관리, 약관관리, 개인화, 온라인참여, 온라인헬프, 정보제공/알림 • 모바일메뉴관리
	시스템관리	• 공통코드관리, 메뉴관리, 프로그램관리, 로그관리, 배치관리, 시스템관리, 장애관리

구분	분류	기 능
	시스템/서비스 연계	• 시스템연계
	디지털자산관리	• 지식관리 • 모바일 차트/그래프, 모바일 사진앨범, 모바일, 멀티미디어제어
요소기술		달력, 웹에디터, 인쇄/출력, 쿠키/세션, 포맷/계산/변환, 메시지처리, 인터페이스/화면, 시스템, 파일업로드/다운로드, 이중등록방지, 지역화처리, 웹 소켓 등

출처: NIA, 2020.03

표준프레임워크는 인터페이스 유연성과 상용 솔루션과의 상호운영성을 보장한다. 또한 모바일 환경을 위한 모바일 웹(UX/UI)과 하이브리드 앱 그리고 Eclipse 기반의 모델링도구 등 다양한 개발 환경을 제공하여 효율적인 정보시스템 개발 지원을 위해 필요한 기능과 아키텍처를 제공함으로써 애플리케이션 소프트웨어의 표준화와 품질 그리고 재사용성을 향상시켜 개발 비용과 일정을 단축하고 생산성을 높인다. 표준프레임워크는 실행환경, 개발환경, 운영환경 그리고 관리환경 등 4개의 영역으로 구성된다.

- 실행환경: Java 기반의 응용 시스템 개발에 필수적인 기능을 패턴화하여 구현한 라이브러리 코드
- 개발환경: 설계, 구현, 테스트 등 개발 생명주기에서 필요한 지원도구
- 운영환경: 표준프레임워크를 기반으로 개발한 시스템의 운영에 필요한 의사소통 및 모니터링 도구
- 관리환경: 표준프레임워크에 대한 기술지원, 업그레이드 등을 관리하기 위한 내부 업무시스템

소프트웨어 개발에 표준프레임워크를 적용하기 위해서는 JavaEE(J2EE) 7 혹은 JDK1.7 이상의 환경이 요구된다.

그림 1.14 표준프레임워크 구성요소

출처: NIA, 2020

5 소프트웨어 개발 도구

소프트웨어 개발 프로세스 전체 과정을 거치면서 개발의 효율성과 완전성을 높이기 위하여 소프트웨어 개발 도구를 활용할 수 있다. 소프트웨어 개발 도구 또는 CASE(Computer Aided Software Engineering) 도구는 개발자가 소프트웨어 개발 생명주기 전체 단계 활동을 자동화하는 데 사용되는 소프트웨어로써 프로그램을 생성, 관리, 설계, 코딩, 테스트, 검사, 유지 관리 또는 지원하는 데 사용할 수 있다. 이러한 소프트웨어 도구를 적절하게 적용하면 프로젝트 개발을 가속화하고 개발의 다음 단계로 진행하기 전에 결함을 발견하여 원하는 결과를 생성할 수 있다. 또한 개발 작업을 용이하게 하고 관리를 개선하고 비용을 절감할 수 있다.

소프트웨어 개발 도구는 사용되는 개발 단계에 따라 분석·설계 단계에서 사용하는 상위 도구와 구현, 테스트 및 유지보수 단계에서 사용하는 하위 도구로 나눌 수 있다. 또한 요구사항 수집에서 테스트 및 문서화에 이르기까지 모든 단계에서 사용할 수 있는 통합 도구도 있다.

초기의 소프트웨어 개발 도구는 주로 설계 및 테스트 단계에서 사용되었지만 오늘날에는 분석 도구, 설계 도구, 프로젝트 관리 도구, 데이터베이스 관리 도구, 문서화 도구 등 소프트웨어 개발 생명주기 전체 과정에서 사용할 수 있다. 일반적으로 소프트웨어 개발 도구는 공통적이고 일관된 정보를 제공할 수 있도록 중앙 저장소(Repository)가 필요하다. 전체 개발 생명주기 단계에서 사용할 수 있는 도구에는 다음과 같은 유형이 있다.

- 다이어그램 도구(Diagram tools)
- 프로세스 모델링 도구(Process Modeling Tools)
- 프로젝트 관리 도구(Project Management Tools)
- 문서화 도구(Documentation Tools)
- 분석 도구(Analysis Tools)
- 설계 도구(Design Tools)
- 프로그래밍 도구(Programming Tools)
- 형상관리 도구(Configuration Management Tools)
- 변경 제어 도구(Change Control Tools)

이러한 소프트웨어 개발 도구를 선택할 때 고려해야 할 요소는 다음과 같다.

- **도구획득 비용**: 상용 소프트웨어(COTS) vs. 공개소스 소프트웨어(OSS)
- **도구 유용성**: 목적에 따른 기능 제공 정도
- **다른 도구와의 통합**: 개발 단계 간의 호환성 및 정보 제공 정도
- **적절한 작업 환경**: 설치 및 사용 환경, 개발자 간 협업 작업 정도
- **학습 곡선**: 사용의 용이성 정도

NIPA의 소프트웨어자산뱅크(https://www.swbank.kr/)에서 소프트웨어 개발 과정 전체에 걸쳐 사용되는 도구에 대한 리스트를 보여준다.[28]

6 소프트웨어 개발 산출물

소프트웨어 개발 생명주기 단계를 진행하면서 다양한 산출물들이 생성된다. 그래서 이들 산출물 사이의 체계 및 산출물 항목 간의 연관성을 정립하여 일관성, 완전성 및 추적성을 확보하는 것이 중요하다.

"CBD SW 표준 산출물 관리 가이드"에서는 객체지향 및 CBD 개발 방법론에 따라 소프트웨어를 개발할 때 분석, 설계, 구현 및 시험 단계에서 25개의 필수 산출물을 제시하고 있다. 만일 프로젝트 특성에 따라 관련 업무가 존재하지 않는 경우는 산출물을 생략할 수 있다. 다음 표는 CBD SW개발 방법론의 단계별 산출물 종류를 보여준다[29].

표 1.15 CBD SW개발 방법론의 단계별 산출물

단계	산출물	구분
분석	사용자 요구사항 정의서	필수
	유즈케이스 명세서	
	요구사항 추적표	필수
설계	클래스 설계서	
	사용자 인터페이스 설계서(화면 설계서)	필수
	컴포넌트 설계서	
	인터페이스 설계서	
	아키텍처 설계서	필수
	총괄시험 계획서	
	시스템시험 시나리오	
	엔티티 관계 모형 기술서(ERD)	필수
	데이터베이스 설계서(테이블 설계서)	필수
	통합시험 시나리오	
	단위시험 케이스	

단계	산출물	구분
	데이터 전환 및 초기데이터 설계서	
구현	프로그램 코드	
	단위시험 결과서	
	데이터베이스 테이블	
시험	통합시험 결과서	필수
	시스템시험 결과서	
	사용자 지침서	
	운영자 지침서	
	시스템 설치 결과서	
	인수시험 시나리오	
	인수시험 결과서	

출처: TTA, 2013

3 소프트웨어 프로젝트의 시작

3.1 소프트웨어 프로젝트 시작 활동

소프트웨어 프로젝트 시작 단계의 활동은 전체 개발의 성공 여부에 큰 영향을 주기 때문에 매우 중요하다. 그러나 경험이 적은 개발자들은 프로젝트를 시작할 때 이에 대한 고려 없이 수행하기 때문에 실패를 경험하게 된다. 그래서 프로젝트를 시작할 때는 명확한 프로젝트의 목표 정의와 이해관계자 분석 그리고 프로젝트 성공 기준 설정 등과 같은 주요 프로젝트 관리 기술을 고려해야 한다.[1]

❖ 명확한 프로젝트 목표 정의

소프트웨어 프로젝트를 시작할 때 적용할 첫 번째 프로젝트 관리 기술은 명확하게 프로젝트 목표와 범위를 정의하는 것이다. 먼저 프로젝트에서 해결할 문제를 분석하여 프로젝트가 필요한 배경과 이유(WHY)를 이해한다. 그리고 프로젝트가 수행할 목적과 범위(WHAT)를 정의한다. 이것은 이후에 프로젝트 제안 요청서(Request for Proposal)에 공식적으로 정의하고 기술한다.

❖ 이해관계자 관점 분석

프로젝트를 시작하기 위한 두 번째 프로젝트 관리 기술은 이해관계자 분석을 수행하는 것이다. 이해관계자는 "프로젝트의 결정, 활동 또는 결과에 직접적이거나 간접적으로 영향을 주거나 받을 수 있는 개인, 그룹 또는 조직"으로, 모든 프로젝트에는 긍정적 또는 부정적으로 영향을 주는 이해관계자가 있다.[30]

따라서 프로젝트 초기에 이해관계자가 누구인지 이해하고 그들의 관점을 사전에 관리하기 위한 전략을 세우는 것은 프로젝트 성공에 매우 중요한 작업이다.

이해관계자 분석 프로세스는 먼저 이해관계자를 식별 및 그룹화하고, 식별된 이해관계자 그룹별로 관점을 정의하고 중요도를 기준으로 우선순위를 정한다. 그리고 이해관계자들의 참여 수준을 평가하고 전략 계획을 수립한다.

❖ 프로젝트 성공 기준 설정

프로젝트를 시작하기 위한 세 번째 주요 프로젝트 관리 기술은 프로젝트 성공 기준을 정의하는 것이다. 전통적으로 프로젝트 성공은 비용, 일정 및 범위 목표를 충족하는 제약 조건을 만족하는 것이다. 그러나 가장 중요한 프로젝트의 성공 기준은 이해관계자들의 만족으로, 이해관계자들이 프로젝트 성공 기준을 명시적으로 정의한다.

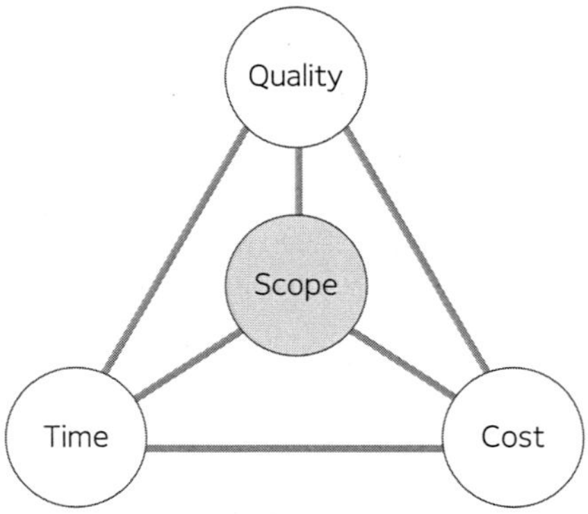

그림 1.15 소프트웨어 성공 기준

3.2 소프트웨어 프로젝트 제안요청

제안요청서(RFP: Request For Proposal)는 프로젝트를 발주하는 조직이 프로젝트 수행을 위한 요구사항을 제시하고 제안서 제출을 요청하는 문서로, 제안서 작성과 평가 그리고 개발자 선정의 기준이 된다. 제안요청서가 가져야 하는 특징은 다음과 같다.

- 발주 개념을 정의하고 제안서 작성 시 필요한 정보를 상세히 기술한다.
- 관련 법 · 제도 및 표준 등을 준수하며 명확하고 객관성과 공정성을 제공해야 한다.
- 발주 요구사항은 명확한 용어와 의미를 사용하여 상세하게 기술한다. 또한 기술적으로 실현 가능하고 결과를 확인 및 검증할 수 있어야 한다.
- 특정 기술이나 규격 등에 종속적이지 않도록 개방적인 표준에 근거하여 요구조건을 제시한다.

그러나 기존의 많은 RFP가 프로젝트 발주 시에 개발 목표나 범위 그리고 발주 요구사항을 불명확하게 제시함으로써 개발 중에 지속적인 변경과 이로 인한 개발 지연과 품질 저하 등의 문제가 발생하고 있다.

이러한 문제를 해결하기 위하여 공공정보화사업은 발주 요구사항을 명확하고 상세하게 정의하여 작성하도록 의무화되어 있지만 현실적으로 많은 발주 조직들이 요구사항을 명확하게 작성하지 못하고 있다. 그래서 공공사업의 경우에는 사업유형별로 제안요청서 및 제안 요구사항을 작성하는 가이드를 제공하고 있다.[31,32,33,34]

또한 「소프트웨어사업 요구사항 분석 · 적용 가이드」에서는 소프트웨어 사업의 발주 계획단계에서 제안요청서에 반영할 요구사항을 정의하고, 이들 요구사항을 추적 · 관리하기 위한 활동을 제시하고 있다.[35]

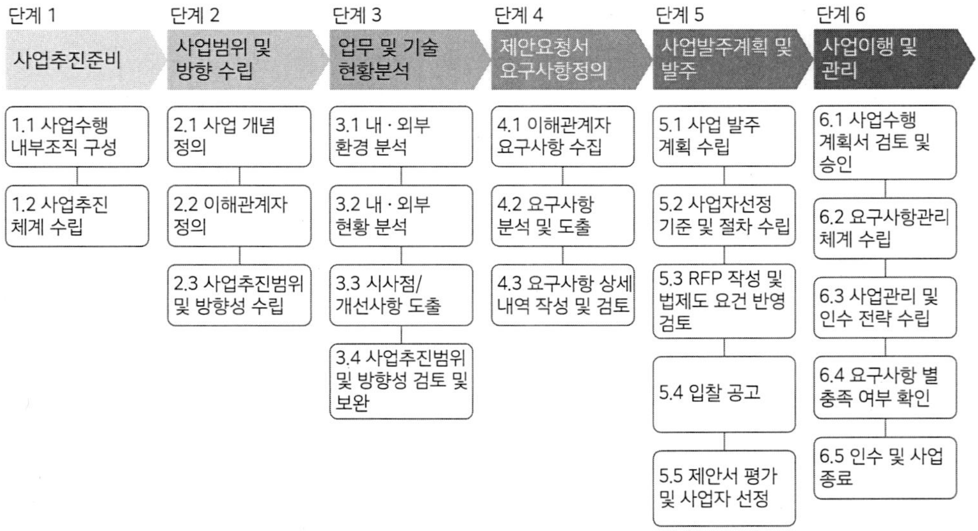

그림 1.16 요구사항 분석·적용 가이드 표준 프로세스

출처: NIPA, 2012

제안요청서는 개략적으로 사업 내용, 제안요청 요구사항 정의 그리고 제안 안내 부분으로 구성된다. 사업 내용 부분은 사업 개요, 현황 및 문제점 그리고 사업 추진 방안 등을 기술하고, 제안요청 요구사항 정의 부분은 상세한 제안 요구사항을 정의한다. 그리고 제안 안내 부분에서는 제안서 작성 요령과 계약조건, 평가 요소와 방법 등의 안내 사항 등을 포함한다. 다음은 공공정보화사업을 대상으로 사용하는 제안요청서의 표준 목차이다.

표 1.16 프로젝트 제안서 구성

1. 사업 개요 가. 추진배경 및 필요성 나. 서비스 내용 다. 사업 범위 라. 기대효과 및 성과지표 2. 현황 및 문제점 가. 업무(일반) 현황 나. 정보화 현황 다. 문제점 및 개선 방안 3. 사업 추진방안 가. 추진 목표 나. 추진 전략 다. 추진 체계 라. 추진 일정 마. 추진 방안 4. 제안요청내용 가. 제안요청 개요 나. 용어의 정의 다. 목표시스템 개념도 라. 개발 대상 업무 마. 상세 요구사항 1) 시스템장비구성 요구사항 2) 기능 요구사항 3) 성능 요구사항 4) 인터페이스 요구사항	5) 데이터 요구사항 6) 테스트 요구사항 7) 보안 요구사항 8) 품질 요구사항 9) 제약사항 10) 프로젝트 관리 요구사항 11) 프로젝트 지원 요구사항 5. 제안서 작성요령 가. 제안서의 효력 나. 제안서 작성지침 및 유의사항 다. 제안서 목차 라. 제안서 작성 지침 6. 제안안내 사항 가. 입찰방식 나. 제안서 평가방식 다. 기술성 평가기준 라. 제출서류 마. 제안서 제출 일정 및 방법 바. 제안요청설명회 사. 제안설명회 개최 아. 입찰시 유의사항 자. 제안서 보상 차. 붙임서식 7. 기타 사항

출처: 조달청, 2018

❖ 사업 내용 부분

1. 사업 개요

기본적으로 사업명과 기간 그리고 예산 등을 소개하고 개발 사업의 추진 배경과 필요성 및 사업 내용과 범위 그리고 기대효과 등을 이해하기 쉽고 논리적으로 제시한다.

항목	핵심 기술 사항
추진배경 및 필요성	업무의 중요성이나 법 · 제도 변화, 시스템 노후화 등 대내외적 환경의 변화나 사용자 서비스 요구 수준의 고도화 등 제안 프로젝트가 추진되어야 할 배경과 필요성을 제시한다.
서비스 내용	프로젝트에서 제공할 서비스나 프로세스 개선 내용을 대상 그룹별로 기술한다.
사업 범위	관련 소프트웨어, 하드웨어, DB 및 네트워크 시스템 등을 포함하여 개발할 소프트웨어의 범위를 기술한다.
기대효과 및 성과지표	프로젝트 완료 후 프로세스 개선이나 비용절감 효과 등을 정량적, 정성적 효과로 기술한다.

2. 현황 및 문제점

본 사업과 관련된 비즈니스 현황이나 정보화 현황, 문제점 및 개선 방안 등을 제시한다.

항목	핵심 기술 사항
업무 현황	비즈니스 프로세스를 기반으로 전체 업무 구성도를 작성하고 각 업무에 대한 개요 및 수행조직과 정보화 여부 등을 기술한다.
정보화 현황	현재의 전체 시스템 구성도를 하드웨어, 소프트웨어, 네트워크, 데이터베이스 등을 포함하여 작성한다. 그리고 이름, 모델, 수량, 용량 등을 포함하여 전체 시스템 장비 리스트를 작성한다.
문제점 및 개선 방향	업무 및 정보화 측면에서 현행 시스템의 문제점에 대해 국내·외 유사 사업과 비교를 통하여 진단(As-is)하고 개선 방향(To-be)을 기술한다.

3. 사업추진 방안

발주 기관의 목표와 비전을 기준으로 사업의 목표와 추진 전략 및 방향을 기술한다, 그리고 사업 추진을 위해 필요한 조직과 역할을 제시하고 주요 단계별 추진일정 및 추진 방안을 제공한다.

항목	핵심 기술 사항
추진목표	사업추진 관련 발주조직의 비전과 프로젝트 목표를 제시한다.
추진전략	프로젝트 목표 달성을 위해 기술적, 관리적, 정책적 그리고 법 · 제도적 측면에서 타당한 추진 전략을 기술한다.
추진체계	프로젝트 수행을 위한 조직과 역할을 주관 조직을 중심으로 도식화하여 기술하고 조직별 담당업무 및 기능을 기술한다.
추진일정	개발 시스템의 수행기간을 주요 기능 단위별로 세부적으로 기술하고, 주요 마일스톤과 이벤트를 표시한다.
추진방안	법 · 제도적인 근거를 포함하여 프로젝트 추진 방안을 기술한다.

❖ 제안 요청 부분

4. 제안 요청 내용

발주자의 비전과 프로젝트 목표를 기반으로 제안 요청할 핵심 사업 내용과 해당 발주 요구사항을 제시한다. 이때 개발 사업의 비용 및 규모를 산정하기 위하여 요구사항을 상세하게 작성한다.

항목	핵심 기술 사항
제안요청 개요	프로젝트를 개괄적으로 이해할 수 있도록 사업 명, 기간, 비용 그리고 범위 등의 주요 핵심 내용을 요약, 기술한다.
용어 정의	제안요청서나 프로젝트 수행 시 설명이 필요한 용어를 구체적이고 명확하게 정의한다.
추진 체계	프로젝트 목표 달성을 위해 기술적, 관리적, 정책적 그리고 법·제도적 측면에서 타당한 추진 전략을 기술한다.
목표 시스템 개념도	주요 이해관계자 및 서비스 내용 등을 포함하여 목표 시스템을 다이어그램으로 작성한다.
개발 대상 업무	목표 시스템의 업무 범위와 내용을 WBS(Work Breakdown Structure)로 작성하고, 단위 업무별로 개략적으로 기술한다.
상세 요구사항	요구사항을 유형별로 식별하고 제안 요구사항의 세부 내용을 상세하게 작성한다.

❖ 제안 안내 부분

제시된 제안요청서를 기준으로 제안서를 작성할 때 제안서 작성 요령이나 제출 및 평가관련 사항 등에 대해 기술한다.

항목	핵심 기술 사항
제안서 작성 요령	제안서의 효력, 제안서의 작성 지침 및 유의사항, 제안서 목차 및 세부 작성 지침 및 작성방법 등을 제시한다.
제안 안내 사항	입찰 방법, 제안서 평가방법 및 기술성 평가기준 그리고 제출 서류와 제안서 제출 일정 및 방법, 제안요청 설명회 등을 기술한다.

3.3 소프트웨어 프로젝트 제안

소프트웨어 제안서는 발주자가 제시한 제안요청서의 내용에 대해 사업자가 프로젝트를 수행할 능력을 보유하고 있음을 발주자에게 알리기 위하여 사업의 이해 정도를 제시하고, 적정한 방법론의 선정 근거와 향후 확장성을 고려하여 적용할 기술을 실현 가능하게 제시한다. 그리고 개발업무 수행 시 위험 요소에 대해 대안을 구체적으로 제시한다.

소프트웨어 프로젝트 제안서는 발주 기관에 따라 고유 형식의 제안서 양식을 제시하고 있으며, '소프트웨어 기술성 평가기준 적용 가이드'에 있는 기술 제안서 평가항목별 평가 기준과 평가 요소를 참조하여 작성할 수 있다.[36]

일반적으로 제안 개요와 기술 부분 그리고 프로젝트 관리 및 지원 부분으로 구성하며, 제안서에 포함되는 목차와 작성 내용은 다음과 같다.

표 1.17 프로젝트 제안서 구성

전략 및 방법론 　사업 이해 　추진 전략 　적용 기술 　표준 프레임워크 적용 　개발 방법론 기술 및 기능 　시스템 요구사항 　기능 요구사항 　보안 요구사항 　데이터 요구사항 　시스템 운영 요구사항 　제약사항 성능 및 품질 　성능 요구사항 　품질 요구사항 　인터페이스 요구사항	프로젝트 관리 　관리 방법론 　일정 계획 　개발 장비 프로젝트 지원 　품질 보증 　시험 운영 　교육 훈련 　유지 관리 　하자보수 계획 　기밀 보안 　비상 대책 상생협력 및 하도급 계획 적정성 제안업체 일반 　연혁 및 일반 현황 　조직 및 인원 현황 　관련분야 사업실적 　사업추진 체계 　인력 투입 계획

❖ 전략 및 방법론

사업자의 경험과 사업의 이해 정도를 평가하고, 위험요소에 대한 대안 제시의 창의성과 적용할 기술의 확장성 및 실현 가능성 제시를 평가한다. 또한 개발방법론 선정의 타당성과 단계별 활동 내용의 효율성을 평가한다.

항목	핵심 기술 사항
사업 이해도	제안요청서의 사업 특성과 개발 목표를 이해하고 비즈니스 프로세스 및 환경 분석을 통해 사업의 목적, 범위, 특성을 정의하고 목표에 부합하는 사업전략을 제시한다. 또한 현재 시스템 문제를 분석하여 향후 개발할 목표 시스템에 대한 구성도 및 구성 체계를 제시한다.
추진 전략	개발 일정 및 위험요소를 고려하여 창의적이고 타당성을 가진 추진 전략 및 결과에 대한 검증 전략을 제시한다.
적용 기술	적용 기술의 실현 가능성, 최신성 및 향후 확장성을 고려하여 주요 기술 및 개발방법론의 적용 방안을 제시한다.

항목	핵심 기술 사항
표준프레임워크 적용	표준프레임워크와 공통 컴포넌트의 적용 계획을 제시하고, 적용 방안 및 예상되는 문제점과 대응 방안을 제시한다.
개발 방법론	프로젝트의 목적, 특징에 따라 적용할 개발 방법론과 절차, 기법과 사용 도구 그리고 단계별 산출물을 제시한다.

❖ 기술 및 기능

항목	핵심 기술 사항
시스템 요구사항	시스템을 하드웨어, 소프트웨어 및 기타 부분으로 구분하고 각 부분별 장비의 기능과 모델 및 인증제품 여부를 제시한다. 또한 장비 공급 및 설치 계획과 현 시스템과의 호환성 그리고 확장 가능성에 따른 유지보수 방안을 제시한다.
기능 요구사항	목표시스템이 수행하거나 목표시스템을 이용하여 사용자가 수행할 기능을 기술한다. 또한 요구된 기능을 제공하기 위해 적용할 개발 방법론 및 분석 도구, 적용 기술 및 구현 방안을 제시한다.
보안 요구사항	보안 관련 적용할 보안기술, 표준 및 적용 방안을 제시한다.
데이터 요구사항	데이터 전환 계획, 검증 및 무결성 확인 그리고 데이터 오류 시 데이터 처리 방법 등을 제시한다.
시스템 운영 요구사항	시스템 운영 절차 및 방법과 유사시 대응 방안을 제시한다.
제약 사항	목표 시스템의 설계, 구축, 운영과 관련한 제약조건을 충족시키기 위한 대응 방안을 제시한다.

제안요청서에서 제시한 기능이나 서비스 요구 내용을 만족시킬 수 있는 방안 및 기술을 다른 시스템과의 연계성을 고려하여 사용할 구체적으로 제시한다.

❖ 성능 및 품질

완성된 시스템이 제공할 비기능적 요구사항을 만족시키기 위한 방안 및 기술을 구체적으로 제시한다.

항목	핵심 기술 사항
성능 요구사항	요구된 성능을 충족하기 위한 적절한 방법론, 분석 도구 그리고 구현 및 테스트 방안을 구체적으로 제시한다.
품질 요구사항	목표 시스템 구축을 위한 테스트 방안과 전체 개발 단계별 품질 요구사항을 점검 및 검토하는 방안을 구체적으로 제시한다.
인터페이스 요구사항	목표 시스템과 다른 시스템의 연계 요구를 충족시키기 위한 시스템 인터페이스와 사용자 편의성을 고려한 사용자 인터페이스 구축 방안을 구체적으로 제시한다.

❖ 프로젝트 관리

사업수행에 적합한 조직을 만들어 자원을 할당하고 일정을 수립하고 안정된 환경을 조성 및 유지할 수 있도록 관리능력을 구체적으로 제시한다.

항목	핵심 기술 사항
관리 방법론	• 위험 요인의 식별, 식별된 위험의 분석, 위험의 우선순위 결정 등의 위험 관리를 체계적으로 제시한다. • 생산되는 수행 성과물이나 산출물에 대하여 작업일정 및 품질보증 계획과 연계한 형상관리 방안을 제시한다. • 사용할 프로젝트 관리도구의 활용방안을 제시한다. • 사업의 진척 관리를 위해 주기적인 보고 체계를 제시한다. • 비용 집행 계획 및 집행 현황을 파악할 수 있도록 비용 관리방안을 제시한다.
일정관리	개발방법론에 따라 개발 단계별, 작업 단위별로 세부 작업 내용을 정의하고 추진일정과 수행기간을 구체적으로 제시한다. 또한 일정별 목표 설정과 자원 배분을 구체적으로 제시한다.
개발장비	개발에 필요한 환경 구성을 구체적으로 제시하고 사업 추진 시 필요한 장비와 인프라 준비 및 대응 방안을 기술한다.

❖ 프로젝트 지원

시스템 개발 완료 후 시스템의 안정화 및 운영지원을 위해 품질보증, 시험운영, 교육훈련, 하자보수 및 비상대책 등 시스템 공급자의 종합적인 지원능력을 제시한다.

항목	핵심 기술 사항
품질보증	프로젝트 품질목표나 품질보증 전략과 절차 그리고 절차별 책임사항 등을 제시한다. 또한 품질보증 수행 인력과 조직, 지원 도구 및 기법 등을 명시하고 인증획득 여부도 제시한다.
시험운영	개발된 시스템의 설치 운영을 위해 시험운영 계획을 수립하고 시험운영 내용, 방법, 일정 및 수행 조직 등을 제시한다.
교육훈련	시스템 운영자 및 관리자를 위해 수행할 교육훈련의 방법, 내용, 일정 및 교육훈련 조직 등을 제시한다.
기술이전 및 유지보수	시스템에 대한 기술 이전 및 유지관리에 대한 범위, 내용, 방법 및 기간, 인원 등이 포함된 계획을 제시한다.
하자보수	하자보수 계획, 절차, 범위 및 기간 및 제한사항을 제시하고, 하자보수를 위한 인력과 전담 조직에 대해 기술한다.
기밀보안	보안 규정 준수를 위해 개인 및 조직의 역할과 책임을 규정하고 기밀 보호를 위한 체계 및 대책을 기술한다. 또한 시스템 보안 방법 및 절차, 운영자, 사용자에 대한 접근 권한 부여 및 비인가자 접근 차단과 로그관리, 데이터 보안 등을 제시한다.
비상대책	각종 장애나 비상사태 발생 시 즉각적인 복구와 빠른 재가동을 할 수 있도록 백업/복구 및 시스템 장애나 다운에 대한 대책을 제시한다.

4 소프트웨어 제안 요구사항 상세화

4.1 소프트웨어 제안요청서 요구사항 개요

제안요청서 소프트웨어 요구사항은 소프트웨어 개발 목적을 확립하기 위한 조직의 최상위 수준의 비즈니스 목표 및 전략을 포함한다. 그리고 제품이 제공하는, 그리고 제공하지 않는 기능에 대한 명확한 범위를 포함한다. 또한 구축된 시스템의 운영 개념이나 주요 가정, 시간과 비용 포함을 포함한 제약사항 및 권한과 책임 등을 포함하여 제안요청서를 제시하는 근거가 된다.

그러나 대부분의 프로젝트는 명확한 발주 요구사항을 제공하지 못하여 초기에 사업 규모 및 발주 비용을 정확하게 예측하지 못하고 소프트웨어 개발 생명주기 전체 단계에 걸쳐 지속적으로 요구사항 추가와 변경이 발생하게 된다. 이로 인하여 개발 일정과 비용이 증가하여 소프트웨어 품질 저하 또는 개발 실패 등의 문제가 제기되고 있다.

이러한 초기 발주 단계에서의 요구사항 문제를 해결하기 위하여 공공 소프트웨어 사업 추진 시 제안 요청서에 구현 기능 단위로 상세하고 구체적인 발주 요구사항을 정의하여 공개하도록 공공SW사업의 요구사항 명확화에 대해 제도적으로 강제하고 있다.[17] 그리고 사업규모와 기간 추정이 가능하도록 제안요청서를 작성할 때 도출되는 요구사항의 유형, 작성 항목 및 원칙, 상세화 수준 등을 참고할 수 있는 가이드라인을 제공하고 있다.[32,33,34,35,37,38]

과학기술정보통신부에서 제공하는 "공공 SW사업 제안요청서 작성을 위한 요구사항 상세화 실무 가이드라인"에서는 소프트웨어 개발 사업의 경우 제안 요구사항을 기능, 비기능 그리고 기타 요구사항을 합쳐 11개의 유형으로 분류한다. 분류된 각 요구사항은 유형별 약자와 일련번호를 조합하여 요구사항 ID를 부여한다.[20]

표 1.18 소프트웨어 제안 요구사항 분류

요구사항 분류		ID
기능	① 기능 요구사항(System Function Requirement)	SFR-000
	목표 시스템을 계층적으로 분석하여 수행할 세부 기능에 대해 데이터 요구사항과 연계를 고려하여 상세 요구사항을 작성한다.	
비기능	② 성능 요구사항(Performance Requirement)	PER-000
	목표 시스템의 처리속도 및 시간, 처리량, 동적 · 정적 용량, 가용성 등 성능에 대한 요구사항을 기술한다.	

요구사항 분류		ID
	③시스템 장비구성 요구사항(Equipment Composition Requirement)	ECR-00
	목표사업 수행을 위해 필요한 도입 장비를 포함하여 HW, SW, NW 등의 시스템 장비 구성에 대한 요구사항을 기술한다.	
	④ 인터페이스 요구사항(Interface Requirement)	INR-000
	목표시스템과 외부를 연결하는 시스템 인터페이스와 사용자 인터페이스에 대한 요구사항을 사용자 중심으로 기술한다.	
	⑤ 데이터 요구사항(Data Requirement)	DAR-000
	목표 시스템의 서비스에 필요한 자료 구축 및 데이터 변환을 위한 대상, 방법, 보안 데이터 등의 요구사항을 기술한다.	
	⑥ 테스트 요구사항(Test Requirement)	TER-000
	구축된 시스템을 테스트하고 점검하기 위한 테스트 유형, 환경, 방법 및 절차 등에 대한 요구사항을 기술한다.	
	⑦ 보안 요구사항(Security Requirement)	SER-000
	목표 시스템의 데이터 기밀성과 무결성 확보를 위해 데이터 및 기능, 운영 접근을 통제하기 위한 요구사항을 기술한다.	
	⑧ 품질 요구사항(Quality Requirement)	QUR-000
	목표시스템의 품질 항목, 품질 평가 대상 및 목표에 대한 요구사항을 신뢰성, 사용성, 유지보수성, 이식성으로 구분하여 기술한다.	
	⑨ 제약사항(Constraint Requirement)	COR-000
	목표시스템 설계, 구축, 운영과 관련하여 사전에 파악된 기술 · 표준 · 업무 · 법제도 등 제약조건 등을 파악하여 기술한다.	
	⑩ 프로젝트 관리 요구사항(Project Management Requirement)	PMR-000
	프로젝트의 관리 방법 및 추진 단계별 수행방안에 대한 요구사항을 기술한다.	
	⑪ 프로젝트 지원 요구사항(Project Support Requirement)	PSR-000
	시스템/서비스 안정화 및 운영, 교육훈련 및 기술지원, 하자보수 또는 유지관리 등 프로젝트의 지원 사항 및 방안에 대한 요구사항을 기술한다.	

이때 세부 요구사항 명세 템플릿은 다음과 같다.

표 1.19 제안 요구사항 세부 명세 사례

<table>
<tr><td colspan="2">요구사항 분류</td><td>요구사항 분류 항목에서 선택한다.</td><td>필수</td></tr>
<tr><td colspan="2">요구사항 고유번호</td><td>요구사항 유형별 약자와 일련번호를 조합한다.</td><td>필수</td></tr>
<tr><td colspan="2">요구사항 명칭</td><td>요구사항 의미를 명확하고 중복이 발생하지 않도록 작성한다.</td><td>필수</td></tr>
<tr><td rowspan="2">요구사항 상세설명</td><td>정의</td><td>요구사항에 대한 개요를 간략하게 설명한다.</td><td>필수</td></tr>
<tr><td>세부 내용</td><td>• 모든 이해관계자들이 명확하게 이해할 수 있도록 상세하게 기술한다.
• 기능 요구사항은 비즈니스 요구사항을 분리하여 기능 점수 산정을 위하여 계층적으로 작성한다.</td><td>필수</td></tr>
<tr><td colspan="2">산출정보</td><td>해당 요구사항을 통해 도출되는 주요 산출물을 기술한다.</td><td>필요시</td></tr>
<tr><td colspan="2">관련 요구사항</td><td>해당 요구사항과 연관된 요구사항의 번호와 명칭을 작성한다.</td><td>필요시</td></tr>
<tr><td colspan="2">요구사항 출처</td><td>제안된 요구사항에 대한 출처를 표시한다.</td><td>필요시</td></tr>
</table>

<table>
<tr><td colspan="2">요구사항 분류</td><td>기능</td></tr>
<tr><td colspan="2">요구사항 고유번호</td><td>SFR-10</td></tr>
<tr><td colspan="2">요구사항 명칭</td><td>반응형 홈페이지 구축</td></tr>
<tr><td rowspan="2">요구사항 상세설명</td><td>정의</td><td>홈페이지를 반응형 웹으로 구현하여 화면 해상도에 따라 CSS가 변경되도록 설계한다.</td></tr>
<tr><td>세부 내용</td><td>• PC, 테블릿, 모바일의 환경에서 최적화된 페이지를 제공한다.
• 구성의 기준은 현재 홈페이지를 활용한다.
• 모든 디바이스와 브라우저에서 지원될 수 있도록 구현되어야 한다.</td></tr>
<tr><td colspan="2">산출정보</td><td>화면 구성도</td></tr>
<tr><td colspan="2">관련 요구사항</td><td>SUR-02</td></tr>
<tr><td colspan="2">요구사항 출처</td><td></td></tr>
</table>

4.2 소프트웨어 제안요청서 요구사항 상세화

❖ 기능 요구사항

기능 요구사항(System Function Requirement)은 목표 시스템이 수행할 기능이나 제공할 서비스에 대해 계층적으로 분석하고 기능 목록을 작성한다. 기능 요구사항의 계층화는 시스템 전체 기능과 개발 범위를 식별하기 위해 일반적으로 1단계부터 4단계까지 세분화하며, 4단계는 CRUD(Creation, Retrieval, Update, Delete)에 해당하는 내용으로 실제 요구사항 작성 단위에 해당한다. 그러나 실제로는 조직의 비즈니스와 개발 대상 그리고 규모나 복잡도에 따라 계층화 수준이 달라진다.

표 1.20 기능 요구사항의 계층화 단계

Level 1	Level 2	Level 3	Level 4
단위업무 시스템 (Sub system)	주요 업무 기능 (Feature)	세부 기능 (Function)	기능의 세부활동 (Task)
회원관리 시스템	회원정보 관리	가입자 정보관리	가입자정보 등록 가입자정보 수정 가입자정보 삭제 가입자정보 조회
		비가입자 정보관리	...

기능 요구사항은 개념이 아닌 실제 동작하는 기능에 대해 구체적으로 기술하여 이들을 구현할 때 고려해야 할 비즈니스 요구사항과 구분해야 한다. 그리고 도출된 기능 목록에 해당하는 요구사항은 기능점수를 산출할 수 있도록 상세하게 기술한다. 이때 데이터 요구사항과 연계를 고려하여 기술한다. 기능 요구사항을 정의할 때 포함할 사항은 다음과 같다.

항목	핵심 기술 사항
트랜잭션 기능	입력, 조회, 출력 관점에서 입력 정보를 출력으로 변환 및 처리하는 방법들
데이터 기능	기능 수행과 관련된 입출력 정보의 내용 및 유형, 관련 파일 및 유형
에러 처리	필요시 비정상적인 상황에서의 행위에 대한 에러 처리와 복구 방안
평가 기준	기능 평가 기준 및 테스트 방법, 입출력 데이터에 대한 유효성 검사 기준
관련 요구사항	기능과 연관된 비기능 요구사항, 인터페이스 요구사항 그리고 제약사항

❖ 성능 요구사항

성능 요구사항(Performance Requirement)은 소프트웨어의 안정적인 운영과 유지를 통하여 사용자들에게 최적화된 서비스를 제공할 수 있도록 시스템이 제공해야 하는 효율성을 처리 속도 및 시간, 처리량 그리고 동적 및 정적 용량 수준에서 기술한다. 이 요구사항은 항목별로 정량적이고 검증 가능한 목표 값과 측정 방법, 측정 환경 및 조건 등을 기술한다.

성능 요구사항은 시스템의 특성이나 운영 환경에 따라 달라지고, 기능 및 품질 요구사항의 수행을 제약하거나 영향을 미칠 수 있기 때문에 다른 요구사항과의 상호 연관성을 고려해야 한다. 특히 자원 효율성은 시스템 개발 후 확장성을 고려하여 작성한다.

항목	핵심 기술 사항
처리 속도 및 시간	평균 응답시간, 평균 처리시간, 평균 전송시간
처리량	동시 처리능력, 최대 처리능력
자원 사용량	CPU 사용률, 메모리 사용률, 입출력 자원 활용률

❖ 시스템 장비구성 요구사항

시스템 장비구성 요구사항(Equipment Composition Requirement)은 목표 시스템 구축을 위해 필요한 하드웨어, 소프트웨어, 네트워크 등의 장비 구성에 대한 도입 내역과 장비 설치 시 고려사항이나 제약사항 등을 기술한다.

항목	핵심 기술 사항
장비 구성	장비 품목, 규격, 수량 ,용도, 특성
시간 제약사항	장비 도입 시기 및 설치 허용 시간
장애 처리	장애 발생 시 처리 시간, 책임 등을 명시
평가 기준	시스템, OS 유형, 보안 등 장비가 제시해야 할 사항

❖ 인터페이스 요구사항

인터페이스 요구사항(Interface Requirement)은 목표 시스템과 외부 환경이 상호 작용하기 위한 조건이나 특성 등을 기술한다. 인터페이스 요구사항은 시스템 인터페이스 요구사항과 사용자 인터페이스 요구사항으로 분류하여 기술한다.

시스템 인터페이스 요구사항은 시스템 운용환경과 다른 소프트웨어 및 하드웨어 장치들과의 연결성 및 시스템과 정보 연계 방안, 프로토콜 지원방안, 연계 데이터 정합성 확보방안 등을 기술한다. 또한 사용자 인터페이스 요구사항은 사용자가 시스템을 사용하는 데 있어 편의성, 작업 효율성 등을 작성한다.

항목	핵심 기술 사항
사용자 인터페이스 요구사항	• 도움말, 화면 레이아웃 및 에러 메시지 등 사용자 편의성에 대해 기술 • UI/UX 등의 작업 효율성에 대해 기술
시스템 인터페이스 요구사항	• 목표 시스템과 연동될 외부 시스템 간 소프트웨어, 하드웨어, 네트워크 인터페이스 내용 • 연계 시스템, 연계 범위 및 내용, 연계 방식, 연계 데이터, 인터페이스 주기 등을 명시

❖ 데이터 요구사항

데이터 요구사항(Data Requirement)은 목표 시스템의 초기 데이터 구축 방안과 처리된 데이터의 보존 및 관리 방안에 대해 정의한다. 데이터 요구사항은 기능 요구사항과 높은 연관성을 갖기 때문에 기능 요구사항 사이에 추적 관리를 한다.

항목	핵심 기술 사항
식별 데이터	시스템에서 사용할 데이터의 종류와 정보
초기 데이터 구축	데이터 수집 방안 및 DB 설계
데이터 보존	데이터 이관 및 안정화 방안
데이터 관리	데이터 백업 및 복구, 데이터 품질 관리

❖ 테스트 요구사항

테스트 요구사항(Test Requirement)은 구축된 시스템이 정상적으로 구축되고 운영되는지를 테스트하기 위한 테스트 유형, 환경, 방법 및 절차 등을 기술한다. 이 요구사항은 시스템 기능에 대한 테스트뿐만 아니라 도입 장비에 대한 성능테스트(BMT)까지 작성한다. 테스트 요구사항은 특히 테스트 유형이 누락되지 않고 모두 포함되도록 하고, 또한 목표치는 정량적 측정이 가능하도록 제시한다.

항목	핵심 기술 사항
테스트 유형	BMT, Pilot, 단위, 통합, 시스템, 성능 테스트 등
테스트 대상 장비	데이터 수집 방안 및 DB 설계
테스트 환경	테스트 조직, 일정, 시험 환경 및 평가기준
테스트 방법, 절차	시험 범위, 절차, 세부사항

❖ 보안 요구사항

보안 요구사항(Security Requirement)은 인가받지 못한 사용자의 접근으로부터 시스템 데이터나 서비스를 보호하는 정보 기밀성과 정보나 서비스가 손상, 왜곡 또는 누락 없이 보존될 수 있도록 보호하는 무결성 확보를 위해 사용자 인증과 접근 권한 제어 그리고 운영 접근을 통제하기 위한 요구사항을 기술한다.

항목	핵심 기술 사항
인증 및 권한 보안	사용자 인증 및 계정 정보보호, 패스워드 암호화, 시스템 기능 및 정보에 대한 인증 및 권한
UI 보안	권한이나 인증 없이 화면에 개인정보를 표시하거나 소스 코드에 개인정보가 노출되지 않도록 하는 UI 보안
데이터 보안	목표시스템 및 테스트 DB의 필드 암·복호화, 데이터 접속 권한 등의 데이터 보안
네트워크 보안	네트워크 접근 통제, 네트워크 장비 보안 등 통신 장비 및 접근 관련
인터페이스 보안	외부 정보시스템과 데이터를 송·수신할 때 데이터 암호화 및 로깅 관련

❖ 품질 요구사항

품질 요구사항(Quality Requirement)은 목표시스템이 가져야 하는 품질 목표 및 품질 특성들을 정의하고, 평가 대상 및 목표 값에 대해 기술한다. 목표시스템에서 사용할 품질 항목 및 기준은 정량적으로 측정 가능한 기준으로 선정해야 한다. 품질 요구사항 유형은 다음과 같다.[25]

항목	핵심 기술 사항
신뢰성	시스템이 지정된 조건에서 고장 없이 서비스를 수행할 수 있는 정도와 고장이 발생했을 경우 복구하는 데 걸리는 목표시간 등을 기술 (가용성, 오류허용성, 복구성 등)
사용성	사용자가 특정 조건 하에서 시스템을 쉽게 운용하거나 배울 수 있도록 운영, 학습 및 이해하는 것과 관련된 요구사항을 기술 (학습성, 이해성)
유지보수성	시스템에 변경요구가 발생할 때 변경처리 절차나 시스템에 문제가 발생한 경우 유지보수 방안을 기술 (변경성, 유지보수성)
이식성	시스템을 다른 플랫폼이나 운영체제에 설치하거나 운용할 수 있도록 기존 시스템이나 정보와의 상호 운용성을 기술 (설치성, 적응성, 상호운용성)

❖ 제약사항

제약사항(Constraint Requirement)은 목표 시스템의 기능 및 품질 요구사항에 대한 설계, 구현, 운영과 관련된 기술·표준·법제도 등의 제약조건과 대응방안을 구체적으로 기술한다. 제약사항은 크게 시스템 개발, 데이터, 설계 및 구현, 업무 그리고 표준 제약사항의 5가지 표준 항목으로 구분한다.

항목	핵심 기술 사항
시스템 개발	목표시스템 개발에 관여되는 프로그래밍 언어, 방법론 등과 관련한 제약사항
데이터	목표시스템에서 사용하는 데이터의 접근 및 사용 시 고려해야 할 제약사항
설계 및 구현	아키텍처 및 구성요소 관련하여 설계 및 구현 단계에서 요구하는 제약사항
업무	감리 등 반드시 수행해야 할 업무나 준수해야 할 표준
표준	데이터 또는 기술 적용 시 준수해야 할 표준

❖ 프로젝트 관리 요구사항

프로젝트 관리 요구사항(Project Management Requirement)은 사업 전체를 관리 및 통제하기 위한 요구사항이다. 이 요구사항은 사업을 수행하는 인력구성 및 조직 체계부터 사업 일정, 사업관리 방법론, 사업 수행에 사용하는 장비 등을 포함하여 프로젝트 관리 방법 및 추진 단계별 수행 방안에 대해 기술한다.

항목	핵심 기술 사항
사업수행 조직	안정적이고 효율적인 시스템 구축을 위해 적절한 인력 수준을 제시
사업 관리방안	사업위험, 사업진도, 사업수행 시 보안 관리 방법, 사업수행 성과물이나 산출물의 형상관리 문서를 관리하는 방법 등
일정 계획	사업수행에 필요한 활동을 도출하여 정확한 활동 기간, 자원, 인력, 조직 등을 제시
개발 장비	사업자의 참여 의지 및 조직적 대응 정도, 사업 참여의 준비성과 관련하여 개발환경의 구성 여부와 해결방안

❖ 프로젝트 지원 요구사항

프로젝트 지원 요구사항(Project Support Requirement)은 프로젝트 수행을 위한 지원 사항이나 방안에 대한 요구사항으로, 시스템의 운용 조건과 목표 시스템의 정상 운영을 위한 조직적 · 제도적 운영관리 대책 등을 제공한다. 이 요구사항은 시스템과 서비스 안정화 및 운영, 교육훈련 및 기술지원, 하자보수 또는 유지관리 등의 지원 사항 및 방안을 기술한다.

항목	핵심 기술 사항
시스템 안정화	목표 시스템의 안정화와 관련하여 기술 지원 대상 범위, 내용 및 수준,
교육 지원	개발 시스템에 대한 사용자, 관리자 등 시스템의 이용 대상자별 교육 내용, 기간, 인원, 횟수, 방법 등
기술 지원	기술 매뉴얼, 헬프 데스크 등 기술 지원에 대한 계획 및 방안
유지보수	목표시스템의 하드웨어 및 소프트웨어의 유지보수 활동을 위한 업무처리

4.3 소프트웨어 제안요청서 요구사항 평가

이러한 제안 요구사항은 "소프트웨어 기술성 평가기준 적용 가이드(NIPA)"에서 소프트웨어사업 계약을 위한 기술성 평가를 위해 제시하는 평가 항목별 기준을 통해 발주 사업의 유형 및 특성에 맞게 제안 항목을 조정하여 기술한다. 기술성 평가 가이드에서 제시하는 제안 요구사항 평가 기준 및 평가 요소는 다음과 같다.[36,39]

표 1.21 제안요구사항 평가기준

평가 항목	평가기준	평가요소
시스템 요구사항	• 요구 규격을 충족하는 장비 제안 여부 • 현 시스템과의 인터페이스 및 확장 가능성 여부 • 도입 장비의 설치 및 공급 계획, 유지관리에 대한 방안 여부	• 시스템 요구사항 충족 정도 • 현재 시스템과 호환성 • 목표 시스템 확장성 • 시스템 구축계획 적정성
기능 요구사항	• 기능 구현 방안의 구체적 정도 • 제안 방안 및 기술의 적용 가능 여부	• 기능 요구사항 충족 정도 • 기능분석 설계방안 적정성 • 기능 분석 구체성 • 기능 구현 방안 적정성
보안 요구사항	• 보안 요구사항의 적용 방안의 구체적 기술 정도 • 제안 방안과 기술의 설계 단계 반영 여부 및 구현 단계까지의 적용 가능성 여부	• 보안 요구사항 충족 정도 • 보안 구현방안 적정성 • 보안 구현방안 구체성
데이터 요구사항	• 데이터 전환 계획 및 검증 방법 • 데이터 오류 발생 시 처리 방안의 구체적으로 제시 정도	• 데이터 요구사항 충족 정도 • 데이터 처리계획 적정성 • 데이터 검증방안 적정성 • 데이터 전문조직 참여 여부
시스템 운영 요구사항	• 시스템 운영 요구사항에 맞는 운영 절차 및 방법의 제시 여부 • 운영 중 비상사태 발생 시 대응방안의 구체적 제시 정도	• 시스템운영 요구사항 충족 정도 • 유사시 대응방안 적정성 • 유사시 대응방안 구체성
제약사항	• 제약조건을 충족시키기 위한 구체적 구현 방안 • 테스트 방안 수립 여부	• 제약사항 충족 정도 • 제약사항 대응방안 구체성 • 제약사항 대응방안 적정성 • 테스트 방안 적정성

출처: NIPA, 2019

다음 표에서는 실제 제안요청서 평가에 사용되는 기술평가 기준 및 평가 요소의 사례를 보여준다.

표 1.22 기술제안서 평가항목 및 평가기준 예시

평가 부문	평가 항목	평가기준	평가요소
전략 및 방법론	사업 이해도	사업의 특성 및 목표에 부합하는 사업전략을 제시하고 있는지를 평가한다.	• 개발목표 및 내용 이해도 • 문제파악 정확성 • 업무분석체계 명확성 • 목표시스템 구성 적정성 • 제안요청서와 부합성
	추진 전략	개발업무 수행 시 일정 및 위험요소를 고려하여 타당한 추진 전략을 수립하였는지 평가한다.	• 추진전략 창의성 • 추진전략 타당성
	적용 기술	사업에서 적용할 기술이 향후 확장성을 고려하였는지, 현실적으로 실현 가능한지 여부를 평가한다.	• 제안기술 실현가능성 • 적용기술 혁신성 • 적용기술 최신성
	표준 프레임 워크 적용	표준 프레임워크 적용 여부와 적용 시 예상되는 문제점을 구체적으로 기술하고 실현 가능한 대응 방안을 제시하였는지 평가한다.	• 표준프레임워크 내용 이해도 • 표준프레임워크 적용 명확성 • 표준프레임워크 미적용 시, 사유 타당성 • 표준프레임워크 적용 방안 타당성
	개발 방법론	적정한 개발 방법론이 제시되었는지, 실제 적용 사례 및 경험을 바탕으로 단계별 산출물이 제시되었는지 여부를 평가한다.	• 개발절차의 타당성 • 개발 산출물의 적정성 • 도구와 기법의 적정성과 경험 • 적용방법론의 경험
기술 및 기능	기능 요구사항	기능 요구사항, 기대사항 및 제약사항에 대한 구현 방안이 구체적으로 기술되어 있고, 적용 가능한지를 평가한다.	• 기능요구사항 분석 및 방안 타당성 • 기능요구사항 분석 적정성 • 관련 방안 및 기술적용 가능성
	보안 요구사항	보안 요구사항과 시스템과의 관련성을 분석하고 적용할 보안기술, 표준, 제안방안 등을 구체적으로 제시하였는가를 평가하고, 누출금지 대상정보 관리방안을 구체적으로 제시하였는지를 평가한다.	• 보안요구사항 분석 및 방안 타당성 • 보안요구사항 분석 적정성, 관련 방안 및 기술 적용가능성 • 자료,장비,네트워크 보안대책 적정성 • 누출금지 대상정보 관리방안 적정성
	데이터 요구사항	데이터 요구사항 분석을 바탕으로 데이터 검증, 데이터 오류 발생 시 처리 방안 등이 구체적으로 제시되어 있는지를 평가한다.	• 데이터 검증 방법 타당성 • 관련 조직 및 참여인력 적정성

평가 부문	평가 항목	평가기준	평가요소
	제약사항	목표 시스템의 설계, 구축, 운영과 관련하여 제약조건을 충족시키기 위한 구체적인 구현 방안 및 테스트 방안이 수립되었는지 평가한다.	• 제약사항 문제파악 정확성 • 제약사항 충족도 • 제약사항 대응 방안 적정성
성능 및 품질	성능 요구사항	요구 성능 충족을 위한 구현 및 테스트 방안과 이를 위한 방법론 및 분석도구가 기술되어 있는지 평가한다. 제안한 방안 및 기술을 통해 성능 요구 사항을 충족시킬 수 있는지를 평가한다.	• 성능 요구사항 분석 타당성 • 성능 요구사항 충족도
	품질 요구사항	제공되는 개발 도구 및 구현 방안, 테스트 방안 등이 품질 요구사항에 부합되는지 평가하고, 각 단계별 품질 요구사항 점검 및 검토 방안이 구체적으로 계획되어 있는가를 평가한다.	• 품질요구사항 점검 계획 적정성 • 품질요구사항의 점검 타당성 • 관련 조직 및 참여인력 적정성
	인터페이스 요구사항	시스템 인터페이스: 타 시스템과의 연계에 대해 적합한 시스템 인터페이스 구축 방안을 도출하였는지를 평가한다. 사용자 인터페이스: 사용자 편의성을 고려하여 사용자 인터페이스의 분석·설계·구현·테스트 방안과 검토 계획을 구체적으로 기술하였는가를 평가한다.	• 시스템 인터페이스 구현 적합성 • 사용자 인터페이스 편의성 • 관련 조직 및 참여인력 적정성
프로젝트 관리	관리 방법론	사업수행에 필요한 일정관리, 사업위험 관리, 보안관리, 산출물의 형상관리 등의 관리 방법론과 문제 발생 시 보고 체계 및 위험관리 방안이 구체적으로 제시되어 있는지 평가한다.	• 위험관리 방안 적정성 • 자원관리 방안 적정성 • 진도관리 방안 적정성 • 보안관리 방안 적정성 • 형상관리 방안 적정성 • 문서관리 방안 적정성
	일정계획	사업수행에 필요한 기간과 일정이 구체적으로 제시되었고, 또한 각 활동에 필요한 일정 계획이 적절히 수립되었는지를 평가한다.	• 세부활동 도출 및 기간 타당성 • 세부활동 배열 합리성 • 중간목표 정의 타당성 • 자원배분 합리성
	개발장비	개발에 필요한 개발환경 구성이 구체적으로 제시되고, 라이선스 등의 문제가 없는지 여부를 평가한다.	• 사업자의 참여 준비성 • 개발장비 보유현황 및 확보방안 • 개발도구 보유현황 및 확보방안

평가 부문	평가 항목	평가기준	평가요소
프로젝트 지원	품질보증	제시된 품질보증 방안이 해당 사업의 수행에 적합한지 평가한다.	• 품질보증계획 적정성 • 품질보증인력 자질 • 사업자 보증 능력
	시험운영	시스템 공급자가 개발된 시스템의 시험운영을 위해 필요한 각종 시험운영 방법 등을 구체적으로 제시하였는지 평가한다.	• 시험운영 방법 적정성 • 시험운영 내용 적정성 • 시험운영 일정 적정성 • 시험운영 조직 적정성
	교육훈련	시스템 공급자가 시스템 운영 및 관리자를 위해 필요한 각종 교육훈련의 방법, 내용, 일정 등을 구체적으로 제시하였는지 평가한다.	• 교육훈련 방법 적정성 • 교육훈련 내용 적정성 • 교육훈련 일정 적정성 • 교육훈련 조직 적정성
	기밀보안	사업 추진 동안 기밀 보호와 원활한 사업수행 보장을 위한 체계 및 대책과 해킹에 대비한 보안관리 · 통제방안에 대하여 평가한다.	• 기밀보안 체계 적정성 • 기밀보안 대책 확신성 • 해킹에 대비한 보안관리 및 통제방안 적정성
	유지보수 계획	시스템 공급자가 하자보수 및 유지관리 계획, 절차, 범위와 기간 그리고 관련된 기타 활동 및 제한사항에 대해 평가한다.	• 하자 · 유지보수 계획 적정성 • 하자 · 유지보수 절차 적정성 • 하자 · 유지보수 범위 적정성 • 하자 · 유지보수 기간 적정성

출처: NIPA, 2019

참고문헌

1. PMI, Guide to the Project Management Body of Knowledge PMBOK® Guide 6th Edition, 2017
2. Robert K. Wysocki, Effective Project Management 7th Ed., WILEY, 2014
3. Claude Y. Laporte, Alain April, Software Quality Assurance, WILEY, 2017
4. 과학기술정보통신부, "SW분류체계", 소프트웨어정책연구소, http://stat.spri.kr, 2017
5. 조달청, "공공정보화 사업유형별 제안요청서 작성 가이드", 2018
6. The Standish Group, "Digital Transformation Project", www.standish-group.com, 2016
7. The Standish Group, "CHAOS Report", www.standishgroup.com, 2014
8. Capers Jones, "Measuring Defect Potentials and Defect Removal Efficiency", Crosstalk The Journal of Defense Software Engineering, 2008.06
9. Capers Jones, Olivier Bonsignour, The Economics of Software Quality, Addison-Wesley, 2012
10. ISO/IEC/IEEE 12207:2017, "Systems and software engineering-Software life cycle processes", 2017
11. Wikipedia, "ISO/IEC/IEEE 12207", https://en.wikipedia.org/wiki/ISO/IEC_12207
12. TTAS.KO-09.0038, "공공부문 SW사업 발주·관리 표준 프로세스", 한국정보통신기술협회, 2005
13. RRA, KSX 3191, "공공부문 SW사업 발주·관리 표준 프로세스", 국립전파연구원, 2007
14. NIPA, "사례기반 소프트웨어 단계별 발주 가이드", http://www.swit.or.kr, 2019
15. 특허청, "소프트웨어(SW) 개발 방법론", 2014

16. 국방부, "국방 CBD 방법론 V2.0", 2010
17. Tutorialpoint, "Software Project Management", https://www.tutorialspoint.com/software_engineering/software_project_management.htm, 2019
18. Clive Finkelstein, "Information Engineering Methodology", Handbook on Architectures of Information Systems, 2006
19. Usman Ali Khan, I.A.Al-Bidewi and Kunal Gupta, "Object-Oriented Software Methodologies: Roadmap to the Future", IJCSI, Vol. 8, Issue 5, No 2, 2011
20. Ivica Crnkovic, Stig Larsson and Michel Chaudron, "Component-based Development Process and Component Lifecycle", Journal of Computing and Information Technology, Vol.13, 2005
21. IEEE, "SWEBOK V3.0 Guide to the Software Engineering Body of Knowledge", IEEE Computer Society, 2014
22. 국가기술표준원, "표준화개요", https://kats.go.kr/
23. TTA, "ICT 표준활용정석", http://www.tta.or.kr/data/handbook_2018/
24. NIPA, 2012 공개소프트웨어 백서, 정보통신산업진흥원, 2012
25. NIPA, 공개SW 기업 편람, 공개SW역량프라자, 2017
26. OSI, "Open Source Initiative Ver 1.9 ", https://opensource.org/licenses
27. NIA, "정보시스템 구축 발주자를 위한 표준프레임워크 적용가이드 3.9", 표준프레임워크센터, 2020
28. NIPA, "SW개발 도구", 소프트웨어자산뱅크, https://www.swbank.kr/
29. TTAK.KO-11.0162, "CBD 소프트웨어 산출물 개발 지침", 한국정보통신기술협회, 2013
30. IIBA, "BABOK V3 A Guide to the Business Analysis Body Of Knowledge", 2015
31. 과학기술정보통신부, 법률 제15371호 "소프트웨어산업진흥법"
32. NIA, "제안요청서의 요구사항 작성 가이드(ISP 사업자 작성용)", 2011
33. NIA, "제안요청서의 요구사항 작성 가이드(발주자 자체 작성용)", 2011
34. NIPA, "공공SW사업 제안요청서 작성을 위한 요구사항 상세화 실무가이드라인", SW발주기술지원센터, 2018

35. NIPA, "소프트웨어사업 요구사항 분석 · 적용 가이드", 2012

36. NIPA, "소프트웨어 기술성 평가기준 적용 가이드", 정보통신산업진흥원, 2019.04

37. TTAK.KO-11.0136, "소프트웨어 개발 제안요청을 위한 요구사항 작성 지침", 한국정보통신기술협회, 2012

38. TTAK.KO-11.0112, "소프트웨어 품질 요구사항 작성 지침", 한국정보통신기술협회, 2011

39. TTAS.IS-9126.1, "소프트웨어 품질 특성 및 메트릭-품질 특성 및 부특성", 한국정보통신기술협회, 1998

C H A P T E R

2

소프트웨어 요구사항 정의

CONTENTS

1 소프트웨어 요구사항

1.1 소프트웨어 요구사항 개요

소프트웨어 요구사항(Software Requirements)은 "개발할 제품이나 서비스와 관련하여 이해관계자들이 실제로 원하고 기대하는 것"으로 특정 목적을 위해 사용자가 필요로 하는 조건이나 능력을 명시하는 것으로 정의한다.[1,2]

이것은 시스템의 목적이나 문제를 해결하기 위하여 사용자의 비즈니스 요구에 따라 시스템을 어떻게 구현할 것인가보다 시스템이 무엇을 제공할 것인가에 관점을 두고 시스템의 기능이나 조건 등의 특성들을 나타낸다.[3]

소프트웨어 요구사항은 시스템 개발의 기준으로 소프트웨어 개발 성공의 주요 요소(CSF: Critical Success Factor)가 된다. 따라서 이해관계자들의 실제 니즈를 만족시키며 시간과 비용의 제약 안에서 품질 높은 소프트웨어를 개발하기 위해서 시스템의 제안부터 폐기까지 전체 소프트웨어 생명주기를 통해 관리해야 한다. 이러한 소프트웨어 요구사항은 이해관계자들의 적극적인 참여를 기반으로 명확하고 완전한 요구사항을 정의하고 이를 통해 변경을 줄여 제한된 일정과 비용 및 사용자의 요구를 만족시킨다.[4]

일반적으로 좋은 요구사항(well-defined requirements)은 완전하고 정확하고 일관성이 있어야 한다. 그리고 간결하고 명확하고 이해관계자들로부터 이해가 가능해야 한다. 또한 구현 타당성이 있어야 하고 개발과정에서 수정이 가능하고 추적이 가능하며 결과에 대해 검증 가능해야 한다. 그러나 요구사항은 설계 내용을 포함하지 않는다.[5]

소프트웨어 요구사항 분석(Software Requirement Analysis)은 소프트웨어 개발 생명주기의 첫 번째 단계로써 개발 또는 수정될 소프트웨어에 대한 사용자의 니즈를 정의하는 프로세스이다.[6] 그래서 요구사항 분석 단계는 먼저 시스템에 대한 요구를 이해하고 현재 시스템의 문제를 파악하여 대안 시스템을 제시하는 것이 목표이다.

1.2 소프트웨어 요구사항 분류

소프트웨어 요구사항은 수행 역할에 따라 크게 기능 요구사항과 비기능 요구사항으로 분류한다. 그리고 프로젝트에 해당 요구사항이 포함되는 정도를 나타내는 응락 수준에 따라 필수 요구사항 선택 요구사항 그리고 조건 요구사항으로 분류한다. 또한 요구사항 계층을 기준으로 비즈니스 요구사항, 사용자 요구사항 그리고 시스템 요구사항으로 분류한다.[7]

❖ 비즈니스 요구사항(Business Requirements)

첫 번째 단계인 비즈니스 요구사항(Business Requirements)은 프로젝트를 개발하는 이유와 목표 및 범위 등을 정의하고 고객과 비즈니스 영역에서 얻을 수 있는 이익을 식별한다.

❖ 사용자 요구사항(User Requirements)

두 번째 단계인 사용자 요구사항(User Requirements)은 사용자 관점에서 프로젝트를 통하여 수행할 수 있는 태스크 또는 비즈니스 프로세스를 정의한다. 이때 사용자는 광의적으로 시스템을 사용하는 사람뿐만 아니라 하드웨어 장비, DB, 그리고 다른 시스템 등과 같은 시스템에 직·간접적인 영향을 주는 모든 대상을 포함하는 것으로 정의한다.

❖ 소프트웨어 시스템 요구사항(SW System Requirements)

세 번째 단계인 소프트웨어 시스템 요구사항(SW System Requirements)은 특정 시스템이 구현 결과로 제공할 기능과 품질이나 제약사항을 포함하는 비기능 요구사항을 정의한다. 이러한 소프트웨어 요구사항은 이해관계자들의 동의를 얻어 소프트웨어 요구사항 명세서(SRS)로 문서화한다.

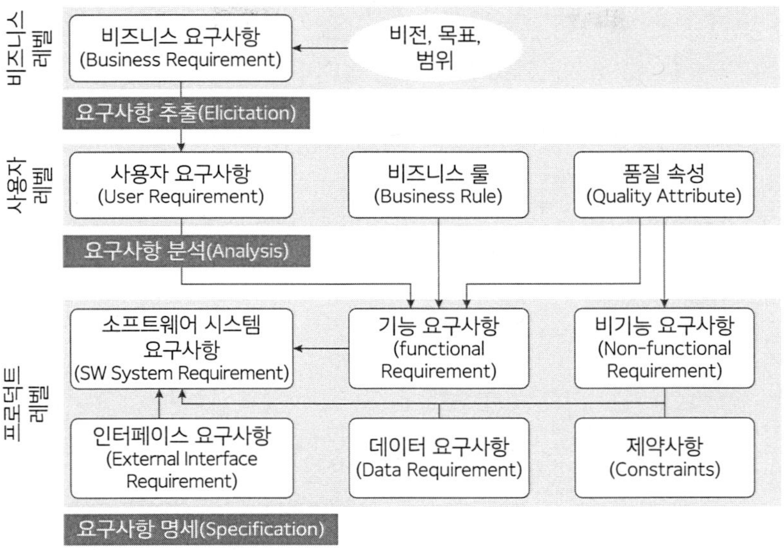

그림 2.1 소프트웨어 요구사항의 계층적 분류

출처: K. Wieger

1.3 소프트웨어 요구사항 정의 프로세스

소프트웨어 요구사항 정의는 다양한 이해관계자의 요구를 식별하기 위해 수행되는 모든 작업을 포함한다. 그래서 소프트웨어 개발을 계획된 비용과 일정 하에서 고객의 요구를 만족시키고 시장적시성(Time-to-Market)과 품질을 보장함으로써 성공적으로 프로젝트를 종료할 수 있도록 이해관계자들로부터 제시되는 추상적인 니즈를 기반으로 요구사항을 추출하고 표현하고 구성하고 명세하여 검증하여 요구사항을 정의하고 또한 프로젝트의 폐기까지 발생하는 변경에 대해 변경을 제어하고 추적하여 최종적으로 모든 참여자들 사이에 합의를 이끌어내는 과정이다. 이러한 과정을 통하여 개발자는 고객에게 더 저렴하고 더 빠르게 그리고 더 높은 품질을 가진 제품을 제공할 수 있도록 한다.

소프트웨어 요구사항 정의는 품질 높은 소프트웨어를 개발함으로 성공적인 프로젝트 개발을 달성할 수 있도록 하는 토대가 된다. 그러므로 체계적인 요구사항 정의 프로세스 단계적 활동을 통한 좋은 베이스라인 요구사항을 정의하는 것이 필요하다. 소프트웨어 요구사항 정의 프로세스는 요구사항 추출, 분석 및 명세와 검증의 단계적 활동을 수행한다.[3]

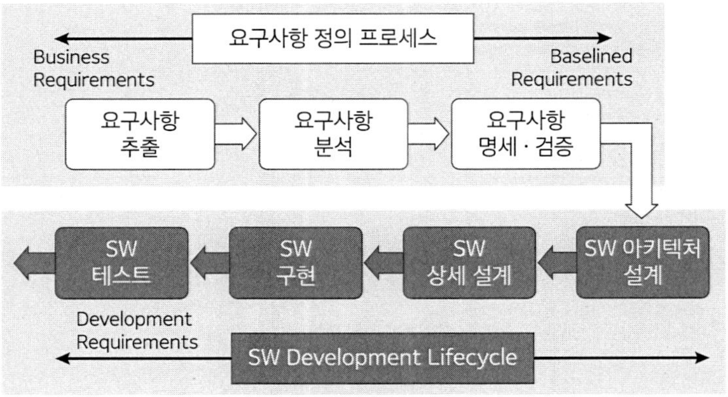

그림 2.2 소프트웨어 요구사항 정의 프로세스

❖ 요구사항 추출

요구사항 추출(Requirements Elicitation) 단계는 사용자의 관점에서 무엇을 개발할 것인가를 결정하기 위하여 이해관계자들로부터 니즈와 관련 정보를 수집한다. 그리고 구체적 구현 기능을 이해하여 추상적 표현을 하여 시스템에 대한 가시성을 확보한다.

❖ 요구사항 분석

요구사항 분석(Requirements Analysis) 단계는 주어진 기능적 요구사항을 충족시킬 수 있는 시스템이 논리적인 구성 요소로서 분석 클래스를 도출하고 Use Case 실현을 통해 분석 클래스의 정확성과 완전성을 확인한다. 결과적으로 분석 단계에서 나오는 결과물로 UML에서는 Class 다이어그램, Sequence 다이어그램, Collaboration 다이어그램, State 다이어그램, Activity 다이어그램이 나오게 된다.

❖ 요구사항 명세

요구사항 명세(Requirements Specification) 단계는 요구사항 분석 모델을 기반으로 시스템 구현을 고려하여 구체적인 시스템 컴포넌트의 기능과 품질 요구 및 제약사항을 소프트웨어 요구사항 명세서로 기술한다.

❖ 요구사항 검증

요구사항 검증(Requirements Verification) 단계는 사용자로부터의 요구나 제약사항이 요구사항 명세서에 올바르게 기술되었는가를 검토한다. 이것은 요구사항 명세가 문서 표준을 따르고 설계의 기초로 적합한가를 확인한다.

2 소프트웨어 요구사항 추출

2.1 소프트웨어 요구사항 추출 개요

소프트웨어 요구사항 추출(Requirement Elicitation)은 고객이 제시하는 추상적인 요구와 기대로부터 시스템 구현을 위한 구체적 요구로 변환하기 위하여 다양한 이해관계자들로부터 의사소통 메커니즘에 기반하여 필요한 정보를 표현하는 활동이다. 이 단계에서는 이해당사자의 니즈와 관심사 그리고 작업 환경을 식별하고 이해한다.

요구사항 추출의 핵심 활동은 이해당사자의 실제 숨겨진 요구를 이해하는 것이다. 그래서 소프트웨어 요구사항은 비즈니스와 관련된 요구사항, 사용자와 관련된 요구사항 그리고 소프트웨어 구현과 관련된 요구사항의 3단계를 거치며 추출한다. 즉, 소프트웨어 요구사항 추출은 조직이 시스템을 개발하는 이유와 근거를 분석하는 비즈니스 요구사항의 추출로부터 시작하여 시스템과 관련된 이해관계자들을 분석하고 이들로부터 실제 필요한 사용자 요구사항을 추출한다. 그리고 이들로부터 소프트웨어가 수행해야 하는 기능 및 비기능 요구사항에 대해 상세히 기술한다.

요구사항 추출 프로세스는 다음과 같은 활동 단계를 거친다.

1 비즈니스 니즈 정의

프로젝트에 대해 포괄적이고 정확하게 비즈니스 니즈를 이해한다. 그래서 개발할 시스템에 대한 명확한 목적과 목표를 정의하고 이를 통해 범위를 식별한다. 그리고 시스템 개발과 관련된 제약사항이나 조직의 문제 등을 분석하여 개발할 기능을 도출한다.

2 이해관계자 식별

요구사항과 관련된 이해관계자들을 식별하고 그룹화한다. 그리고 시스템과 관련된 그들의 관점을 분석한다. 요구사항을 정의할 때 이해관계자들을 능동적으로 참여시킨다.

3 추출 기법 선정

프로젝트의 개발 환경과 참여하는 이해관계자에 따라 적절한 요구사항 추출 기법을 선택하고 요구사항을 추출한다.

4 요구사항 추출 정보 관리

추출된 요구사항 관련 정보를 분류하고 불완전하고 모호한 그리고 부정확한 요구사항 정보들을 구체화하고 중복되거나 불필요한 정보들을 정리하여 결과를 문서화한다.

2.2 소프트웨어 요구사항 이해관계자 관리

이해관계자(Stakeholder)는 시스템에 직접적 또는 간접적으로 영향을 주는 사람이나 조직이다. 다양한 이해관계자로부터 추출된 요구사항은 이들 사이에서 동의를 얻기 위하여 협의되어야 한다. 그래서 충분한 이해관계자들의 참여는 소프트웨어 시스템 개발의 성공에 필수적 역할을 한다.

이해관계자 관리는 비즈니스 사용자의 능동적인 참여를 촉진하고, 부적절한 참여자들이 포함되는 것을 제한하며 또한 참여자들이 불필요한 시점에 접근하는 것을 방지한다. 이를 위하여 개발 초기부터 이해관계자들을 그룹핑하고 지속적으로 그들의 관점을 유지 관리한다.

❖ 이해관계자 그룹관리

시스템 개발에는 다양하고 많은 이해관계자들이 참여를 한다. 따라서 효과적인 의사소통을 위해서는 필요한 시점에 필요한 인원으로부터 정보를 추출하는 것이 중요하다.

먼저 시스템과 관련된 다양한 이해관계자들을 식별하고 그들을 역할에 따라 그룹핑한다. 그리고 각 이해관계자 그룹의 인원이 많을 경우 그룹의 대표를 선정한다. 그래서 이들로부터 요구사항 분석가와 이해관계자 사이의 의사소통 통로를 확보하고, 그룹의 니즈를 얻는다.

일반적으로 이해관계자 그룹은 의사 결정 권한을 가진 고객, 최종 사용자 그리고 마케팅이나 도메인 전문가 등이 포함된다, 또한 프로젝트 관리자 및 개발자, 테스터 등도 포함된다.

❖ 이해관계자 관점관리

시스템 이해관계자들은 시스템에 대해 다양한 니즈를 가지고 있고, 요구사항의 원천은 다양하다. 그러므로 단일 관점으로 시스템에 대한 모든 사용자 니즈를 발견할 수 없다. 이러한 문제를 해결하기 위하여 시스템과 문제에 대해 이해관계자 그룹별로 다양한 관점을 식별하고 분류한다.

또한 다중 관점은 상호 중복되거나 충돌이 발생할 수 있다. 따라서 이들 관점을 관리하기 위하여 다수의 관점 차이를 식별, 분류, 평가하여 단일한 표현으로 통합한다.

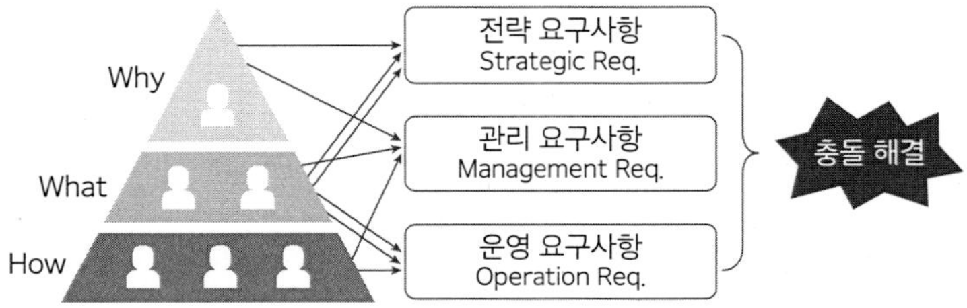

그림 2.3 다양한 이해관계자 관점

2.3 소프트웨어 요구사항 추출 기법

소프트웨어 요구사항 추출 활동은 이해관계자들 간의 상호작용을 기반으로 하는 반복적인 프로세스이다. 그러나 요구사항 추출 단계에서는 프로세스 과정보다 오히려 추출 기법이 더 중요하다.

현재 요구사항을 추출하기 위한 많은 기법이 제공되고 있지만 실제로 완전한 추출 기법은 존재하지 않는다. 따라서 추출되는 요구사항의 양이나 대상 프로젝트의 복잡도 및 적용 도메인의 특성 그리고 추출에 포함되는 인원 등과 관련하여 추출 기법을 선정한다. 그리고 추출 기법을 사용할 때는 하나의 기법보다 여러 기법을 통합하여 적용하면 더 좋은 효과를 얻을 수 있다.

일반적으로 요구사항 추출 기법은 인터뷰나 설문과 같은 질의 기법, 브레인스토밍과 같은 논의 기법 그리고 재사용 기법으로 구분할 수 있다. 그 밖에 요구공학에서 제시하는 여러 추출 방법론이 있다.

❖ 인터뷰(interview)

인터뷰는 가장 일반적인 요구사항 추출 기법으로, 시스템과 관련된 이해관계자들과 공식/비공식 자리에서 직접적인 질문을 통하여 문제를 이해하고 상세한 정보를 추출한다. 그러나 인터뷰는 분석가와 고객 서로 간에 작업환경과 한정된 시간 등으로 인하여 충분한 정보를 얻는 것이 쉽지 않다. 또한 많은 양의 정성적 데이터를 분석하는 것이 어렵다.

일반적으로 인터뷰는 미리 정의된 질문들에 대하여 분석가가 해답을 찾는 폐쇄형 인터뷰(closed interviews)와 협의사항을 미리 정의하지 않고 참여자가 시스템에 대해 원하는 요구를 논의하는 개방형 인터뷰(open interview) 형태가 있다. 실제적으로는 사전에 정의된 질문을 가지고 폐쇄형 인터뷰로 시작하더라도 다른 문제가 발생하면 개방형 인터뷰를 사용한다.

표 2.1 요구사항 종류별 인터뷰 내용

인터뷰 종류	인터뷰 내용
기능 요구사항 추출	• 시스템을 사용하려는 이유가 무엇인가? • 시스템을 사용하여 얻을 목표는 무엇인가? • 시스템이 무엇을 해결해 주기를 바라는가? • 시스템과 연관된 외부 이벤트는 무엇인가?
비기능 요구사항 추출	• 시스템을 설명하는 데 어떤 단어들을 사용할 것인가? • 시스템의 어떤 특성이 더 중요시되는가? • 시스템이 따라야 하는 제한이나 규칙이 있는가?

❖ 브레인스토밍(brainstorming)

브레인스토밍은 특정 주제나 문제에 초점을 맞추어 참여자들의 의견을 수집하고 이들 의견을 병합하여 새로운 아이디어를 생성함으로써 빠른 시간 안에 문제에 대한 광범위하고 다양한 창조적 사고를 제공하는 기법이다. 이 기법은 주로 이해관계자들이 처음 시도하는 시스템이나 전체 시스템에 대해 잘 모를 때 소수의 인원으로부터 빠른 시간에 다양한 의견을 생성할 때 적용한다.

브레인스토밍은 아이디어를 도출하고 각 아이디어를 연결하여 선정하는 생성 단계와 아이디어를 분류하고 명확화하는 통합 단계의 두 단계를 거친다.

브레인스토밍 수행 중에는 자유로운 의견 표현이 가능한 환경을 조성하여 제시된 의견에 대한 평가나 논쟁을 하지 않으며 또한 의견을 설명하거나 명확화하지 않는다. 그리고 제시된 의견은 모든 참여자들이 아이디어를 공유할 수 있도록 익명성을 통해 공개하여 참여자들의 참여를 촉진시킨다. 브레인스토밍은 편향된 사고를 피해 예측하지 못하거나 가능한 다양하고 많은 의견을 자유롭게 제공한다.

❖ 관찰(Observation)

관찰은 이해당사자의 업무 환경을 분석하여 요구사항 정보를 추출한다. 이 기법은 현 프로세스를 개선하거나 변경할 때 사용자들이 설명하기 어려운 일상적인 작업에 대해 관찰자를 통해 업무 흐름을 이해한다. 관찰 기법은 비가시화와 가시화의 두 가지 기본적인 접근법이 있다.

표 2.2 요구사항 추출을 위한 관찰 종류

관찰 종류	관찰 내용
능동적/가시화 (Active/visible) 기법	관찰자가 현재 프로세스를 관찰하면서 현재처럼 수행되는 이유에 대해 사용자와 질문을 하면서 내용을 기록한다.
수동적/비가시화 (Passive/invisible) 기법	관찰자는 업무 흐름을 따라 사용자를 관찰하고 기록하지만, 프로세스가 완료될 때까지 질문 없이 여러 번 반복하여 관찰한다.

❖ 문서 분석(Document Analysis)

문서 분석은 기존의 모든 가용한 문서 소스를 식별하고 분석하여 관련된 정보를 추출한다. 분석에 사용하는 문서는 비즈니스 계획, 시장 분석, 계약서, 제안 요청서, 작업 진술서, 메모, 문제 보고서, 기존 시스템 명세서 등 소프트웨어 개발과 관련된 모든 문서의 분석을 포함한다.

문서 분석은 기존 솔루션에 대한 전문가가 조직에 존재하지 않을 때 기존 솔루션의 세부사항을 수집하기 위해 사용한다. 그러나 이 기법은 "As-Is" 관점만을 보여주며 문서의 갱신과 관련하여 견고성 문제가 발생할 수 있다.

❖ 시나리오(Scenario)

시나리오는 사용자와 시스템 사이의 상호작용을 기술하는 것으로, 시스템 요구사항을 추출하기 위하여 시스템과 사용자 사이에서 사용자는 그들이 수행할 일과 시스템으로부터 요구하는 정보를 시나리오로 작성한다. 시나리오는 개발 초기에 시스템이 제공해야 하는 기능에 대하여 이해관계자들과 논의함으로써 요구사항을 상세하게 기술할 수 있다. 이것을 통하여 사용자는 시스템과의 상호작용을 확인할 수 있고, 요구사항 분석가는 시나리오로부터 수행될 정보와 작업을 식별할 수 있다.

일반적으로 각 시나리오는 테이블이나 흐름도를 사용하여 3~7단계 정도로 기술한다. 시나리오는 다음과 같은 정보를 포함하여야 한다.

- 시나리오를 들어가기 전에 시스템의 상태에 대한 기술
- 시나리오에서 정상적인 사건 흐름
- 정상적인 사건 흐름에 대한 예외상황
- 동시에 발생할 수 있는 다른 행위에 대한 정보
- 시나리오의 완료 후에 시스템에 대한 기술

2.4 소프트웨어 요구사항 추출 정보 관리

서로 다른 관점을 가지는 참여자들 사이에서 추상적으로 제시되는 요구사항으로부터 완전하고 일관성 있는 요구사항을 수집하기 위해서 상호의견 조정과 협의를 통하여 반복적으로 요구사항을 수집한다.

수집된 초기 내용은 요구사항 정의를 위하여 유사 항목은 합병하고 불필요한

항목은 삭제함으로써 정제를 한다. 또한 이미 존재하는 요구사항과 충돌을 발생시키는 경우 작업그룹 내에서 충돌 해결을 위한 대안을 제시하고 합의된 대안을 도출한다.

다양한 관점으로 수집된 요구사항 정보로부터 제목, 목적, 내용, 매체 등 문서화 요구사항을 식별하고, 수집된 내용에 식별 가능한 고유번호를 할당한다. 이때 공통어휘를 정의하고, 추출된 공통어휘는 동의어 테이블에 저장한다. 그리고 기능 요구사항과 성능 및 품질 요구사항 그리고 시스템 제약사항 등의 비기능적 요구사항을 분류한다.

3 소프트웨어 요구사항 모델링

3.1 소프트웨어 요구사항 모델링 개요

모델링이란 실세계의 복잡하고 비가시적인 대상을 추상화, 단순화 및 구조화하여 가시적으로 표현하는 것이다.[8] 추상화(abstraction)는 실세계의 대상을 간결하고 명확하게 표현하고, 단순화(simplification)는 실세계의 대상을 표현할 부분은 명확하게 나타내고, 필요하지 않은 부분은 생략한다. 그리고 구조화(Structured)는 모든 객체 간의 관계와 순서를 표현한다.

소프트웨어 요구사항 모델링은 요구사항 분석 단계의 핵심 활동으로, 이해관계자 사이에서 추출된 요구사항을 가시화와 최적화를 통하여 명확히 이해할 수 있도록 요구사항 모델로 표현한다. 즉, 요구사항 모델링은 사용자 관점으로부터 추출된 요구사항 정보를 개발자 관점으로 구조화하고 상세하게 정제된 요구사항으로 전환한다.

그래서 시스템의 기능, 성능 및 인터페이스 등을 누락 없이 완전하고 정확하고 명확하고 일관성 있는 고품질의 요구사항으로 정의한다. 일반적으로 시스템 모델은 행위적인 관점과 구조적인 관점으로 만든다.

요구사항 모델을 통하여 이해관계자들 간의 의사소통을 높이고 요구사항 결함을 식별한다. 소프트웨어 요구사항을 모델링할 때 고려사항은 다음과 같다.

❖ 요구사항 구조화

요구사항 모델은 이해관계자들 사이에 빠른 의사소통을 위하여 이해성에 초점을 맞추어 복잡하고 불명확한 요구사항을 단순하고 가독성을 제공할 수 있는 구조적 다이어그램으로 생성한다.

❖ 요구사항 상세화

요구사항은 완전성과 일관성 그리고 테스트 가능성을 기준으로 타당성 있는 상세화 수준을 유지한다. 요구사항 모델은 상세화를 위하여 반복적으로 개발하고 피드백을 수행하여 정제한다.

❖ 요구사항 단순화

요구사항을 모델링할 때 하나의 모델 안에 모든 시스템 정보를 포함하는 것은 복잡하고 이해하기 어렵다. 따라서 시스템의 다른 관점을 고려하여 시스템 도메인에 적합한 다양한 모델을 사용하여 사용자 요구를 표현한다. 또한 시스템 개발에 있어 고객이 원하는 것을 어떻게(How) 개발할 것인가보다는 무엇(What)을 수행할 것인가에 대해 결정한다.

3.2 소프트웨어 요구사항 모델링 종류

요구사항 모델링은 시스템을 바라보는 관점에 따라 기능 중심 모델링, 정보 중심 모델링, 상태 중심 모델링으로 분류한다. 그리고 객체 기반의 유스케이스 모델링을 사용한다.

❖ 기능 중심 요구사항 모델링

기능 중심 요구사항 모델링(Function-Oriented Requirement Modeling)은 시스템의 기능에 초점을 맞추어 모델링한다. 특히 업무흐름 중심의 시스템에 대한 명확한 이해를 위하여 하향식 세분화를 이용하여 자료흐름도(Data Flow Diagram), 자료사전(Data Dictionary) 그리고 미니명세서(Mini-Spec) 등의 도구를 사용하여 사용자 요구사항을 논리적으로 표현하고 문서화한다.

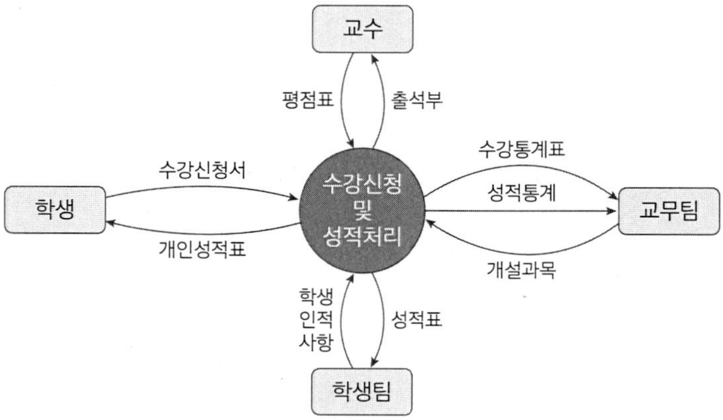

그림 2.4 성적처리 자료흐름도(DFD) 예

❖ 정보 중심 요구사항 모델링

정보 중심 요구사항 모델링(Information-Oriented Requirement Modeling)은 시스템의 정적 정보에 초점을 두고 모델링한다. 자료 중심의 시스템을 위한 데이터 처리와 제약조건 등의 요구사항 등을 정의하기 위하여 개략적인 상위 계층의 개체와 속성들을 식별하고 그들 간의 관계를 개체관계도(Entity-Relation Diagram)로 나타낸다. 주로 데이터베이스 구성을 모델링한다.

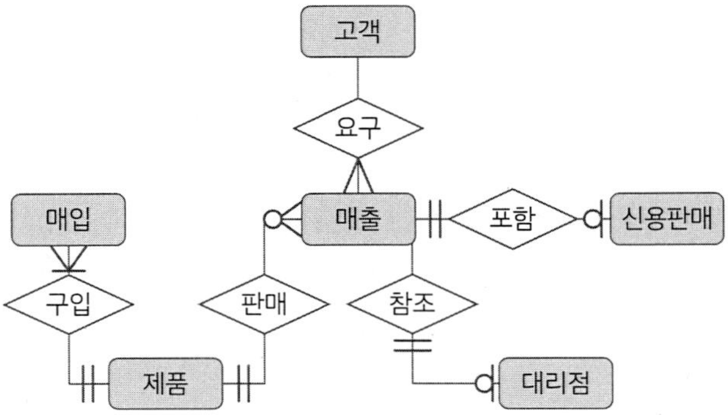

그림 2.5 판매 시스템 개체관계도(ERD) 예

❖ 상태 중심 요구사항 모델링

상태 중심 요구사항 모델링(State-Oriented Requirement Modeling)은 시스템의 동작과 제어에 초점을 맞추어 시간의 변화에 따른 시스템의 상태와 상태를 변하게 하는 요인들을 모델링한다. 연속적으로 발생하는 입력에 대하여 상태를 변화시키기 위한 상태 중심의 모델을 정의하기 위하여 상태전이도(State Transition Diagram)나 상태전이 매트릭스(State Transition Matrices) 또는 상태차트(Statecharts)를 사용하여 시스템 기능의 순서를 기술하는 데 적합하다.

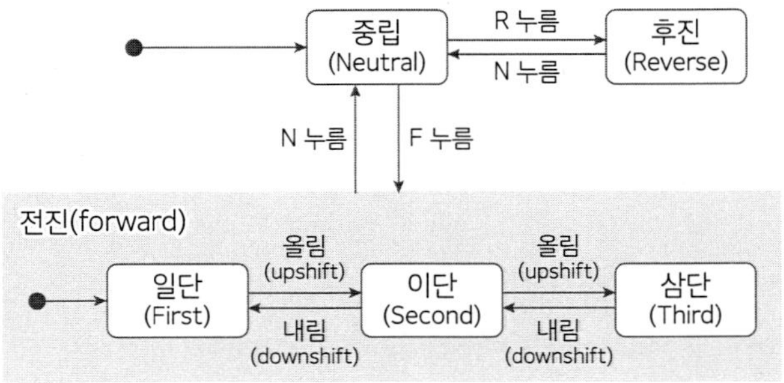

그림 2.6 기어 변속 상태 다이어그램(STD) 예

❖ UML 기반 요구사항 모델링

UML 기반 요구사항 모델링(UML-Oriented Requirement Modeling)은 요구사항의 초점을 제품 기능에서 사용자 목적으로 전환하여 사용자 비즈니스와 애플리케이션 영역을 작성된 다이어그램을 통하여 분석한다.

UML(Unified Modeling Language)은 소프트웨어 시스템의 분석 모델을 만들고 산출물을 시각화하고 문서화하는 모델링 언어로, 개발 프로세스나 플랫폼에 독립적이다. UML 다이어그램은 구조(structure) 다이어그램, 행위(behavior) 다이어그램 및 상호작용(interaction) 다이어그램의 세 가지 범주 하에 14개의 다이어그램 유형을 정의한다.

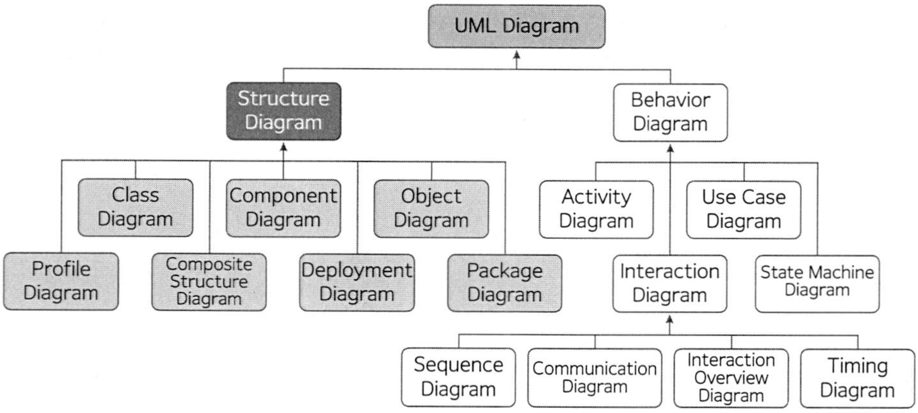

그림 2.7 UML 다이어그램 분류

❖ 구조 다이어그램(Structure diagrams)

구조 다이어그램은 시스템이 수행할 행위에 대한 정적 구조 및 상호 관련되는 컴포넌트나 다른 객체의 상태를 모델링한다.

정적 구조는 시간과 관계없이 시스템 요소에 중점을 두고 유형과 인스턴스 및 요소들 사이의 최소한의 관계를 보여 주며 내부 구조를 모델링한다. 또한 특정 시점에서 시스템을 구성하는 개별 요소들의 상태와 종속성 그리고 상호 의존성을 가시화하며 소프트웨어 아키텍처를 나타내는 데 적합하다.

표 2.3 구조 다이어그램 종류

다이어그램	개요
클래스 다이어그램 (Class diagram)	객체를 클래스에 할당하여 추상화하고 컴포넌트 간의 상호 관계를 표현
객체 다이어그램 (Object diagram)	클래스 다이어그램과 유사한 구조로 특정 순간의 시스템 상태를 표현
컴포넌트 다이어그램 (Component diagram)	모듈이나 클래스를 컴포넌트로 나누고 컴포넌트의 구조와 종속성을 표현
복합구조 다이어그램 (Composite structure diagram)	메타 클래스의 개별 컴포넌트와 컴포넌트 간의 링크를 표현 (메타 클래스는 클래스에 속하며 차례로 분류할 수 있는 객체)
패키지 다이어그램 (Package diagram)	클래스들을 패키지로 그룹화하고 패키지 계층과 구조를 표현
배치 다이어그램 (Deployment diagram)	컴퓨터 노드로 물리적인 컴포넌트 분포를 모델링. 노드는 메모리를 제공하는 장치 노드와 프로세스 실행 환경을 제공하는 실행환경 노드(SW)로 구성
프로필 다이어그램 (Profile diagram)	스테레오 타입을 클래스에 할당하거나 프로파일을 패키지에 할당하여 스테레오 타입과 경계 조건 등을 통해 사용 관계를 표현

❖ 행위 다이어그램(Behavior diagrams)

행위 다이어그램은 시스템에서 발생하는 행위에 대해 동적 프로세스를 가시화한다. 그래서 시스템의 시간 흐름에 따른 행동이 아니라 프로세스 안의 객체 간 정보 흐름에 초점을 두고 객체가 상호작용하며 시스템에서 발생하는 일을 모델링한다.

표 2.4 UML 행위 다이어그램 종류

다이어그램	개요
유스케이스 다이어그램 (Use case diagram)	유스 케이스와 목표를 가진 액터를 사용하여 시스템에서 수행할 동작(요구사항)이나 비즈니스 절차를 모델링

다이어그램	개요
액티비티 다이어그램 (Activity diagram)	유스 케이스 실행 방법을 모델링. 프로세스 흐름에서 개별 동작의 상호작용을 작업 네트워크로 표현
상태머신 다이어그램 (State machine diagram)	시스템의 유한 상태 집합을 모델링, 시스템에서 특정 조건이 충족되면 한 상태에서 다른 상태로 변환

❖ 상호작용 다이어그램(Interaction diagrams)

상호작용 다이어그램은 행위 다이어그램의 하위 유형으로 프로세스 요소가 정보 교환하는 동작을 모델링한다. 다이어그램은 관련된 객체의 역할을 정의하고 객체 간에 주고받는 메시지의 시작이나 중지와 같은 행위에 미치는 영향을 보여준다.

표 2.5 UML 상호작용 다이어그램 종류

다이어그램	개요
시퀀스 다이어그램 (Sequence diagrams)	시간 흐름에 따른 객체의 메시지 순서와 객체 간의 메시지 교환을 모델링
통신 다이어그램 (Communication diagram)	상호작용 내에서 객체의 역할을 모델링. 상태 변화로 이어지는 이벤트에 대한 일시적인 제한을 표현
타이밍 다이어그램 (Timing diagram)	시스템의 동작을 객체 상태와 할당된 시간 흐름의 2차원 다이어그램으로 자세히 모델링
상호작용 개요 다이어그램 (Interaction overview diagram)	복잡한 상호작용 다이어그램을 개략적인 개요로 모델링. 시퀀스와 활동이 어떻게 상호작용하는지 표현

3.3 유스 케이스 다이어그램 기반 요구사항 모델링

유스 케이스 기반 분석(Use Case Driven Analysis)은 유스 케이스 모델을 분석, 설계, 구현 및 테스트 등 시스템 개발 전체 단계에서 작업 단위로 사용한다. 유스 케이스는 요구사항에 대한 상황(context)을 제공하여 시스템이 무엇을 해야 하는지 정의하기 전에 시스템이 왜 필요한지, 어떤 시스템을 사용할지를 결정한다.

유스 케이스 다이어그램은 UML 모델링의 핵심 개념으로 시스템 기능 및 요구사항 추출 행위를 모델링한다. 즉, 유스 케이스와 액터 간의 상호작용을 통해 시스템 영역을 정의하고 액터가 요구하는 작업을 시스템이 실행하여 수행 결과값들을 생성하는 행위를 기술한다.[17]

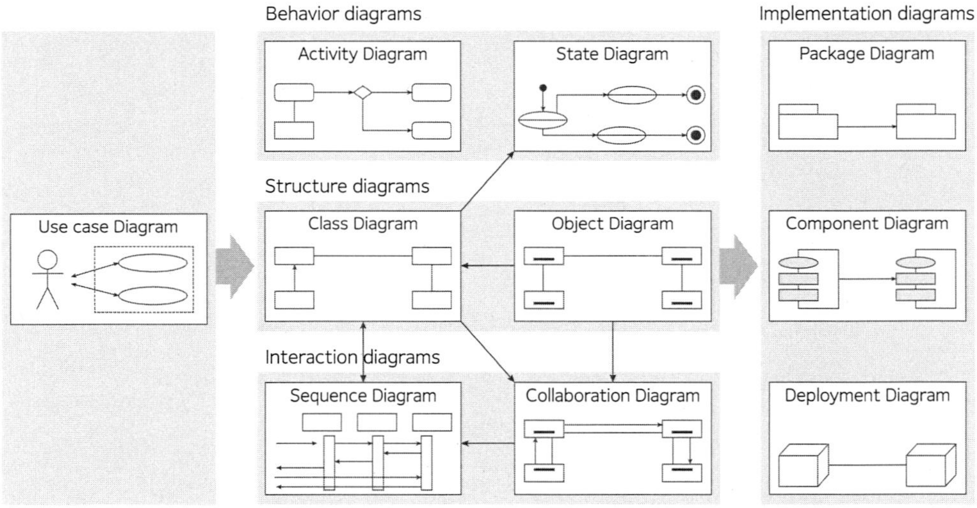

그림 2.8 UML 다이어그램 간의 관계

이 다이어그램은 시스템의 행위를 시나리오로 기술하여 기능 요구사항을 추출하는 최적의 방법을 제공한다. 그리고 이해관계자들이 상황을 쉽게 이해하고 가독성을 높일 수 있다. 또한 요구사항 명세 과정에서 불일치를 탐지하는 데 유용하다.

그러나 개별 기능에 대한 세부 사항이나 시스템 동작을 실행하는 순서 등은 나타내지 않는다. 또한 시스템 행위를 기술하므로 사용자 인터페이스, 비기능 요구사항 등을 명세하기 어렵다. 유스 케이스 모델링은 유스 케이스 다이어그램 작성과 유스 케이스 명세서 작성의 2단계를 수행한다.

3.3.1 유스케이스 다이어그램 구성

1 유스 케이스 다이어그램 구성 요소

유스 케이스 다이어그램은 액터, 유스 케이스, 액터와 유스 케이스 간의 관계 그리고 시스템 영역의 네 가지 구성 요소로 구성된다.

❖ 액터

액터(Actors)는 시스템 외부에서 시스템과 상호작용하는 개인이나 조직 또는 외부 시스템으로, 시스템에게 원하는 것을 요구하는 기본 액터(Primary actor)와 시스템이 목표를 충족시키기 위하여 요청하는 보조 액터(Secondary actors)로 구분된다.

❖ 유스 케이스

유스 케이스(Use Cases)는 사용자 관점의 시스템 기능으로, 시스템 내부 및 인터페이스에서 액터가 수행하거나 시스템이 액터에게 제공하는 상위 단계의 행위를 특정 액터 관점에서 표현한다. 유스 케이스는 액터가 사용하는 시스템 기능을 표현하기 위하여 기능을 함께 묶는다.

❖ 연관 관계

연관 관계(association)는 유스 케이스와 액터 간의 상호작용을 표현한다. 그러나 동일한 다이어그램에서 액터 간에 또는 유스 케이스 간에 상호작용은 나타낼 수 없다.

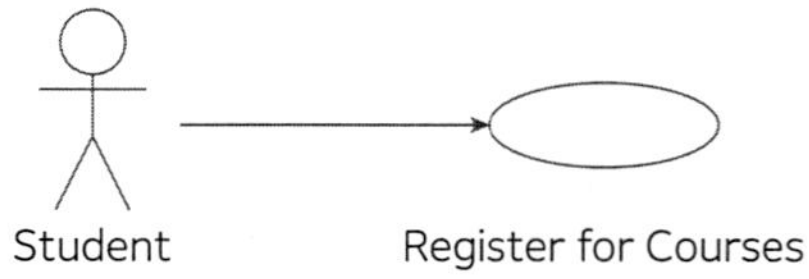

❖ 시스템 영역

시스템 영역(system boundary)은 실세계와 시스템 영역의 경계를 정의한다. 이 영역은 시스템에서 제공하는 최상위 유스 케이스 다이어그램에서만 나타난다. 이때 시스템의 내부 동작은 영역에 나타내지 않는다.

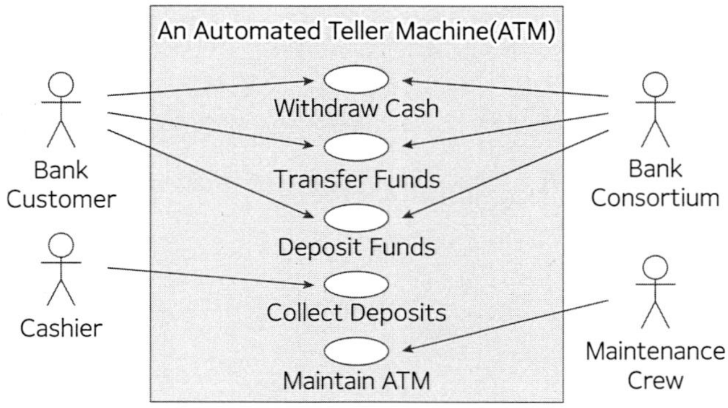

그림 2.9 유스 케이스 구성 요소

2 유스 케이스 다이어그램 구조화

유스 케이스 구조화는 기존 유스 케이스로부터 일부 행위를 추출하여 추가 유스 케이스를 만드는 것으로, 유스 케이스를 단순화하여 이해하기 쉽고 유지보수를 쉽게 할 수 있도록 한다. 또한 시스템에 기능 추가나 특정 요구사항에 대한 변경 처리를 쉽게 하고 특정 행위를 재사용하여 유스 케이스에서 공유할 수 있도록 한다. 일반적으로 포함 관계, 확장 관계 및 일반화 관계의 세 가지 관계를 이용하여 구조화한다.

❖ 포함 관계– ≪include≫

포함 관계 ≪include≫는 여러 유스 케이스가 동일한 동작을 공유하거나 특정 하위 흐름의 복잡한 이벤트 흐름을 단순화하기 위하여 두 개 이상의 '기본 유스 케이스'(base use case)로부터 공통된 행위를 추출하여 '포함 유스 케이스'(inclusion use case)를 작성한다.

'포함 유스 케이스'는 다른 유스 케이스에서 재사용할 수 있도록 일반적인 행위를 추상화하고 캡슐화한다. 그리고 기본 유스 케이스의 특정 위치에 명시적으로 '포함 유스 케이스'를 삽입하여 시나리오 흐름에서 정의된 행위를 항상 수행한다.

포함 관계는 기본 유스 케이스로부터 '포함 유스 케이스' 방향으로 화살표를 점선으로 연결하고 〈〈include〉〉를 사용하여 나타낸다.

예를 들어 ATM 시스템에서 시스템에 로그온하고 암호를 입력하는 "고객 식별" 유스 케이스를 포함 유스 케이스로 기술한다. 그리고 고객 식별이 필요한 모든 유스 케이스에서 단순히 "고객 식별" 유스 케이스를 〈〈include〉〉하면, 이후에 기본 유스 케이스에서 "include" 위치에 도달하면 포함된 유스 케이스를 실행한다.

표 2.6 <<include>> 유스 케이스 시나리오 예제

현금 출금 (Basic Use Case)	고객 식별 (Include Use Case)
1. ATM은 고객의 유효성을 확인하기 위해 '고객 식별(Identify Customer)' 유스 케이스를 포함한다. 2. ATM은 사용자에게 인출금액 입력화면을 출력한다. 3. ...	1. ATM은 카드의 유효성을 확인한다. 2. 사용자 선택 기능이 비밀번호가 필요한 것인지를 확인한다. 3. ATM은 사용자에게 비밀번호 입력화면을 출력한다 4. 사용자는 ATM에 비밀번호를 입력한다.

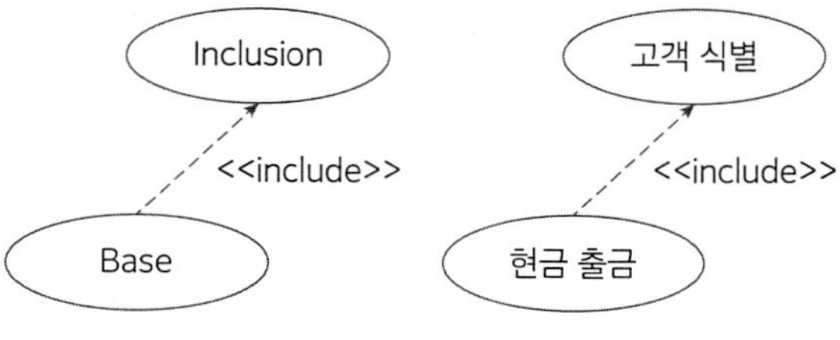

그림 2.10 <<include>> 유스 케이스 예제

❖ 확장 관계– 《extend》

확장 관계 〈〈extend〉〉는 기존 유즈 케이스의 행위를 조건에 따라 확장 또는 추가하기 위하여 '확장 유스 케이스'(extension use case)를 사용한다.

'기본 유스 케이스'는 '확장 유스 케이스'가 포함될 지점을 의미하는 확장점을 제공하여 '확장 유스 케이스'와 기본 유스 케이스를 연결한다. 그래서 기본 유스 케이스를 실행하는 동안 확장점에 도달하여 조건이 참인 경우 '확장 유스 케이스'의 동작을 기본 유스 케이스에 삽입하여 수행한다. 만일 확장 조건이 거짓이면 확장을 실행하지 않는다.

이때 확장 조건은 기본 유즈 케이스가 아닌 '확장 유즈 케이스' 안에 기술한다. 이것은 '확장 유즈 케이스'는 기본 유스 케이스의 속성을 액세스하고 수정할 수 있지만, 기본 유스 케이스는 확장 유스 케이스를 제어하지 못한다.

예를 들어 쇼핑몰의 주문처리 시스템에서 다음과 같은 "Additional Order" 유스 케이스가 정의될 때 기본 흐름 Step 3에서 재고 부족인 경우 확장점이 발생한다. "Back order" 유스 케이스는 확장점 "재고부족"에서 adding order와 modifying order 유스케이스를 확장(extend)한다.

표 2.7 <<extend>> 유스 케이스 시나리오 예제

Addition order (Basic Use Case)	Back order (Extend Use Case)
1. 시스템은 회계 담당자에게 주문 정보 입력을 요청한다. 2. 회계 담당자가 요청된 주문 정보를 제공하면 시스템은 신규 주문에 대해 고유한 주문 번호를 생성하고 할당한다. 그리고 신규 추문을 시스템에 추가한다. 3. 시스템은 주문 품목의 재고가 충분한지 확인한다.	1. 시스템은 "재고 부족으로 인해 주문이 불가능합니다."라는 메시지를 표시하고, 회계 담당자에게 품목의 이월주문 여부를 확인한다. 2. 회계 담당자는 항목의 이월주문 처리를 시스템에 알린다. 3. 시스템은 주문 상태를 "이월주문"으로 설정하고 재고 정보에서 주문된 양을 선점유 처리한다.

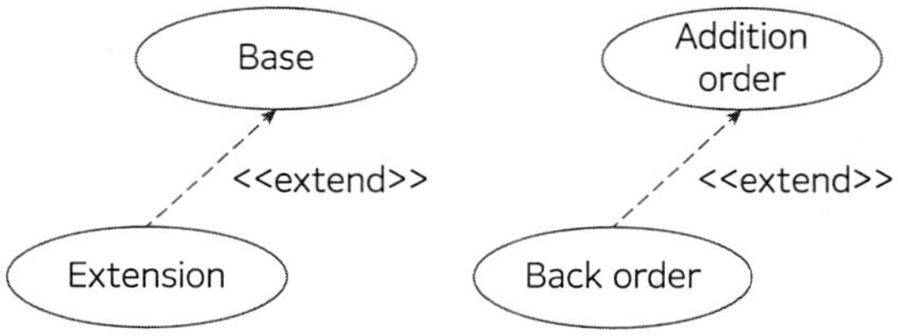

그림 2.11 <<extend>> 유스 케이스 예제

❖ 일반화 관계(generalization relationship)– 상속(Inheritance)

일반화 관계는 많은 액터와 유스 케이스 간의 연관을 단순화시키기 위한 것으로, 유사한 유스 케이스나 액터를 모아 추상화 유스 케이스나 액터와 연결시켜 그룹을 만드는 관계이다.

이것은 부모–자식(parent–child) 유스 케이스 관계로 같은 부모 유스 케이스(parent use case)의 특정 양식을 나타내는 하나 이상의 자식 유스 케이스(child use cases)는 유스 케이스에 적용할 때 일반화(generalization)이다. 자식 유스 케이스는 부모 유스 케이스의 모든 구조, 행위 및 관계를 상속받는다.

또한 여러 액터는 유스 케이스와 상호작용하는 공통된 역할이나 목적을 가질 수 있다 사용자는 이때 공유되는 역할은 부모 액터로 모델화하고 자식 액터는 부모 액터가 갖는 유스 케이스와의 관계와 역할을 그대로 상속받는다.

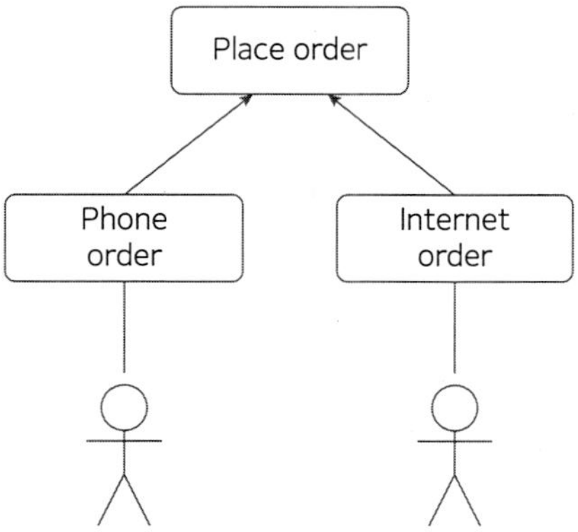

그림 2.12 일반화 유스 케이스 예제

그 밖에 사용 관계- ⟨⟨uses⟩⟩는 유스 케이스 X가 유스 케이스 Y를 컴포넌트로 사용하고 적어도 한 번 이상 포함할 때를 사용 관계로 표현한다. 특정 유스 케이스가 여러 다른 유스 케이스를 사용하는 경우에는 완료 순서에 관계없이 모든 유스 케이스가 완료되어야 한다.[9]

3.3.2 유스케이스 다이어그램 작성

1 문제 분석 및 시스템 범위 식별

문제 개요, 프로젝트 특징 및 시장이나 경쟁자 환경, 배포 시간/기술, 인력, 자원, 위험 요소/가정 등을 고려하여 프로젝트 설명서(Project Description)를 작성한다.

그리고 사용자가 시스템을 사용하는 목적과 관련하여 시스템 범위를 식별하고 시스템에 포함될 기능과 다른 시스템이나 사람과의 인터페이스를 정의한다. 시스템 범위를 정의할 때는 개발할 부분과 하지 않을 부분을 분명히 정의하고 요구사항의 우선순위 설정을 고려한다.

2 액터 식별

액터는 시스템을 사용하는 사람이나 연관된 다른 시스템이 될 수 있으며, 시스템에는 다양한 액터가 존재하고 각 액터는 특정 역할을 수행한다. 일반적으로 액터로 식별되는 대상은 다음과 같다.

- 시스템으로부터 정보를 얻는 사람/시스템
- 시스템에 정보를 제공하는 사람/시스템
- 시스템을 시작 또는 종료하는 사람/시스템
- 시스템을 사용하는 사람/시스템
- 시스템을 설치, 관리 및 유지 보수하는 사람/시스템
- 시스템을 사용하는 다른 시스템

액터를 식별한 후 액터 리스트를 작성한다. 액터 리스트에는 액터 이름, 개요, 목표 및 중요도를 기술한다. 액터별 목표는 시나리오를 파악하는 출발점으로 유스 케이스 이름에 영향을 준다.

3 유스 케이스 식별

유스 케이스는 항상 액터의 관점에서 식별한다. 즉, “시스템이 무엇을 제공하는가?”를 찾기보다 “액터가 시스템에 대하여 요구하는 것(기능)이 무엇인가?”를 찾는다. 이와 관련하여 유스 케이스를 식별하는 기준은 다음과 같다.

- 액터는 시스템을 왜 사용하는가?
- 액터의 목표는 무엇인가?
- 액터는 어떤 용도로 시스템을 사용하려는가?
- 액터가 시스템으로부터 어떤 정보를 얻을 것인가?
- 액터는 시스템에 자료를 입력하거나 저장, 변경, 제거, 혹은 참조하는가?
- 시스템이 어떤 정보를 저장하는가?
- 액터는 어떤 외부 이벤트나 이의 변화를 시스템에 알려주는가?
- 시스템은 액터에게 어떤 특정한 변화를 알려주는가?

4 액터와 유스 케이스 관계 설정

시스템의 규모가 큰 경우 서브시스템이나 주요 기능은 패키지로 분리하여 패키지 다이어그램(Package Diagram)을 생성한다. 그리고 액터 간, 유스 케이스 간의 일반화, 연관 관계를 정의하고 유스 케이스 간의 포함, 확장관계를 정의한다.

- 연관 관계: 액터와 유스 케이스 간에 상호작용이 존재하는가?
- 포함 관계: 유스 케이스를 실행하기 위하여 반드시 실행되어야 하는 유스 케이스가 존재하는가?

- 확장 관계: 유스 케이스를 실행할 때 선택적으로 실행되는 유스 케이스가 존재하는가?
- 일반화 관계: 액터 또는 유스 케이스가 구체화된 다른 액터나 유스 케이스를 가지고 있는가?

3.3.3 유스 케이스 명세서 작성

유스 케이스를 이용한 요구사항 명세는 액터와 시스템 간의 상호작용을 기반으로 순차적 시나리오 형식으로 기술한다. 유스 케이스 명세서는 시스템 개발 생명주기 전체 단계에서 다양한 이해관계자들과 관련되기 때문에 이해성과 가독성을 높일 수 있도록 작성한다. 특히 시나리오는 요구사항을 수집하는 단계에서 작성하기 때문에 설계와 달리 너무 상세하게 작성하지 않는다.

- 유스 케이스 시나리오의 각 단계는 계층적 번호체계를 사용하여 순차 번호를 부여한다.
- 유스 케이스 시나리오의 각 단계는 너무 세부적이지 않고 단순하고 명확한 문장으로 작성한다.
- 시나리오의 각 단계는 액터의 관점에서 작성한다. 따라서 시나리오 문장은 "액터" 또는 "시스템"으로 시작하고 명사(리소스) 뒤에 행위를 나타내는 동사를 기술하여 주어-목적어-동사의 일관된 문장 구조로 작성한다.

〈액터〉는 〈시스템〉에 ...을 한다. 〈시스템〉은 〈액터〉에 ...을 한다.

- 시나리오 흐름에서 확장점(Extension points)을 표현한다.

유스 케이스 명세서는 유스 케이스 식별정보와 상태정보로 구성되는 유스 케이스 기본 정보와 기본, 대안 및 예외 흐름으로 나누어지는 유스 케이스 흐름 정보 그리고 특별 요구사항 등으로 구성된다.

1 유스 케이스 기본 정보

식별정보는 유스 케이스를 식별할 수 있는 Use case ID와 이름 그리고 유스 케이스의 개요와 이 유스 케이스를 주로 사용하는 액터 정보를 기술한다.

- UID(Use Case ID): 유스 케이스를 유일하게 식별할 수 있는 식별자를 서브 시스템 이름에 순차번호를 부여
- 이름(Use Case Name): 유스 케이스의 목표를 나타내는 짧고 명확한 동사구 (명사 + 동사형)로 작성
- 개요(Description): 유스 케이스의 목표나 액터가 시스템으로부터 제공받기를 원하는 것에 대해 설명
- 주요 액터(primary actors): 유스 케이스를 사용하거나 유스 케이스와 상호작용하는 액터 종류와 역할을 기술

그리고 상태정보는 유스 케이스의 실행 시 예상되는 사용 빈도와 중요도 그리고 유스 케이스 작성 상태를 기술한다. 그리고 실행 이전과 이후에 요구되는 조건을 기술한다.

- 사용 빈도(Frequency of Use): 유스 케이스가 실행되는 예상 정도를 기술 (높음/중간/낮음)
- 우선순위(Priority): 개발 기간과 자원 제약 그리고 상대적 중요성을 기준으로 우선순위를 설정 (높음/중간/낮음 또는 9점 척도)
- 상태(Status): 유스 케이스의 작성 진행 단계를 기술
- 사전 조건(Preconditions): 유스 케이스를 시작하기 전에 만족해야 하는 조건을 제시
- 사후 조건(Postconditions): 유스 케이스 종료 이후 정상적인 시스템 상태를 기술

2 유스 케이스 이벤트 흐름(Flow of Event) 정보

정상적인 흐름을 나타내는 기본 흐름과 조건에 따른 대안 또는 선택 흐름 그리고 비정상적으로 발생하는 예외 흐름의 세 가지로 기술한다. 흐름은 자연어를 사용하여 단순한 문장으로 표현한다.

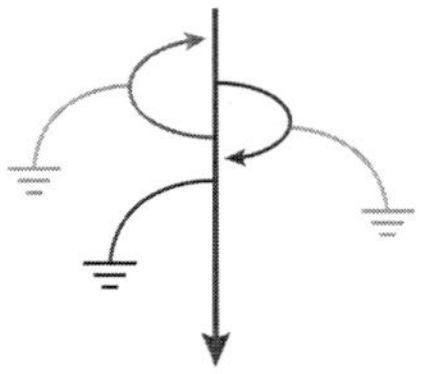

❖ 기본 흐름(Basic Flows)

유스 케이스를 시작해서 종료할 때까지 액터와 시스템 사이에서 정상적으로 발생하는 상호작용 이벤트 흐름을 계층화, 구조화하고 조건문, 반복문 및 동기화 등을 포함하여 분기나 대안 없이 번호를 부여하여 순서적으로 기술한다.

❖ 대안 흐름(Alternative Flows) 또는 선택 흐름(Optional Flows)

유스 케이스의 정상적인 흐름에 대한 대안을 제시하는 것으로, 각 단계에서 조건이 false일 때 기본 흐름으로부터 우회되는 분기점과 분기조건을 기술하고 선택적인 유스 케이스 단계를 기술한다. 기본 흐름에는 대안 흐름 목록 위치에 대한 확장점(Extension point)을 기술하고, 대안 흐름은 처리 후 기본 흐름의 특정 지점으로 복귀한다.

❖ 예외 흐름(Exceptional Flows)

사전 조건부터 사후 조건까지 유스 케이스 각 단계에서 비정상적인 조건이 발생할 때 기술한다. 예외 흐름은 분기점과 분기조건 및 각 오류 조건에 대한 유스 케이스 단계를 하위 섹션으로 기술한다. 대체 흐름과 같이 기본 흐름 내의 단계로 다시 복귀하거나 다른 이벤트를 참조할 수 있다.

3 특별 요구사항(special requirements)

❖ 비즈니스 규칙(Business Rule)

해당 조직에서 비즈니스 구조나 행위와 관련하여 통제나 영향을 제공하는 비즈니스 규칙을 기술한다.

❖ 특별 요구사항(Special Requirement)

유스 케이스로 표현하기 어려운 기능 요구사항을 기술한다. 또는 사건의 흐름에는 포함되지 않지만 시스템 설계에 영향을 줄 수 있는 품질 요구사항이나 제약사항 등 유스 케이스와 관련된 비기능적 제약 조건을 기술한다.

4 유스 케이스 요구사항 명세서 예

다음은 유스 케이스를 이용한 요구사항 명세서 예를 보여준다.

표 2.8 유스 케이스 명세서 예제

유스 케이스 명세서 (Use Case Specification)					
시스템명	종합정보시스템		서브시스템명	Course System	
단계명	검토 중	작성일자	2019.11.30	버전	V1.0
UC-ID	Course-006		이 름	수강 신청	
작성자	김 분 석		작성일	2019.11.30	
개 요	학생은 시스템에 접속하여 현재 등록 가능한 과목을 확인한다. 그리고 과목을 선택하고 등록한다.				
주요 액터	학생, 교수, 관리자				
사용 빈도	높음				
우선순위	High				
상 태	검토 중				
사전 조건	학생은 시스템에 로그인되어 있다.				
사후 조건	학생은 수강신청을 완료하였다.				

기본 흐름	1. 학생은 “새 과목 등록” 메뉴를 선택한다. 2. 시스템은 화면에 등록 가능한 과목 목록을 표시한다. (E-1) 3. 학생이 등록할 과목을 하나 이상 선택한다. (A-1) 4. 학생은 “제출” 버튼을 클릭한다. 5. 시스템은 선택된 강좌의 학생을 등록한다. (E-2) 6. 시스템은 확인 메시지를 출력한다.
대안 흐름	A-1 분기점: 기본 흐름 3 분기 조건 : 학점이 초과한 경우 1. 시스템은 “학점 초과” 메시지를 사용자에게 알린다. 2-1. 사용자가 “다시 입력” 버튼을 누르면 기본 흐름 Step 2로 이동한다. 2-2. 사용자가 “취소” 버튼을 누르면 초기화면으로 돌아간다.
예외 흐름	E-1 분기점: 기본 흐름 2 분기 조건 : 등록 가능한 과목이 없는 경우 1. 시스템은 “해당 과목을 등록할 수 없다”는 오류 메시지를 표시하고 정정 방법을 제공한다. 2. 학생은 유스 케이스에서 벗어나 원인을 수정한 후에 다시 시도한다. E-2 분기점: 기본 흐름 5 분기 조건 : 시스템이 선택된 강좌를 등록하지 못하는 경우 1a 일부 과목을 등록할 수 없다. 1a1. 시스템은 등록된 과목과 등록되지 않은 과목을 실패 원인과 함께 메시지를 표시한다. 1a2. 사용자가 “다시 입력” 버튼을 누르면 기본 흐름 Step 2로 이동한다. 1b 모든 과목을 등록할 수 없다. 1b1. 시스템은 실패 이유와 함께 “등록할 수 있는 코스가 없다”는 메시지를 표시한다. 1a2. 사용자가 “취소” 버튼을 누르면 초기화면으로 돌아간다.
비즈니스 규칙	1. 수강 신청은 학적을 보유한 학생에 대해 가능하다. 2. 수강 신청은 매학기 9학점 이상 18학점 이내에서 가능하다.
특별 요구사항	Func_0010 : 외국어 1. 시스템은 사용자가 선택하는 언어로 모든 메시지와 메뉴를 표시하여야 한다. 2. 언어는 한국어, 영어, 중국어 및 일본어를 지원해야 한다. Rel_0001 : 자료 무결성 1. 시스템은 서버로부터 자료 전송 시 정확성과 무결성을 제공해야 한다. 2. 처리 내역은 반드시 내역 정보에 기록되어야 한다. Rel_0002 : 시스템 가용성 1. 시스템은 08:00부터 22:00까지 365일 가동되어야 한다. 2. 시스템 오류는 1% 이내로 발생하여야 한다.

3.4 시퀀스 다이어그램 기반 요구사항 모델링

시퀀스 다이어그램(sequence diagrams)은 시스템의 동적 측면을 나타내는 다이어그램으로 하나의 유스 케이스에서 객체 간의 상호작용을 수행 순서대로 모델링하여 시나리오 행위를 추출하는 데 사용한다.

즉, 시퀀스 다이어그램은 개발자 관점에서 객체를 정의하고 구현할 시스템의 내부 동작을 시간 흐름에 따른 객체 간에 메시지 순서로 나타낸다. 또한 메시지의 흐름뿐만 아니라 객체와 객체들 사이의 관계를 표기하고, 시스템 실행 시 생성되고 소멸되는 객체를 표현한다.

1 시퀀스 다이어그램 구성 요소

시퀀스 다이어그램은 기본적으로 생명선, 활동 바, 메시지 및 화살표로 구성하며, 각 객체는 열을 구성하고 그 사이에 교환되는 메시지는 화살표로 표시한다.

❖ 생명선(Lifeline)

생명선은 상호작용에 참여하는 객체들로서, 시스템에서 객체 간에 상호작용을 나타낸다. 생명선의 종류는 객체, 액터, 엔티티, 경계 그리고 제어 등이 있으며, 다이어그램의 맨 위에 수평으로 겹치지 않게 배열한다.

- 액터(actor) 시스템 사용자나 다른 시스템 등을 나타낸다.
- 엔티티(entity) 시스템 데이터나 정보저장소를 나타낸다.
- 경계(boundary) 시스템 경계나 소프트웨어 요소를 나타낸다.
- 제어(control) 제어 엔터티나 관리자를 나타낸다.

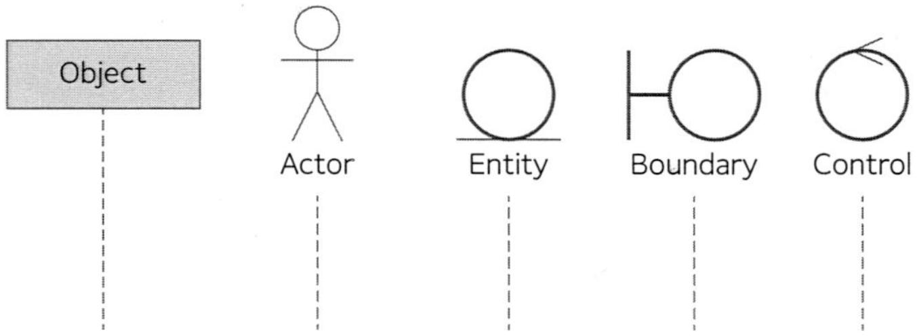

그림 2.13 생명선 유형

❖ 활동 바(Activation bar)

활동 바는 객체가 상호작용 중에 활성화 상태인 것을 나타내는 것으로, 객체의 특정 메소드가 실행되거나 다른 객체의 메소드가 종료되기를 기다린다.

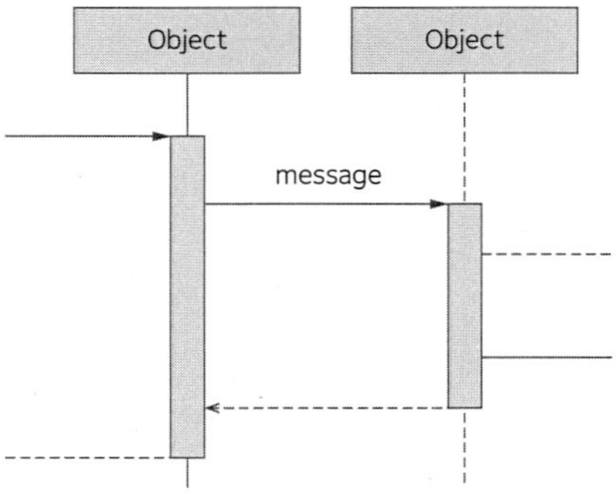

활동 바는 생명선 위에 사각형으로 표시하며, 길이는 객체가 활성 상태를 유지되는 기간을 나타낸다.

❖ 메시지(Message)

메시지는 서로 다른 객체 간의 상호작용을 정의하는 것으로 다음 형식을 따른다.

arrtibute = message_name(arguments): return_type

메시지는 하나의 객체 생명선으로부터 다른 객체 생명선까지 화살표를 표시하고 그 선의 위에 표시한다. 이때 메시지 유형에 따라 화살표 헤드를 다르게 표현한다.

표 2.9 메시지 유형(Message Type)

메시지 유형	내 용	표 기
동기 메시지 (Synchronous message)	메시지 전송 객체는 수신 객체가 동기 메시지를 수신한 것을 확인한 후 다음 메시지를 수행	——▸
비동기 메시지 (Async message)	메시지 전송 객체가 수신 객체로부터 응답 메시지를 기다리지 않고 다음 메시지를 수행	——>
자체 메시지 (Self message)	객체 자신에게 보낸 메시지	
반환 메시지 (Reply/Return message)	이전 호출에 대한 반환을 기다리는 객체에게 다시 반환되는 메시지	- - - ->
반사 메시지 (Reflexive message)	객체가 자신에게 보내는 메시지로, 같은 생명선에서 시작하고 끝나는 화살표로 표시	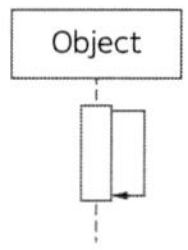
참여자 생성 메시지 (Participant creation message)	시퀀스 중간에 객체를 생성하는 것으로, creation call이 전송될 때까지 특정 참여자가 존재하지 않는 것을 표시할 때 사용	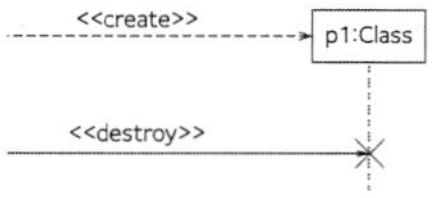
참여자 파괴 메시지 (Participant destruction message)	참여자가 더 이상 필요하지 않을 때 시퀀스 다이어그램에서 삭제하는 것으로, 참여자의 생명선 끝에 'X'를 추가	

❖ 주석(comment) 객체

주석을 나타내며, 구석이 접힌 직사각형으로 표시하고 관련 객체에 파선으로 연결한다.

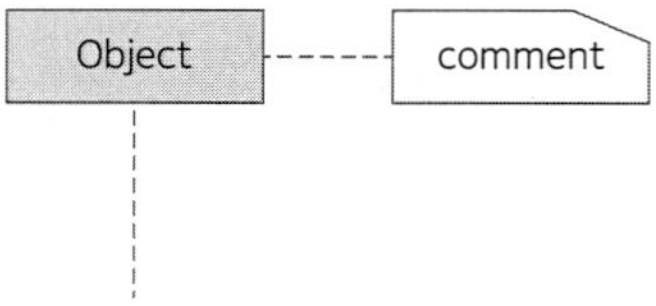

2 시퀀스 다이어그램 조합 프레그먼트(Combined fragments)

시퀀스 다이어그램에서 조건 흐름이나 반복과 같은 복잡한 상호작용을 구조화하기 위하여 메시지들을 그룹화하는 것으로 객체 간의 상호작용 섹션을 박스로 작성한다.

❖ 대체 조합 프래그먼트(Alternative Combination Fragment)

두 개 이상의 메시지 시퀀스 중에서 선택("if then else")을 모델링한다. 왼쪽 상단 프레임 이름 상자에는 프래그먼트 연산자(Fragment operator) 'alt'를 표시하고 프레임을 점선으로 나눈다. 그리고 테스트할 가드(guard) 조건을 가지는 상호작용 피연산자를 기술한다.

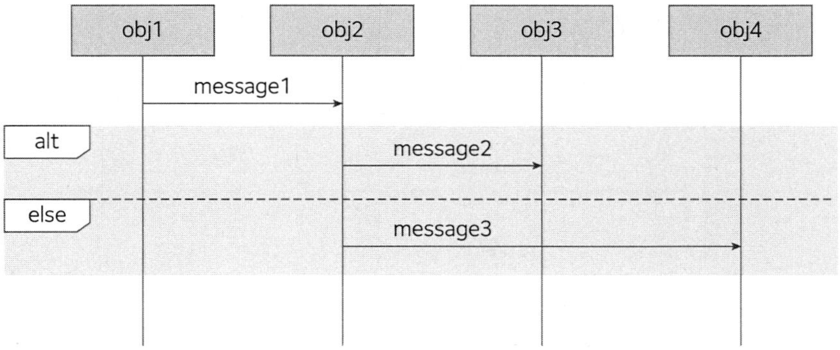

그림 2.14 대체 조합 프래그먼트

❖ 옵션 조합 프래그먼트(Option Combination Fragment)

특정 조건에서만 발생("if then")하는 순서를 모델링하는 것으로, 프레임 이름 상자에는 프래그먼트 연산자 'opt'를 표시한다.

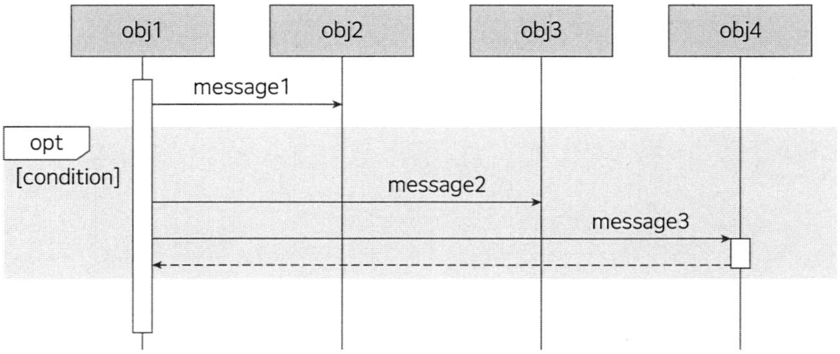

그림 2.15 옵션 조합 프래그먼트

❖ 반복 프레그먼트(Loop Fragment)

반복 프레그먼트는 반복 시퀀스를 표시하기 위한 것으로, 프레임 이름상자에 프레그먼트 연산자 'loop'로 표시한다. 주로 부울(boolean) 테스트나 최소/최대 반복을 테스트하는 데 사용한다.

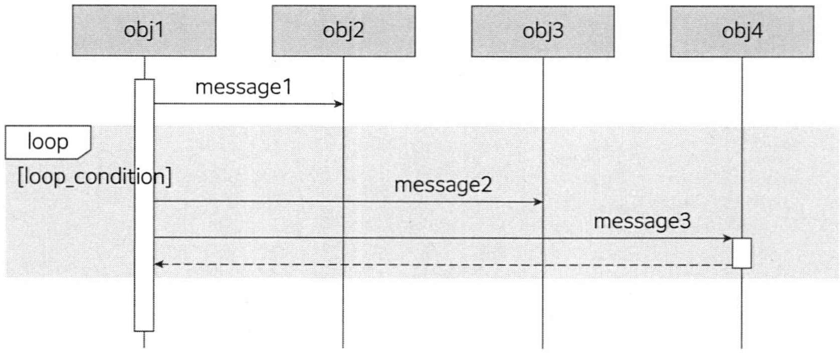

그림 2.16 반복 프레그먼트

❖ 참조 프레그먼트(Reference Fragment)

참조 프레그먼트는 특정 시퀀스 다이어그램의 일부를 다른 곳에서 재사용하거나 참조하는 것으로 규모가 큰 시퀀스 다이어그램을 관리하는 데 활용한다. 참조 프레그먼트는 프레임 이름상자에 'ref'를 넣고 프레임 영역에는 지정된 시퀀스 다이어그램의 이름을 기술한다.

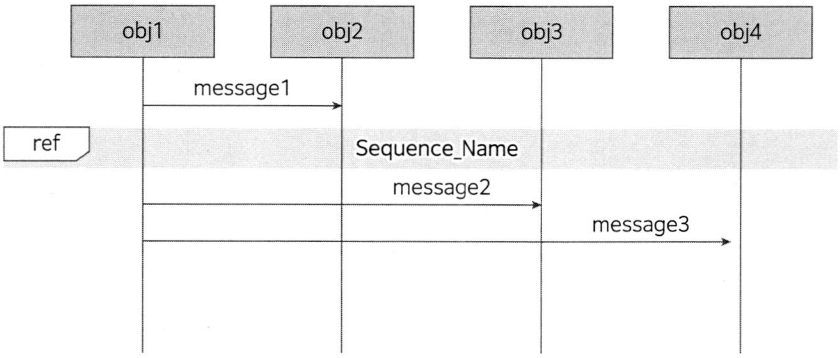

그림 2.17 참조 프레그먼트

3 시퀀스 다이어그램 작성 시 고려사항

시퀀스 다이어그램은 특정 유스 케이스의 시나리오나 이벤트 흐름을 기반으로 위로부터 아래로 상호작용 순서대로 모델링한다. 시퀀스 다이어그램의 작성 순서는 다음과 같다.

1. 유스 케이스 명세서로부터 객체를 식별한다.
2. 유스 케이스 실행과 관련된 단계를 나열한다.
3. 액터와 객체를 수평으로 나열한다.
4. 객체 사이에 전달할 메시지를 식별한다.
5. 객체 간의 메시지 호출을 시간 순서에 따라 기술한다.

시퀀스 다이어그램은 특정 시스템 기능에 대해 상호작용의 논리적 처리 과정을 동적으로 모델링하는 것으로 작성이 단순하고 이해하기 쉬워야 한다. 시퀀스 다이어그램을 작성할 때 고려사항은 다음과 같다.

- 유스 케이스의 본질을 파악하기 쉽도록 너무 큰 시퀀스 다이어그램은 여러 작은 시퀀스 다이어그램으로 분할하여 모델링한다.
- 일반적으로 시퀀스 다이어그램은 한 페이지 이내로 작성한다. 이때 시스템 기능을 이해할 수 있도록 작업을 어느 클래스에 포함시킬지에 대한 행위 할당(behavior allocation)을 명확하게 한다.
- 시퀀스 다이어그램 모델을 단순화하기 위하여 단순한 논리적 처리는 생략하고 처리가 복잡한 경우에만 작성한다.
- 너무 상세한 시퀀스 다이어그램은 이해하기 어렵기 때문에 불필요한 세부사항은 제거하고 유스케이스 시나리오를 포함시킨다.
- 가시성을 높이기 위하여 여러 객체와 메시지가 교차(across)하지 않도록 한다. 그리고 메시지 텍스트와 메시지 화살표 사이에 공백을 두지 않는다.

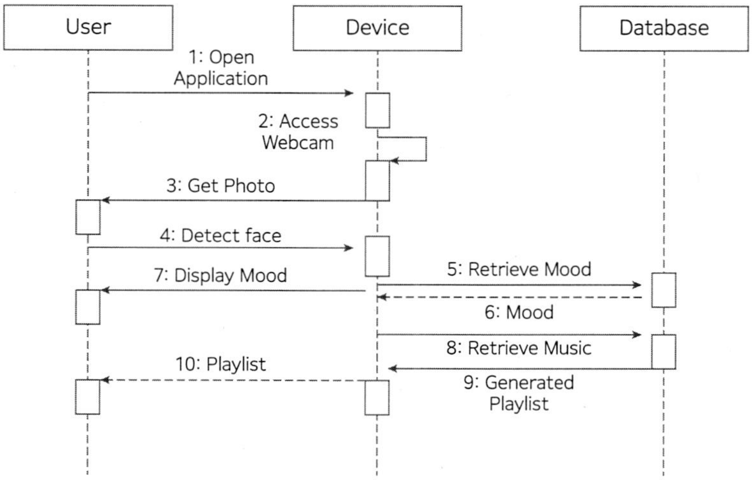

그림 2.18 시퀀스 다이어그램의 예

3.5 액티비티 다이어그램 기반 요구사항 모델링

액티비티 다이어그램(activity diagram)은 시스템의 동적 행위를 전달하는 데 중점을 두고 프로세스 및 워크플로우를 모델링한다. 여기에서 액티비티(activity)는 시스템의 특정 작업과 관련된 액션의 집합이고, 액션(action)은 수행할 태스크로 정의한다. 즉, 액티비티 다이어그램은 시스템 동작의 실행 및 흐름에 중점을 두고 초기 상태부터 최종 상태까지 순차적이고 동시적인 제어 흐름을 시각적으로 표현한다.

대부분의 다른 다이어그램들은 한 객체로부터 다른 객체로의 메시지 흐름을 수평적으로 모델링하지만 액티비티 다이어그램은 한 액티비티에서 다른 액티비티로의 제어 흐름을 수직적으로 모델링한다.

특히 액티비티 다이어그램은 비즈니스 프로세스를 동적으로 모델링하고, 유스케이스 다이어그램의 활동 단계를 시스템의 동적 특성으로 시각화하여 시스템을 구현하는 데 활용한다.

유스 케이스 다이어그램이 시스템의 기능을 설명하기 위하여 '무엇(what)'을 표시하는데 반해 액티비티 다이어그램은 조건, 순차 및 동시 활동을 나타내는 워크플로를 모델링하여 시스템에 대한 '방법(how)'을 보여준다.

또한 시퀀스 다이어그램은 동적 모델링을 기반으로 특정 기능 수행을 위한 시간적 순서를 표현하며 단일 유스 케이스에서 개체 간의 메시지 흐름을 보여주는데 반해 액티비티 다이어그램은 기능 모델링을 기반으로 시스템의 작업 흐름과 활동 간의 제어 흐름을 모델링하여 프로세스 실행을 표현한다.

표 2.10 시퀀스 다이어그램 vs. 활동 다이어그램

시퀀스 다이어그램 (Sequence diagram)	활동 다이어그램 (Activity diagram)
• 특정 기능을 수행하기 위한 호출 순서를 시각화 • 한 개체에서 다른 개체로의 메시지 흐름을 보여줌 • 동적 모델링 • 단일 유스 케이스에서 여러 객체의 행위를 기술 • 프로세스의 시간적 순서를 표현	• 시스템의 워크플로우를 모델링 • 한 활동에서 다른 활동으로의 제어 흐름을 보여줌 • 기능 모델링 • 여러 객체 및 유스 케이스에 대한 일반적인 행위 순서를 설명 • 프로세스 실행을 표현

1 액티비티 다이어그램의 구성 요소

액티비티 다이어그램은 노드, 흐름 및 기타 이벤트로 구성하며, 시스템에서 발생하는 특정 이벤트의 원인을 설명하고 활동들의 제어 흐름, 조건에 따른 분기, 동시 및 단일 등 다양한 흐름을 모두 포함하지만 메시지는 표시하지 않는다. 일반적인 구성 요소는 다음과 같다.

표 2.11 액티비티 다이어그램의 노드 유형

노드 유형	내용	표기
시작점/초기 상태 (start point/initial node)	프로세스나 워크플로우의 시작 전 초기 상태	
종료점/종료상태 (endpoint/final node)	모든 제어와 객체 흐름의 종료	
액션/액티비티 상태 (action or activity state)	프로세스를 구성하는 객체에 대한 또는 객체에 의한 행위나 작업	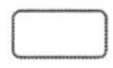
결정 노드 (decision node)	특정 조건에 의해 분기하여 대체 경로를 표현. 화살표 위에 조건을 레이블 표시	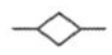
스윔레인(swim line)	액티비티 관련 활동을 하나의 열로 그룹화	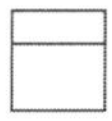
활동 흐름/ 제어 흐름 (action/control flows)	한 액티비티 상태에서 다른 액티비티 상태로의 전환이나 제어 흐름을 표시	
객체 흐름(object flow)	액티비티->객체: 액티비티가 객체를 생성하거나 영향을 주는 것을 표현 객체->액티비티: 액티비티가 객체 사용을 표현	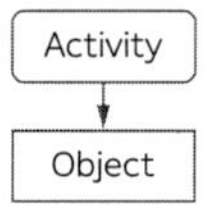
동기화 (Synchronization bar)	포크 및 결합 노드를 사용하여 활동 내에서 동시 플로우를 생성	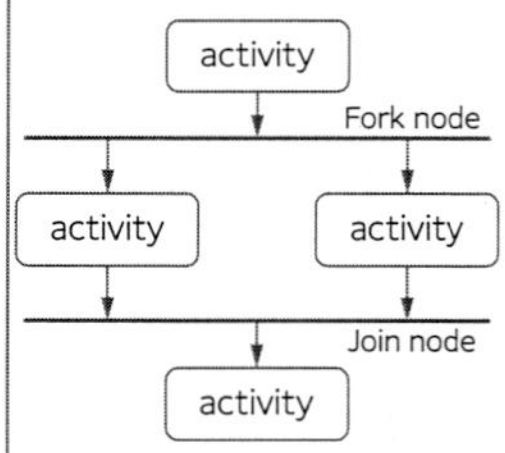

2 액티비티 다이어그램의 작성 고려사항

액티비티 다이어그램을 작성하기 전에 시스템이 수행하는 액티비티(기능)와 그들의 제약 사항 또는 조건들과의 연관 관계 등을 식별한다. 그리고 주요 요소가 식별되면 전체 흐름을 배치한다. 액티비티 다이어그램을 그리는 방법은 다음과 같다.

1. 초기 상태와 종료 상태를 식별한다.
2. 초기 상태부터 종료 상태에 도달하는 데 필요한 중간 활동을 식별한다.
3. 시스템이 제어 흐름을 변경하게 하는 조건이나 제약 조건을 식별한다.
4. 적절한 표기로 다이어그램을 그린다.

다음은 '주문관리 시스템'의 액티비티 다이어그램의 예를 보여준다.

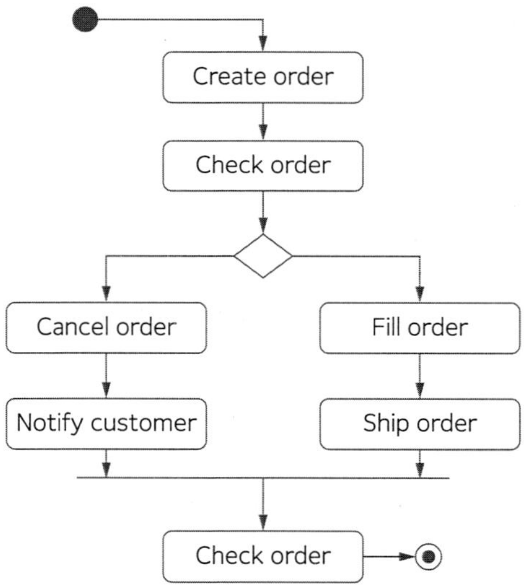

그림 2.19 주문 프로세스 액티비티 다이어그램

4 소프트웨어 요구사항 명세

4.1 소프트웨어 요구사항 명세 개요

소프트웨어 요구사항 명세는 시스템의 외부적인 특성을 문서화하는 과정으로, 소프트웨어 요구사항 명세서(SRS: Software Requirement Specification)는 개발자와 사용자가 합의한 시스템이 수행할 기능과 품질 그리고 구현과 관련되는 제약 조건 등을 명확하고 완전하고 상세하고 적절한 레벨로 체계적으로 정의한 문서이다.

소프트웨어 요구사항 명세서는 모든 시스템 이해관계자들 사이에 의사소통의 기준이 되며 고객과 개발자 사이에 목표와 기대를 제공하여 소프트웨어 시스템에 대한 개발 및 품질 보증의 기준선을 제공한다. 따라서 소프트웨어 요구사항 명세서 안에 요구사항을 정확하고 완전하게 정의하고 요구사항의 변경에 따른 지속적인 관리와 추적성 보장 등은 매우 중요한 활동이다.

1 소프트웨어 요구사항 명세 기준

소프트웨어 요구사항 명세서는 모든 이해관계자들 사이에서 의사소통과 개발 그리고 품질관리의 기준이 된다. 그래서 요구사항 명세서는 구조 측면에서 모든 이해관계자 간의 의사소통을 위하여 이해하기 쉽고 간결하게 작성하고, 요구사항 명세서에서 사용하는 용어를 정의하고 문서 안에 용어집을 포함한다. 그리고 대상 시스템에 따라 자연어, 모델이나 다이어그램 또는 정형언어 등 적절한 명세 기법을 사용한다.

개발을 위한 형식 기준으로는 모든 요구사항이 동등하게 처리되지 않기 때문에 상대적 중요도에 의한 우선순위를 부여하고 시스템 기능의 이해와 변경 영향분석을 위하여 계층적으로 구성한다. 요구사항 계층 구조는 비용과 위험 사이의 균형에 따라 결정한다. 또한 요구사항 변경(추가 또는 삭제) 시 재번호 기준을 제공한다. 그리고 품질관리 측면에서 유스 케이스 시나리오로부터 테스트가 가능한 수준까지 상세하게 기술한다.

요구사항 명세서 내용을 기준으로 할 때 요구사항은 시스템이 수행할 기능과 제약 조건 등을 명확히 기술한다. 그리고 데이터 정보는 요구사항으로부터 기능 규모 등의 획득이 가능하도록 지원한다.

또한 요구사항 검증을 위해 중요도, 품질 측정, 시험 방법 및 기준 등을 명시한다. 이때 요구사항 품질 속성은 시스템이나 도메인의 특징에 따라 적용한다.

IEEE 830에서는 좋은 소프트웨어 요구사항을 명세하기 위한 품질 특성을 다음과 같이 정의하였다.[5,10]

표 2.12 좋은 요구사항 명세 특징

품질 특성	개요
정확성 (correctness)	요구사항이 이해관계자의 니즈를 만족시킬 때 요구사항은 정확하다
명확성 (unambiguity)	이해관계자들이 요구사항을 한 가지 의미로만 해석할 때 요구사항은 명확하다.
완전성 (completeness)	모든 주요 요구사항이나 필요한 정보가 모두 작성될 때 요구사항은 완전하다.
일관성 (consistency)	요구사항이 다른 요구사항 및 다른 시스템이나 문서와 충돌하지 않으면 요구사항은 일관성을 가진다.
중요성/안정성 등급 (ranked for importance/stability)	요구사항들이 중요성이나 안정성에 따라 우선순위를 가진다.
검증가능성 (verifiability)	작성된 요구사항들의 성공 및 실패에 대해 소프트웨어가 요구사항을 충족하는지 확인할 수 있는 평가 기준과 내용을 기술하면 요구사항은 검증가능하다.
수정가능성 (modifiability)	요구사항들이 기존 구조와 형태를 유지하고 다른 요구사항에 영향을 최소화하며 변경할 수 있도록 기술하면 요구사항은 수정가능하다.
추적가능성 (traceability)	요구사항이 관련된 소스나 근거 또는 산출물이 명확하여 참조할 수 있으면 요구사항은 추적가능하다. 추적 유형은 개발 이전 단계로 추적하는 역방향 추적과 요구사항 문서에 의해 파생되는 모든 문서로 추적하는 순방향 추적이 있다.

출처: IEEE, 1998

2 소프트웨어 요구사항 명세서 템플릿

IEEE 830-1998 표준(IEEE Recommended Practice for Software Requirements Specifications)은 좋은 소프트웨어 요구사항 명세서를 작성하기 위한 권고안으로 요구사항 명세서 개요를 나타내는 서론과 프로덕트와 요구사항에 영향을 주는 요소와 관련된 총괄 기술 그리고 전체 소프트웨어 요구사항을 기술하는 세부 요구사항의 세 부분으로 구성된다.[5]

이 표준에서 세부 요구사항은 시스템 모드, 사용자 범주, 객체, 특징, 자극, 기능 계층구조 그리고 다중 구성 등의 소프트웨어 프로젝트 종류별 다양한 명세 형식들을 제공한다. 국내에서는 TTA 표준으로 "TTAS.KO-11.0022 소프트웨어 요구명세서 표준"이 제정되어 있다.[10]

표 2.13 IEEE 830-1998 소프트웨어 요구사항 명세 템플릿

1. 서론(Introduction) 1.1 목적(Purpose) 1.2 범위(Scope) 1.3 정의, 머리글자어, 약어(Definitions, Acronyms, and Abbreviations) 1.4 참고문헌(References) 1.5 개요(Overview)
2. 총괄기술(Overall Description) 2.1 제품의 개요(Product perspective) 2.2 제품의 기능(Product functions) 2.3 사용자 특성(User characteristics) 2.4 제약사항(General constraints) 2.5 가정과 의존사항(Assumptions and dependencies) 2.6 요구사항의 유보(Requirements appointments)
3. 세부 요구사항(Specific Requirements) 3.1 외부 인터페이스 요구사항(External interface requirements) 3.2 기능 요구사항(Functional requirements) 3.3 성능 요구사항(Performance requirements) 3.4 설계 요구사항(Design constrains) 3.5 소프트웨어 시스템 속성(Software system attributes) 3.6 기타 요구사항(Other requirements) Appendixes Index

또한 Volere(www.volere.org)에서는 요구공학 분야의 소프트웨어 실무 프로젝트와 컨설팅 그리고 연구 결과를 토대로 비즈니스, 과학 및 소프트웨어 시스템에 적합한 요구사항 명세 작성 지침을 제공한다. 전체 템플릿은 프로젝트의 개요와 제약사항, 기능 및 비기능 요구사항 그리고 프로젝트 이슈 등으로 구성되어 있다. 그리고 이 템플릿은 요구사항에 대한 체크리스트, 구조 및 추적성을 제공하고 전체 템플릿에는 내용, 동기, 사례 그리고 고려사항과 형식 등과 같은 하위 섹션의 내용을 포함한다. 전체 템플릿 구조는 다음과 같다.[11]

표 2.14 Volere 소프트웨어 요구사항 템플릿

PROJECT DRIVERS
1. The Purpose of the Product
2. The Stakeholders

PROJECT CONSTRAINTS
3. Mandated Constraints
4. Naming Conventions and Definitions
5. Relevant Facts and Assumptions

FUNCTIONAL REQUIREMENTS
6. The Scope of the Work
7. Business Data Model and Data Dictionary
8. The Scope of the Work
9. Functional Requirements

NON-FUNCTIONAL REQUIREMENTS
10. Look and Feel Requirements
11. Usability and Human Requirements
12. Performance Requirements
13. Operational and Environmental Requirements
14. Maintainability and Support Requirements
15. Security Requirements
16. Cultural Requirements
17. Compliance Requirements

PROJECT ISSUES
18. Open Issues
19. Off-the-Shelf Solutions
20. New Problems
21. Tasks
22. Migration to the New Product

23. Risks
24. Costs
25. User Documentation and Training
26. Waiting Room
27. Ideas for Solutions

4.2 소프트웨어 요구사항 명세서 구조

소프트웨어 개발 실패는 주로 불명확한 요구사항으로 인해 문제가 발생하기 때문에 초기부터 개발 범위 및 내용, 품질 목표 등을 명확히 설정하고 이를 요구사항 명세서에 반영하여야 한다.

그래서 요구사항 명확화를 중심으로 작성한 소프트웨어 요구사항 명세서는 다양한 이해당사자들이 요구사항을 쉽게 이해하고 추적할 수 있도록 하며, 명세된 요구사항을 통해 프로젝트 규모, 비용, 기간, 품질 정도를 예측할 수 있도록 한다. 그리고 요구사항 및 변경 기준선을 정의하고 요구사항을 명확하게 해석하도록 정형성을 지원한다.

요구사항 명확화를 위한 소프트웨어 요구사항 명세 템플릿은 전체 시스템 개발의 개요를 기술하는 부분과 기능 및 품질 요구사항 부분 그리고 기타 요구사항 부분으로 구성한다. 그리고 이 명세서는 사용성을 높이기 위하여 조직 및 프로세스 환경이나 특성에 따라 테일러링 하여 사용할 수 있으며, 명세서의 전체 구성은 다음과 같다.[12,13,14]

표 2.15 요구사항 명확화를 위한 소프트웨어 요구사항 명세 템플릿

1. SRS 소개 1.1 목 적 1.2 범 위 1.3 대 상 1.4 용어 정의 1.5 참고 문헌 2. 시스템 개요 2.1 시스템 개요 2.2 참여자 특성 2.3 시스템 전체 구조 2.4 비즈니스 이슈 2.5 일반 제약사항 2.6 가정과 유보사항 3. 기능 요구사항 3.1 기능 요구사항1 3.n 기능 요구사항n 4. 데이터 요구사항 4.1 데이터 구조 요구사항 4.2 데이터 관리 요구사항	5. 인터페이스 요구사항 5.1 시스템 인터페이스 요구사항 5.2 사용자 인터페이스 요구사항 6. 품질 요구사항 6.1 시스템 품질 요구사항 6.2 성능 요구사항 6.3 신뢰성 요구사항 6.4 사용성 요구사항 6.5 유지보수성 요구사항 6.6 이식성 요구사항 6.7 보안성 요구사항 7. 운영 요구사항 7.1 물리적 운영 요구사항 7.2 환경적 운영 요구사항 7.3 설치 요구사항 8. 제약사항 8.1 설계 및 구현 제약 8.2 표준 적합성 요구사항 8.3 법적 요구사항 8.4 조직의 문화적 요구사항 8.5 솔루션에 대한 고려사항

1 소프트웨어 요구사항 명세서 개요 부분

1. SRS 소개(Introduction to SRS)

소프트웨어 요구사항 명세서의 목적과 대상 범위 및 명세서를 참조하거나 사용할 독자 계층을 기술한다. 또한 소프트웨어 요구사항 명세서에서 사용되는 용어 리스트를 기술하고, 참조하거나 근거가 되는 문서 및 형상 정보 목록을 기술한다.

2. 시스템 개요(Overall Description of System)

개발할 시스템의 목적과 범위를 정의하고 목적 달성을 위한 개략적인 시스템 기능을 정의한다. 그리고 전체적인 개발 환경 및 제약사항 등을 정의한다.

2.1 시스템 개발 개요(The Overview of System Development)

개발할 시스템의 개략적인 개요와 특징을 기술한다. 이와 관련하여 개발할 시스템의 목표와 범위 및 시스템 특성을 기술한다. 그리고 시스템 운영 개념(SOC: System Operation Concept) 및 운영 환경(SOE: System Operation Environment) 등을 기술한다.

- 시스템 개발의 목적 및 개발 범위: 시스템의 문제 및 환경(As-is)과 개발할 시스템의 목표와 범위(To-be)
- 시스템의 특성: 새로운 시스템이 현재 구현 환경에서 발생시킬 수 있는 문제나 기존 시스템의 존재 여부 그리고 Legacy 시스템과 데이터의 개정 여부
- 시스템 운영 개념: 개발 시스템과 관련된 기존 시스템이나 인프라(기반 SW나 HW, DB 등)를 기술
- 시스템 운영 환경: 시스템의 전체 운영 환경과 특성

2.2 이해관계자 특성(Stakeholder Characteristics)

시스템과 관련된 이해관계자를 그룹으로 식별하고 그룹별 특성과 관점을 기술한다. 그리고 이들 그룹의 중요도, 영향도 및 참여도 등을 기술한다.

항목	핵심 기술 사항
이해관계자 그룹 이름	주요 이해관계자들을 역할별로 분류
이해관계자 특성	이해관계자 그룹의 경험, 기술 수준, 교육 및 훈련 정도 등의 일반적인 특성
이해관계자 관점	프로젝트에 대한 비즈니스 목표, 비즈니스/기술적 제약사항 및 품질 속성별 요구사항 기술
이해관계자 관계	비즈니스 목적에 대한 참여자 간의 상대적 중요도과 영향도 및 이해관계자들의 프로세스 단계별 참여 정도 기술

2.3 시스템 전체 구조(Overall System Structure)

개발할 소프트웨어가 수행할 주요 기능을 기술한다. 시스템 목표 달성을 위해 논리적인 기능그룹을 상위로 하고 상세 기능을 서브 기능으로 분할하여 전체 기능 구조를 나타내는 WBS(Work Breakdown Structure)를 작성한다.

- 비즈니스 프로세스(Business process): 시스템 목표 달성을 위해 정의된 범위 내에서 최상위 계층의 논리적 기능을 분해하여 기술
- 개략 프로세스(General process): 비즈니스 프로세스 목표를 달성하기 위하여 개략적인 핵심 기능(feature)으로 분해하여 기술
- 상세 프로세스(Detail process): 개략 프로세스들에 대해 데이터의 입·출력 관점에서 실행 가능한 상세 기능(function)으로 분해하여 기술

2.4 비즈니스 이슈(The Business Issues)

개발과 관련된 조직이나 참여자의 비즈니스 관점에서의 이슈를 기술한다.

- 참여자의 니즈와 기대 수준
- 개발 조직의 기술적 능력 및 수준
- 마케팅 상황(marketing context), ROI, profit 등
- 소프트웨어 개발 작업의 예상 일정, 예산 및 위험도 등

2.5 일반 제약사항(General Constraints)

소프트웨어 시스템 개발과 관련된 하드웨어 및 소프트웨어 제약사항, 시스템 구현 및 운영 환경 그리고 비즈니스 측면의 제약사항 등을 기술한다.

- 시스템 개발 제약사항: 하드웨어 제약, 다른 소프트웨어 애플리케이션 인터페이스, 개발에 사용될 필수 기술, 언어, 사용 도구, 애플리케이션의 임계값, 버전 넘버

- 소프트웨어 제약사항: 개발될 시스템과 상호작용하는 관련 애플리케이션을 사용할 때 야기되는 제약에 대한 정보를 제공
- 시스템 구현 및 운영 환경: 소프트웨어가 구현 및 설치/운영될 예상 작업 환경과 현재 시스템의 기술적/물리적 구현 환경
- 비즈니스 제약: 각종 규정, 정책 및 비즈니스 규칙 등을 기술

2.6 가정과 유보사항(Assumption and Appointments)

기술된 요구사항에 영향을 주는 외부 요인과 가정을 기술한다. 그래서 시스템 범위 또는 구현과 관련하여 개발에 영향을 주는 비즈니스 규칙과 외부 제약사항과 특정 환경에서의 가정을 정의한다.

- 필수적인 제약은 아니지만 시스템에 영향을 주는 외부 요인
- 개발 및 운영 환경에서 프로젝트 수행 팀/개발자에 의한 가정
- 불확실하거나 아직 결정되지 않은 문제(TBD: To Be Defined)
- 충돌 등으로 결정이 보류되거나 해결될 이슈 리스트(Open Issue)

2 기능 요구사항 부분

3. 기능 요구사항(Functional Requirements)

개별 기능이 입력을 받아 처리하고 결과를 제공하는 활동을 계층 구조를 가지고 상세한 수준으로 기술한다. 그래서 시스템이 요구하는 입력과 생성되는 출력 그리고 입력과 출력 사이의 관계를 정의한다.

- 입력 요구사항(External Input Requirement): 시스템에 입력될 모든 정보의 소스, 입력되는 내용, 시기 및 범위 등을 정의
- 질의 요구사항(External Query Requirements): 시스템에 저장된 정보, 하드웨어 및 소프트웨어 정보 그리고 다른 정보 소스로부터의 동적 정보 등을 정의

- 출력 요구사항(External Output Requirements): 시스템이 제공하는 모든 출력(데이터 또는 행위) 정보를 생성하기 위한 기능을 정의
- 데이터 처리 요구사항(Data transaction Requirements): 입력 정보를 처리하기 위한 수행 순서 및 비정상적인 상황에서의 응답 및 처리 방법 등을 정의

4. 데이터 요구사항(Data Requirements)

시스템 운영을 위해 필요한 데이터의 구축과 데이터의 보존 및 관리 방안에 대해 정의한다. 데이터 요구사항은 사용될 데이터의 논리적 구조 및 그들 간의 관계에 대한 데이터 구조 요구사항과 데이터 처리와 관련된 데이터 관리 요구사항을 기술한다.

4.1 데이터 구조 요구사항(Data structure Requirements)

시스템이 사용하는 논리적 데이터의 요소와 구조의 설계와 구축을 정의하고 데이터 항목 사이의 관계를 기술한다.

- 데이터 엔티티 정의: 객체/엔티티 정의서(데이터 엔티티의 이름, 목적, 유형, 속성, 중요도)
- 클래스/엔티티 간 관계 정의: 논리적 개체관계도(Entity-Relationship Diagram), 객체 모델(Class Diagram), 데이터 사전(Data Dictionary)
- 논리적 데이터베이스 구조: DB에 저장될 정보 내용, 데이터 구성 방법 및 정보의 형태

4.2 데이터 관리 요구사항(Data manipulation Requirements)

시스템에서 사용되는 데이터를 저장하고 보존하는 방법을 정의한다. 또한 데이터 품질과 관련된 비즈니스 규칙이나 데이터 제약사항을 기술한다. 그러나 저장하는 방법, 저장량에 대해서는 정의하지 않는다.

- 데이터 보존(Data Retention): 데이터 생성 이후의 보존 기간, 수정 주기

- 데이터 내역 관리(Data History Management): 시스템에서 발생하는 특정 유형 이벤트(DB 업데이트, 시스템 오류 탐지, 사용자 동작, 시스템 실행/종료, 한계 값 초과 등) 및 이벤트 정보(이벤트 발생 시간, 변경 값)
- 데이터 제약(Data Constraints): 데이터 요소의 최대 크기와 수, 데이터 재사용성, 무결성 제약 등 기술

5. 인터페이스 요구사항(Interface Requirements)

개발할 시스템과 시스템 범위 안에 존재하는 외부 시스템이나 엔티티 간의 인터페이스를 정의한다. 또한 사용자와 시스템 간의 논리적 인터페이스도 정의한다.

5.1 시스템 인터페이스 요구사항(System interface Requirements)

개발할 시스템과 연동될 외부 시스템이나 컴포넌트 간의 인터페이스의 내용을 정의한다. 이 요구사항은 개발 소프트웨어와 다른 소프트웨어, 하드웨어 구성요소 및 프로토콜이나 외부 통신 장비 간의 인터페이스에 관한 항목과 논리적 특성 등을 기술한다. 그러나 소프트웨어 내부 시스템과 관련된 인터페이스는 적용하지 않는다.

5.2 사용자 인터페이스 요구사항(User interface Requirements)

사용자와 시스템 간 GUI 인터페이스의 논리적 특성과 사용 최적화를 위한 특성을 기술한다.

- 사용 웹 브라우저 등 사용자 인터페이스 방법, 속성 및 구현 제약사항 등
- 화면/윈도우 형식 및 구성 등의 소프트웨어 형상 특성
- 데이터/명령어 형식, 사용 가능/불가능 등의 인터페이스 속성
- 인터페이스 구현 제약사항

3 품질 요구사항 부분

6. 품질 요구사항(Quality Requirements)

시스템이 달성할 품질 목표 및 관련된 품질 속성 그리고 품질 속성 간의 관계를 기술한다. 이를 위하여 상위 개념의 시스템 목표를 설정하고 계층적으로 세부 목표 간의 관계를 표현한다.

6.1 시스템 품질 요구사항(System quality Requirements)

시스템이 달성할 품질 목표와 관련된 품질 속성을 정의하고 품질 속성 간의 관계를 기술한다.

- 품질 목표: 비즈니스 목표, 시스템 특성, 사용자 유형 그리고 상위 시스템 요구사항에 따라 전체 시스템 품질 목표와 세부 목표를 기술
- 품질 속성 관계: 품질 목표에 따라 품질 속성을 정의하고, 품질 속성 간의 충돌 방지를 위해 상호 의존도에 따라 상대적 우선순위 정의
- 기능별 품질 목표: 개별 기능과 관련된 품질 속성의 목표치를 정의

6.2 효율성 요구사항(Efficiency Requirements)

시스템이 특정 조건에서 요구된 성능을 제공할 수 있도록 시간, 속도 및 자원에 대해 계량적으로 기술한다.

- 시간 효율성(Time efficiency): 시스템이 특정 조건에서 기능을 수행할 때 필요한 시간(응답 시간, 반응 시간, 전송 시간 등)을 정의
- 처리 효율성(Processing efficiency): 시스템이 특정 조건에서 특정 기능을 수행하는 비율(throughput)이나 동시 또는 최대로 처리해야 하는 목표 양(사용자, 트랜잭션)을 정의
- 자원 효율성(Resource efficiency): 시스템이 특정 조건에서 기능 수행에 필요한 자원의 종류와 목표 양을 정의 (메인 메모리 점유율, CPU 부하율, 입출력 자원 사용률)

6.3 신뢰성 요구사항(Reliability Requirements)

시스템 운용 환경에서 특정 조건과 기간 동안 일정 수준 이상의 성능을 지속시키기 위해 제공해야 할 가용성, 오류 허용성 및 복구성과 관련된 요소들을 기술한다.

- 가용성(Availability): 시스템이 결함 없이 완전한 기능을 수행할 수 있는 시간(가용시간, 평균 사용가능 시간(MTTF), 평균 무고장 시간(MTBR))을 정의
- 오류허용성(Fault Tolerance): 시스템이 일정 운용시간 동안 장애가 발생하는 것을 허용하는 정도를 신뢰도 수준으로 정의
- 복구성(Recovery): 시스템이 결함 발생 이후 정상 동작할 때까지 제공할 서비스 수준과 장애처리 및 백업 처리를 기술

6.4 사용성 요구사항(Usability Requirements)

사용자가 특정 조건에서 시스템을 쉽게 운용하거나 시스템 사용법을 쉽게 배울 수 있도록 이해성, 학습성, 운영성과 관련된 요구사항을 기술한다.

- 이해성(Understandability): 사용자가 시스템의 개념과 활용 방법을 이해하고 문제 발생 시 해결을 위한 진단 기능과 해결 방안(에러 메시지 제공 등)을 기술
- 학습성(Learnability): 사용자가 시스템 기능의 사용법을 배우는 데 필요한 속성 (사용자 도움말 접근, 기능 매뉴얼 제공 등)
- 운영성(Operability): 사용자가 작업을 효과적으로 수행하고 운영할 수 있도록 시스템 사용에 영향을 미치는 속성(GUI 화면, 메뉴 방식, 리포트 서식, 사용 조작, 시스템 접근 가능성 등)을 기술

6.5 유지보수성 요구사항(Maintainability Requirements)

시스템의 변경이나 문제 발생 시 해결을 위하여 영향을 파악하고 주어진 기간 안에 특정 조건을 유지하거나 변경시킬 요소들을 기술한다.

- 변경성(Changeability): 시스템에 변경이나 업그레이드 등이 발생할 때 변경 요청 처리, 릴리즈 기간과 형태, 유지보수 절차를 기술
- 안전성(Stability): 시스템에 문제나 결함이 발생할 때 진단과 해결 절차를 기술

6.6 이식성 요구사항(Portability Requirements)

새로운 환경에 쉽게 적응할 수 있도록 시스템을 설치하거나 운용이 가능한 다른 플랫폼이나 환경 또는 기존 시스템이나 정보와의 상호운용성을 기술한다.

- 설치성(Installability): 새로운 시스템을 설치하거나 물리적 운영을 위하여 필요한 시스템 장비와 지원 기술을 정의 (운영 시스템, 운영에 연동되는 기술 등)
- 적응성(Adaptability): 시스템을 다른 환경에 설치하거나 적용할 수 있도록 이식 가능한 다른 하드웨어나 시스템에 대한 정보를 기술 (이식 가능한 하드웨어 또는 운영체제, 설치 방법)
- 상호운용성(Interoperability): 공통 자원을 공유하는 환경에서 운영 시스템과 연동되거나 호환될 정보를 기술 (호환 대상 시스템, 호환 내용)

6.7 보안성 요구사항(Security Requirements)

시스템 및 데이터를 인가받지 못한 접근으로부터 보호하기 위하여 기밀성, 무결성과 관련된 요구사항을 기술한다.

- 기밀성(Confidentiality): 인가되지 않은 접근으로부터 데이터나 서비스를 보호하기 위하여 사용자 인증과 접근 권한 제어 요소를 기술 (사용자 인증, 인증 실패 시 처리, 사용자 접근권한 제어)
- 무결성(Integrity): 데이터나 서비스가 시스템 공격에 대한 데이터 보호와 복구 방법을 기술 (접근 허가/거부, 사용자 접근/변경 Log 기록, 복구 방법)

4 기타 요구사항 부분

7. 운영 요구사항(Operational Requirements)

시스템을 효과적으로 설치 및 운영할 수 있도록 하드웨어와 다른 장비를 기술하고, 사용자 교육과 관련된 요구사항을 기술한다.

- 기술 요구사항(Technical Requirements): 시스템을 설치 및 운영할 때의 물리적 환경과 관련된 하드웨어, 소프트웨어 및 통신/네트워크 기술이나 자원을 기술
- 사용자 문서 요구사항(User Document Requirements): 시스템을 사용하거나 운용할 인원의 기술 수준과 역할에 따른 사용자 문서의 종류와 교육 훈련 내용을 기술

8. 제약사항(Constraints)

시스템의 개발이나 운영과 관련된 기술적 제약사항이나 표준 적합성 관련 요구사항을 기술한다.

- 기술 제약사항(Technical constraints): 시스템 설계, 구현 및 설치와 관련된 제약사항과 문제 해결 방법에 대한 제약을 기술
- 표준 적합성(Standard compliance): 시스템 개발 시 준수해야 할 표준이나 법규, 해당 도메인 및 조직의 내규 등을 기술

종류	내용
기술 제약사항	• 시스템 개발 제약사항 - 특정 SW, HW, DB, 프로그래밍 언어, 도구 사용 제약 - 특정 아키텍처, 설계, 구현 또는 데이터 표준 사용 - 다른 소프트웨어와의 인터페이스 제약 • 시스템 구현 및 운영 환경 제약사항 - 소프트웨어가 구현 및 설치/운영될 작업 환경의 제약 - 현행 시스템과 연계나 기존 데이터와의 호환 및 개정 • 비즈니스 제약사항 - 각종 규정, 정책 및 비즈니스 규칙 등 - 서비스 수준 계약(SLA: Service Layer Agreement)

종류	내용
표준적합성 요구사항	• 도메인 기술 표준 제약사항 - 제정기관, 표준 이름 및 버전, 표준 목적 - 사실 표준, 공식 표준, 조직의 규칙, 산업 규칙 • 법적 제약사항 - 제정기관, 법규 이름 및 조항, 법규 목적 - 법규 종류 : 법규, 산업 도메인 규칙, 기업 내규 • 조직의 정책 제약사항 - 데이터 접근 및 보안, 변경관리, 마이그레이션 정책

4.3 소프트웨어 요구사항 명세 내용

소프트웨어 요구사항 명세서에 기술되는 각 요구사항은 식별 정보, 내용 정보, 속성 정보, 데이터 정보, 검증 및 추적 정보를 기술한다.

❖ 요구사항 식별 정보

요구사항 식별 정보(Requirement Identification information)는 요구사항 번호(RID), 이름, 유형, 요구사항 처리 상태, 문서 버전, 작성자/승인자, 작성일/변경일 그리고 요구사항과 관련된 이해관계자 그룹을 기술한다.

요구사항 식별자(RID)는 요구사항 유형과 순차 번호를 조합하여 작성한다. 만일 개발과정에서 요구사항이 삭제되는 경우 해당 번호를 다른 새로운 요구사항에 부여하지 않는다. 그리고 요구사항 명세서에 요구사항은 핵심 기능(feature)이나 상세 기능(function) 단위로 작성한다. 그래서 요구사항 이름은 단위 요구사항이 아닌 핵심 기능이나 상세 기능 요구사항 이름을 기술한다.

요구사항 유형은 조직이나 개발 도메인의 특성에 따라 선택한다. 일반적으로 기능, 데이터, 인터페이스, 품질, 운영 요구사항 및 제약사항으로 분류한다. 또한 요구사항 처리 상태는 미정의(TBD: To Be Defined), 제안, 정의, 검토, 합의, 승인, 거부, 삭제 등으로 분류한다.

❖ 요구사항 내용 정보(Requirement Contents information)

요구사항 내용 정보는 계층적으로 구성하여 각 핵심 기능에 대한 상세한 기능이나 품질관련 요구사항을 작성한다. 이때 요구사항은 다음과 같은 형식으로 기술한다.

> 시스템은 〈운영 조건〉에서 〈대상 객체〉에 대해 〈성능/품질〉을 만족하는 〈기능〉을 제공해야 한다.

❖ 데이터 정보(Requirement Data information)

요구사항을 통한 시스템 규모와 비용 측정을 위해 데이터 종류와 파일 유형을 기술한다. 그래서 입력 및 출력되는 데이터의 내용을 정의하고 외부입력, 외부출력 또는 외부 조회 등의 입출력 유형을 기술한다. 그리고 입출력 데이터를 저장할 관련된 내부 논리 또는 외부 연계 데이터 파일 유형을 기술한다.

❖ 요구사항 속성 정보(Requirement Attribute information)

요구사항 품질 속성 요소(기능성, 신뢰성, 사용성, 효율성, 이식성, 유지보수성, 보안성)와 응낙 수준(필수/조건/선택), 우선순위, 중요도, 위험도(상/중/하, 0~9)를 기술한다.

❖ 요구사항 검증 정보(Requirement Verification information)

개발 시스템의 품질관리를 위한 기준을 설정하기 위하여 관련된 품질 속성을 기술한다. 또한 요구사항을 기준으로 테스트 케이스를 작성하기 위하여 평가내용과 평가 방법을 정의하고 평가 기준을 기술한다.

❖ 요구사항 추적 정보(Requirement Traceability information)

요구사항 사이의 추적을 위해 관련된 다른 기능이나 품질 요구사항 정보를 기술한다. 또한 요구사항과 관련된 근거나 소스에 대한 역방향 추적을 위한 정보와 개발과정을 추적하기 위해 요구사항과 관련된 산출물에 대한 순방향 추적을 위한 정보를 기술한다.

표 2.16 개별 요구사항 속성 정보

요구사항 번호	SMR-003	요구사항 이름	비밀번호 등록
처리상태	승인	버 전	Rel 1.0
작성자/승인자	김요구	작성/변경일	2020.10.20
이해관계자	시스템관리자, 개발자, 품질관리자, 테스터		
요구사항 유형	기능 요구사항		
요구사항 내용	1. 사용자는 비밀번호 입력창에서 신규 회원의 비밀번호를 확인을 위하여 2번 입력해야 한다. 2. 시스템은 입력된 비밀번호를 회원정보 DB에 저장해야 한다. 3. 저장된 비밀번호는 암호화되어야 한다.		
입력 데이터	비밀번호	출력 데이터	암호화된 비밀번호
입출력 유형	외부 입력(EO)	데이터파일 유형	내부파일(회원정보 DB)
응락수준	필수	우선순위	상
중요도	상	위험도	중
품질속성	보안성, 효율성, 신뢰성, 사용성		
평가방법	1. 비밀번호를 입력하고 화면에서 입력된 내용을 확인할 수 없도록 결과가 출력되는지를 확인한다. 2. DB 안에 저장된 비밀번호가 암호화되었는지를 확인한다.		
평가기준	기능 구현의 완전성, 기능 구현의 정확성, 접근 통제 가능성, 인터페이스의 정확성		
관련요구사항	SMR-010		
관련 근거		관련 산출물	

4.4 소프트웨어 요구사항 추적

1 소프트웨어 요구사항 변경

소프트웨어 요구사항은 개발과정에서 거의 변경되지 않고 유지되는 정적 요구사항(static requirements)과 불안정하고 고정되지 않아 개발과정 동안 변경을 발생시키는 동적 요구사항(dynamic requirements)으로 구분한다. 이러한 동적 요구사항은 휘발성(volatility) 특성을 가지며 소프트웨어 개발 프로세스 중 가장 중요한 문제 중 하나인 요구사항 변경을 발생시킨다. 특히 요구사항 변경은 소프트웨어 시스템의 성능이나 프로젝트 일정 및 예산에 중대한 영향을 미친다. 연구에 따르면 초기에 정의된 요구사항의 50% 이상이 구현 이전에 변경되고, 변경 요청의 86%가 요구사항 휘발성과 관련이 있는 것으로 나타났다.[15]

다음 표는 미국에서 전체 소프트웨어를 웹 시스템, MIS 시스템, 아웃소싱 시스템, 상업용 시스템, 시스템 소프트웨어 및 군사용 시스템 등 6개로 분류하고 각 시스템의 월별 요구사항 변경 발생율과 평균 개발기간을 곱하여 총 요구사항 변경율을 조사하였다. 그 결과 평균적으로 약 20~50%에 해당하는 변경이 발생하는 것으로 나타났다.

표 2.17 월간 요구사항 변경율(%)

	Web	MIS	Outs	COT	Sys	Mil
월간변경율	4.00	2.50	1.50	3.50	2.00	2.00
개발기간	6.00	12.00	14.00	10.00	18.00	24.00
총변경률	24.00	30.00	21.00	35.00	36.00	48.00

출처: Crosstalk, 2005

요구사항 휘발성은 "새로운 요구사항을 발생시키거나 기존 요구사항을 수정 또는 제거하는 특성"으로 정의한다. 즉, 요구사항 휘발성은 시스템 개발 생명주기 동안 요구사항을 추가, 삭제 및 수정하는 것으로 이러한 요구사항이 변경되는 요인은 대부분 정부 규정이나 조직 정책, 시장 경쟁, 법적·기술적 요소의 변경으로 인한 비즈니스 환경의 변화와 요구사항 결함이나 충돌, 누락된 요구사항의 해결, 사용자 및 기술 요구사항의 진화, 개발 인원의 누락, 비용 변경 등으로 인한 개발 환경의 변화로 인해 발생한다.

이러한 요구사항 변경은 필연적으로 소프트웨어 설계, 구현 등의 단계에서 재작업이나 추가 작업을 요구함으로써 시스템 개발 비용과 시간을 증가시키고, 또한 시스템의 결함 밀도를 증가시켜 품질을 저하시켜 프로젝트 실패를 가져올 수 있다. 특히 개발 후반 단계에서 발생하는 요구사항 휘발성은 분석 단계에서 요구사항 변경을 구현하는 것보다 100~200배 더 많은 노력을 요구한다. 따라서 소프트웨어 개발과정에서 요구사항 변경은 주의 깊게 추적 및 관리해야 한다.

표 2.18 SDLC 단계별 평균 결함처리비용

단계	평균 결함 처리 비용	정규화 값
요구사항	$139	1
설계	$455	3
코딩	$1,000	7
테스팅	$7,000	50
Production	$14,000	100

출처: Caper Jones

2 소프트웨어 요구사항 추적

소프트웨어 요구사항 추적(Requirements Traceability)은 요구사항 사이의 종속성 및 요구사항과 관련 산출물 간의 할당과 변경영향을 추적하기 위해 개별적 요구사항과 다른 시스템 요소 사이의 논리 링크를 기록하는 과정이다. 즉 정의된 소프트웨어 요구사항과 소프트웨어 개발 생명주기 각 단계별 산출물의 내용이 일치하는지를 확인하고 또한 요구사항 변경으로 인한 영향을 최소화하고 일관성을 확보하기 위하여 소프트웨어 요구사항 명세서를 기준으로 비즈니스 목표 등의 요구사항과 소스와 명세서에서 파생된 모든 개발 산출물과의 추적관계를 유지한다. 그래서 명세된 요구사항과 관련되는 모든 개체들이 유기적으로 연결될 수 있도록 개체들 간의 추적 테이블이나 추적트리를 통하여 추적성을 관리한다.

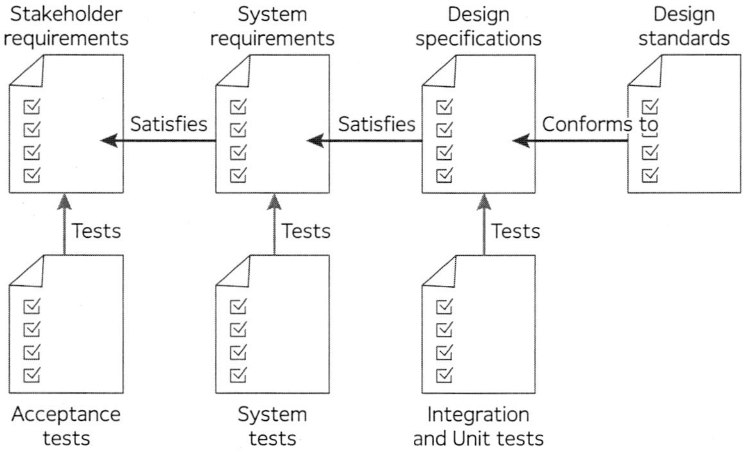

그림 2.20 요구사항 추적 관계

이러한 추적은 특히 요구사항 관리 도구를 사용하여 효과적으로 관리할 수 있다.

요구사항 추적은 추적 방향에 따라 제품 특징, 비즈니스 유스 케이스 또는 비즈니스 규칙과 같은 요구사항의 근원으로의 역방향 추적과 요구사항으로부터 파생하여 만들어지는 설계, 코드와 테스트로의 순방향 추적으로 나누어진다.

- 역방향 추적(backward trace): 소프트웨어 요구사항을 정의하는 근거나 비즈니스 규칙에 해당하는 이전 단계의 산출물을 연결하여 요구사항에 지정되지 않은 작업의 추가 여부를 통해 프로젝트 범위 확장을 확인한다.
- 순방향 추적(forward trace): 소프트웨어 개발이 원하는 방향으로 올바르게 진행되는지 확인하기 위하여 소프트웨어 요구사항 명세서를 기준으로 이후 분석, 설계, 구현, 시험의 각 단계별로 생성되는 산출물을 연결한다.

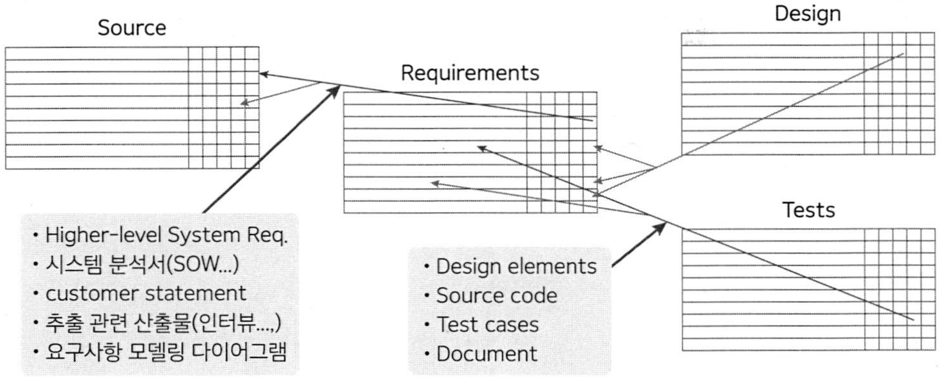

그림 2.21 요구사항 추적 테이블

3 소프트웨어 요구사항 추적 매트릭스

소프트웨어 요구사항 추적 매트릭스(RTM: Requirements Traceability Matrix)는 요구사항 사이의 종속성 및 요구사항과 관련 산출물 간의 할당과 변경 영향을 추적하기 위해 작성한다. 즉 정의된 소프트웨어 요구사항과 소프트웨어 개발 생명주기 각 단계별 산출물의 내용이 일치하는지를 확인한다. 그리고 요구사항 변경으로 인한 영향을 최소화하고 일관성을 확보하기 위하여 소프트웨어 요구사항 명세서를 기준으로 비즈니스 목표 등의 요구사항과 소스와 명세서에서 파생된 모든 개발 산출물과의 추적 관계를 유지한다. 그래서 명세된 요구사항과 관련되는 모든 개체들이 유기적으로 연결될 수 있도록 개체들 간의 추적 테이블이나 추적트리를 통하여 추적성을 관리한다.

요구사항 추적 테이블은 다음과 같은 규칙에 따라 작성한다.

- 모든 기능 요구사항은 하나 이상의 유스 케이스를 가져야 한다.
- 클래스와 컴포넌트는 하나 이상의 기능 요구사항을 포함해야 한다.
- 합의에 의해 범위에서 제외된 요구사항도 삭제하지 않고 범위 여부의 OUT으로 명시한다
- 범위에 속한 모든 요구사항은 하나 이상의 인수기준 ID를 가진다.

- 단계가 병렬적으로 진행되어 선/후행관계에 있는 산출물이 병행하여 개발될 경우, 요구사항 기술서를 가장 먼저 작성하여 추적 테이블의 기준으로 한다.
- 시스템에 따라 산출물이 선택적으로 제작될 경우, 요구사항 추적테이블의 필수 기준인 요구사항 ID와 유스 케이스를 필수항목으로 한다.

요구사항 추적 매트릭스는 순방향 및 역방향으로 추적하여 그 일관성과 완전성을 확인한다. 즉, 요구사항 명세서를 기준으로 개별 요구사항의 출처와 관련된 소스나 근거로 역방향 추적하고, 요구사항 명세서의 개별 요구사항과 관련된 소프트웨어 개발 생명주기 단계별 산출물 정보로 순방향 추적을 한다. 그래서 요구사항 추적 매트릭스는 비즈니스 요구사항–사용자 요구사항 – 소프트웨어 요구사항 – 구조 설계 – 상세 설계 – 구현 – 테스트의 각 요소 정보를 저장하고 이들 간의 추적 관계를 관리한다.[16,17]

표 2.19 소프트웨어 요구사항 추적 매트릭스 예

소프트웨어 요구사항 추적표(Software Requirement Traceability Matrix)

RID	요구사항 이름	요구사항 소스 ID	분석 모델 ID	설계 문서 ID	소스 모듈 ID	TC ID
FR-03	비밀번호등록	회의록-81	DFD- 003	SC- 003	FM- 003	TC- 003

신뢰성 있는 추적 데이터는 정확하고 완전하게 소프트웨어를 개발하고 관리할 수 있도록 하고, 변경을 방지함으로써 개발 비용과 시간을 줄여 생산성을 향상시킨다. 그래서 요구사항 추적 테이블은 다음과 같은 기준으로 검증한다.

- 각 사용자 요구사항이 주요 단계별 개발 산출물과의 추적 관계가 정의되었는가?

- 요구사항 추적 테이블에 기재된 산출물을 형상관리 절차를 통해서 확보할 수 있는가?
- 각 사용자 요구사항이 주요 단계별 개발 산출물에 반영되었는지를 확인할 수 있도록 추적 관계가 구체적인가?
- 산출물의 변경 시 관련된 산출물과의 추적성을 정확하게 갱신하였는가?
- 요구사항 추적표의 정확성을 품질보증 활동을 통해서 검토하였는가?

참고문헌

1. ISO/IEC/IEEE 29148:2018, "Systems and software engineering – Life cycle processes – Requirements engineering", 2018
2. NIPA, "공공SW사업 제안요청서 작성을 위한 요구사항 상세화 실무 가이드라인", SW발주기술지원센터, 2018
3. IIBA, "BABOK V3 A Guide to the Business Analysis Body Of Knowledge", 2015
4. The Standish Group, "CHAOS Report", www.standishgroup.com, 2018
5. IEEE 830–1998, "IEEE Recommended for Software Requirement Specification", 1998
6. ISO/IEC/12207–2008, "Systems and software engineering – Software Life cycle processes", 2008
7. K.Wieger, Software Requirement Management 2nd Ed. 2003
8. Grady Booch, The Unified Modeling Language User Guide 2nd Ed., Addison–Wesley, 2005
9. Scott. W. Ambler, The Object Primer: Agile Model–Driven Development With Uml 2.0 3rd Edition, Cambridge University Press, 2004
10. TTAS.KO–11.0022, "소프트웨어 요구사항 명세서 표준", 한국정보통신기술협회, 2000
11. Volere, "Volere Requirements Specification Template", www.volere.org
12. TTAK.KO–11.0112, "소프트웨어 품질 요구사항 작성 지침", 한국정보통신기술협회, 2011
13. TTAK.KO–11.0091, "소프트웨어 요구사항 명세 품질 평가 지침", 한국정보통신기술협회, 2009
14. TTAK.KO–11.0103, "소프트웨어 요구사항 품질 평가 항목", 한국정보통신기술협회, 2010

15. Khloud Abd Elwahab, Mahmoud Abd EL Latif, Sherif Kholief, "Identify and Manage the Software Requirements Volatility", International Journal of Advanced Computer Science and Applications, Vol. 7, No. 5, 2016
16. DoE, "Requirements Traceability Matrix", U.S. Department of Energy, 2002
17. STSC, "CSAM Handbook Requirement Engineering", US. Dep. of The Air Force, 2003
18. Alistair Cockburn, "Writing Effective Use Cases 2nd Ed.", Addison Wesley, 2000

C H A P T E R

3

소프트웨어 시스템 설계

CONTENTS

1 소프트웨어 설계

1.1 소프트웨어 설계 개요

소프트웨어 설계는 시스템 또는 컴포넌트의 아키텍처, 컴포넌트, 인터페이스 및 기타 특성을 정의하는 프로세스로, 사용자 중심의 소프트웨어 요구사항을 프로그래밍 언어로 구현할 수 있도록 개발자 중심의 구체적이고 상세한 시스템 요구사항으로 변환하는 과정이다.[1,2] 즉, 요구사항 정의 활동은 문제 영역에 초점을 두지만, 소프트웨어 설계는 문제를 솔루션으로 변환하는 과정에 초점을 둔다.

소프트웨어 설계 단계에서는 최종 시스템이 요구하는 기능적, 품질적 요구사항을 만족시키기 위해 "어떻게 구현할 것인가"에 대한 전략적, 전술적 결정을 하기 위하여 비즈니스 및 사용자 요구사항과 기술적 고려 사항을 모두 고려하여 시스템을 구성한다.

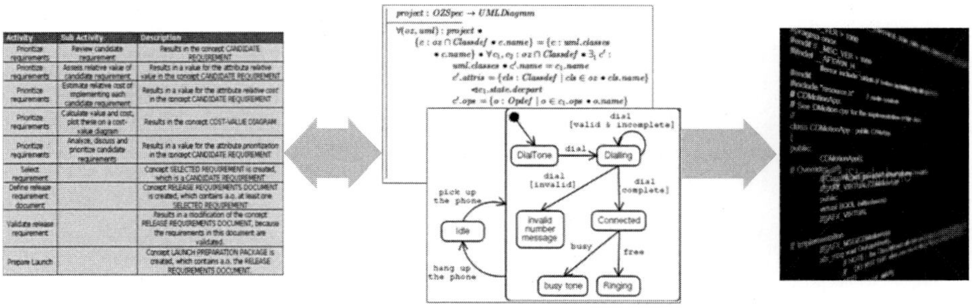

Requirements Design model Code

그림 3.1 소프트웨어 개발 생명주기에서의 설계 단계

이러한 소프트웨어 설계 프로세스는 소프트웨어 요구사항 분석과 소프트웨어 구축 사이에 적합한 소프트웨어를 컴포넌트로 분해하고 해당 컴포넌트 간의 인터페이스를 정의하는 소프트웨어 아키텍처 설계와 구성 컴포넌트를 상세 수준으로 기술하는 상세 설계의 두 가지 활동으로 구성한다.[3]

❖ 소프트웨어 아키텍처 설계(Software Architectural Design)

시스템의 최상위 레벨 설계로 소프트웨어 시스템과 데이터를 추상화하고 단일 엔터티 다중 컴포넌트(single entity–multiple component) 설계 개념을 기반으로 전체 구조와 컴포넌트를 식별한다. 그리고 컴포넌트 사이의 인터페이스와 데이터 연결을 정의한다.

❖ 소프트웨어 상세 설계(Software Detailed Design)

시스템 및 서브시스템의 구현을 위하여 각 컴포넌트를 구체화하며 데이터 설계, 사용자 인터페이스 설계 그리고 컴포넌트 설계 등을 한다. 그래서 컴포넌트 내부의 알고리즘과 자료구조를 상세하게 설계하고, 다른 모듈과의 인터페이스를 위한 논리적 구조를 정의한다.

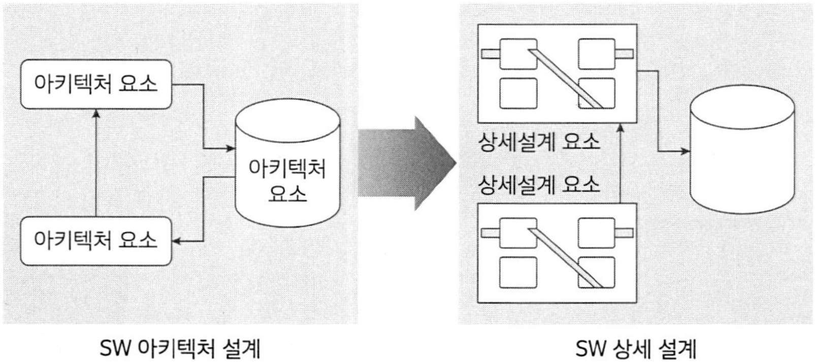

그림 3.2 소프트웨어 설계 프로세스

한편 소프트웨어 설계 모델은 시스템을 구현하는 데 필요한 소프트웨어 데이터 구조, 아키텍처, 인터페이스 및 컴포넌트에 대한 세부 정보를 제공한다. 그래서 전체 소프트웨어 설계 명세를 개발하기 위해서 다음의 네 가지 설계 모델을 생성한다.

표 3.1 소프트웨어 설계 모델

종류	내용
데이터 설계	다른 모든 설계 모델의 기반이 되며, 소프트웨어 분석에서 식별된 데이터 개체의 엔티티와 속성 그리고 그들 간의 관계로 모델링하고 소프트웨어를 구현하기 위한 데이터 구조를 지정한다.
아키텍처 설계	소프트웨어를 구성하는 컴포넌트들과 이들의 외부적 특성, 설계 패턴, 아키텍처 스타일 및 아키텍처 구현 방식에 영향을 미치는 요소 간의 상호작용 및 관계를 지정한다.
컴포넌트 레벨 설계	소프트웨어 아키텍처 설계에서 식별된 컴포넌트들의 인터페이스, 알고리즘, 데이터 구조 및 통신 방법 등을 상세한 수준으로 정의한다.
인터페이스 설계	사용자가 소프트웨어에서 정의된 모든 작업을 수행할 수 있도록 인터페이스 개체, 작업 및 화면을 정의하고 시스템과 상호 운용되는 방법을 보여준다.

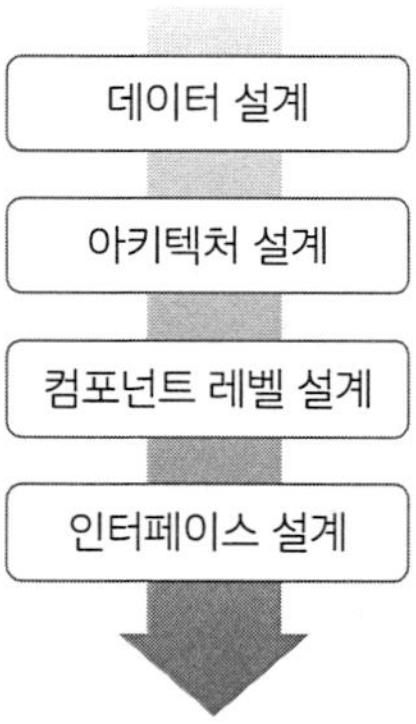

그림 3.3 소프트웨어 설계 모델 유형

1.2 소프트웨어 설계 활동

1 소프트웨어 설계 원칙

소프트웨어 설계는 소프트웨어 프로세스를 통해 특정 개념과 메소드를 적용한다.[4] 그러나 소프트웨어 개발 개념을 적용할 때 기존의 하드웨어 구성이나 구현 언어, 파일 및 데이터 구조 그리고 조직의 관행에 의해 제약을 받거나 사용되는 방법에 많은 변화가 발생한다. 일반적으로 소프트웨어 설계와 관련되어 다음과 같은 원칙을 적용한다.

표 3.2 소프트웨어 설계 원칙

종류	내용
분석 모델과 일치	소프트웨어 설계는 실세계 문제와 요구사항이 관련되도록 구성한다. 또한 분석 모델에 나타나는 모든 요구사항이 설계 모델에서 충족되도록 분석 모델과 설계 모델을 일치시킨다.
구현 패러다임 선택	구현 패러다임은 소프트웨어 시스템의 구조를 결정한다. 그래서 사용자 요구사항, 소프트웨어 유형과 특성 그리고 개발 시간 및 자원의 가용성 같은 제약 조건에 따라 절차지향이나 객체지향 등의 구현 패러다임을 선택한다.
단일 형식과 통합	소프트웨어 설계를 시작하기 전에 형식, 스타일 및 규칙을 설정하여 설계 컴포넌트 간에 인터페이스를 동일하게 정의하고 통합한다.
변경 유연성	소프트웨어 설계는 추상화, 정제 및 모듈화와 같은 기본 설계 개념을 효과적으로 적용하여 변경을 쉽게 적용할 수 있는 유연성을 가져야 한다.
컴포넌트 재사용	소프트웨어 컴포넌트는 효과적으로 재사용하여 생산성을 높일 수 있도록 기능 설계 시 상호작용을 줄이고 단순한 인터페이스를 제공한다.
개념적 오류 최소화	소프트웨어 설계는 설계 모델에 존재하는 모호함, 불일치와 같은 오류를 미리 해결하여 개념적 오류를 최소화한다.
테스트 가능성	개발 초기 단계부터 테스트 엔지니어를 참여시켜 테스트 가능성을 확인함으로써 설계 및 구현과 테스트 단계의 분리로 인한 오류 발생을 방지한다.
프로토타이핑 사용	소프트웨어 설계 위험을 줄이기 위하여 완전히 정의되지 않은 요구사항은 프로토타이핑을 사용하여 개발이 진행되는 동안 지속적으로 확장하고 세분화한다.

2 소프트웨어 설계의 SOLID 원칙

소프트웨어 상세 설계는 모든 요구사항을 만족시키며 상위 아키텍처 설계로부터 데이터를 포함한 논리적 알고리즘으로 구체화하여 코드 구현을 할 수 있도록 설계 명세를 생성하는 것이다. 이를 위해 미정의된(TBD: To Be Defined) 요구사항이나 가정 등과 같은 문제는 소프트웨어 상세 설계 이전에 해결되어야 한다. 특히 소프트웨어 상세 설계에 적용되는 SOLID 원칙은 유지보수와 확장

이 쉬운 소프트웨어를 개발하는 데 적용할 수 있다.[5]

표 3.3 소프트웨어 설계의 SOLID 원칙

S. 단일 책임 원칙(SRP: Single Responsibility Principle) 객체는 변경 영향을 적게 받기 위하여 한 개의 기능을 갖는다. 이것은 객체의 응집도는 높이고, 객체 간의 결합도는 최소화한다.
O. 개방 폐쇄 원칙(OCP: Open-Closed Principle) 객체는 확장은 가능하지만(open), 변경할 필요는 없도록(closed)함으로써 변경할 내용은 쉽게 하고, 변경하지 않을 내용은 영향을 받지 않도록 한다. 또한 외부 클래스를 참조할 때는 변경에 의해 객체가 영향을 받지 않도록 클래스가 아닌 인터페이스를 참조한다.
L. 리스코프 치환 원칙(LSP: Liskov Substitution Principle) 상속관계에 있는 객체에 대해 부모 클래스의 인스턴스는 자식 클래스의 인스턴스로 대체할 수 있어야 한다.
I. 인터페이스 분리 원칙(ISP: Interface Segregation Principle) 객체 자신이 사용하지 않을 인터페이스는 구현하지 않는다.
D. 의존 역전 원칙(DIP: Dependency Inversion Principle) 변경 가능성이 높은 구체적 클래스보다 변경 가능성이 낮은 인터페이스나 추상 클래스와 관계를 맺는다.

3 소프트웨어 설계 방법

소프트웨어 설계는 요구사항을 기준으로 시스템의 전체 구조를 식별하기 위하여 추상화하고 분할과 정복의 개념으로 단계적 정제를 통한 모듈화로 컴포넌트들을 구체화시킨다. 그리고 이들 컴포넌트들 간의 인터페이스를 위한 정보 은닉과 자원의 효율적인 활용을 위한 동시성을 설계한다. 소프트웨어 설계를 위한 방법은 다음과 같다.[1]

❖ 추상화(Abstraction)

목적과 관련된 필수 정보는 추출하고 나머지는 제외하는 문제 해결로 요구사항 분석단계에서는 최상위 수준의 추상적인 해결책을 제시하고 점차 추상화 수준이 낮아져서 구현 단계에서는 구체적인 솔루션을 생성한다.

소프트웨어 설계에는 입력을 출력으로 변환하는 과정에 대한 기능적 추상화, 자료 표현 및 자료구조의 구현에 독립적으로 객체의 데이터들을 추상화하는 데이터 추상화 그리고 조건부 명령어를 포함하는 코드를 추상화하는 제어 추상화의 3가지 추상화 메커니즘을 사용한다.

❖ 단계적 정제(Stepwise Refinement)

시스템을 최상위 추상화 수준에서는 개념적으로 정의하고, 하위 상세 수준으로 수직 분할하며 점진적으로 세분화하여 상세한 정보를 제공한다.

❖ 모듈화(Modularity)

모듈을 단일 목적을 가진 기능으로 컴포넌트화하는 것으로, 모듈화는 복잡성을 최소화하고 확장성과 재사용성을 높이며 이식성과 유지보수성을 확대하기 위해 모듈 내부의 응집도는 높고 모듈 간의 결합도는 낮을 때 가장 효과적이다.

❖ 정보 은닉(Information hiding)

컴포넌트 변경이 다른 컴포넌트에 미치는 영향을 줄이기 위하여 모듈 내부에 포함된 절차와 데이터 등의 정보는 캡슐화하여 감추고 기능 수행에 필요한 정보들만 인터페이스를 통해 메시지로 전달하도록 설계한다.

❖ 동시성(Concurrency)

한정된 시스템 자원을 효율적으로 활용하기 위하여 여러 프로세스를 동시에 실행할 수 있도록 설계한다. 그리고 프로세스를 동시에 실행할 때 발생하는 불일치나 교착 상태 등을 방지하기 위하여 상호 배제 등으로 동기화를 달성한다.

2 소프트웨어 아키텍처 설계

2.1 소프트웨어 아키텍처 설계 개요

소프트웨어 아키텍처는 시스템의 구조로서, 소프트웨어를 구성하는 컴포넌트들과 이들의 외부적 특성 그리고 컴포넌트 간의 상호작용 및 관계를 나타낸다.[6,7] 소프트웨어가 대형화, 복잡화됨에 따라 목적에 맞게 기능을 정의하고 이들을 분할하고 통합하는 과정이 복잡해져서 고품질의 소프트웨어를 개발하기 위해서는 요구분석 및 설계 과정부터 기능과 함께 품질 특성을 체계적으로 고려하는 것이 필요하다.

모든 소프트웨어 시스템은 아키텍처를 갖는다. 또한 소프트웨어 시스템은 아키텍처를 통하여 시스템의 추상화를 제공하고 시스템 품질을 향상시키며 이해관계자들 사이의 의사소통을 제공한다.[1,8] 그러나 시스템은 요구사항 변경이나 위험 분석 또는 소프트웨어 실행 결과에 의해 변경된다. 따라서 좋은 아키텍처는 변화에 안정적이어야 한다.

1 소프트웨어 아키텍처 구조

소프트웨어 아키텍처는 소프트웨어의 설계와 진화를 위한 각종 원칙들의 집합으로 소프트웨어 시스템의 구조를 결정하고 요구되는 기능과 품질을 확보하며 시스템을 구축하고 지속적인 개선이 용이하도록 한다.[9]

또한 소프트웨어 아키텍처는 모든 기술적 및 운영 요구사항을 충족하면서 성능, 보안 및 관리 효율성과 같은 일반적인 품질 속성을 최적화하는 구조화 솔루션을 정의한다.

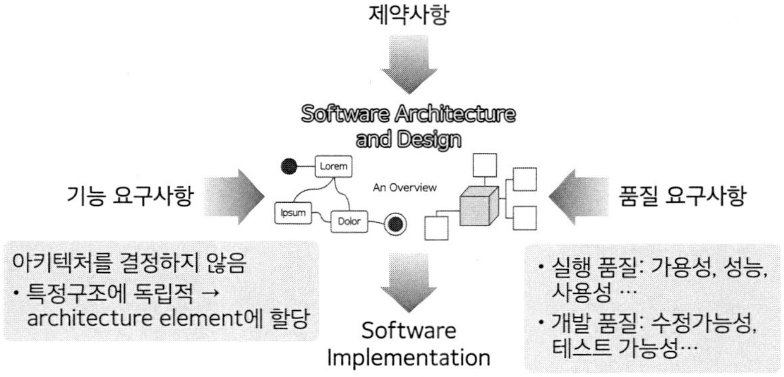

그림 3.4 소프트웨어 아키텍처의 특징

소프트웨어 아키텍처는 구조적으로 정적 구조와 동적 구조 그리고 할당 구조의 3가지 구조를 가진다.

첫 번째로 정적 구조(static structure)는 구현할 컴포넌트들의 집합으로 전체 시스템을 기능별 모듈로 분할한 구조를 나타내고 두 번째 동적 구조(dynamic structure)는 기능을 수행할 때 컴포넌트의 동작과 이들 사이의 상호작용을 나타낸다. 그리고 할당(allocation structure)은 컴포넌트와 외부 환경과의 관계를 나타낸다.

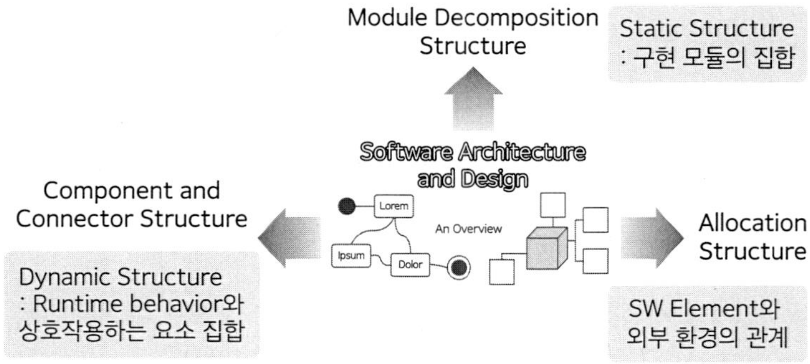

그림 3.5 소프트웨어 아키텍처의 구조

2 소프트웨어 아키텍처와 품질

소프트웨어 아키텍처에서 가장 중요한 부분은 소프트웨어 품질이다. 소프트웨어 아키텍처는 모든 품질 요구사항으로부터 나오고 또한 소프트웨어 시스템의 품질을 이끈다. 따라서 품질을 달성할 수 있도록 아키텍처를 분석하고 설계해야 한다. 그러나 아키텍처는 시스템의 복잡성을 관리하기 위하여 상세한 내용보다 시스템의 추상화에 초점을 두고 모든 구조와 동작이 아니라 중요한 품질과 관련 있는 요소에 집중한다. 또한 소프트웨어 아키텍처는 요구되는 모든 품질을 만족시킬 수 없기 때문에 중요한 부분을 중점으로 설계한다.

소프트웨어 아키텍처만으로 품질들을 달성할 수 없다. 그래서 비즈니스 목표와 품질 속성이 반영된 소프트웨어 아키텍처에 기능을 매핑해야 한다. 즉, 아키텍처가 구현, 설계, 배치 같은 모든 개발 공정에 제대로 반영될 때만 원하는 품질을 얻을 수 있다.

예를 들어, 사용성은 화면 설계와 사용자 인터페이스 프레임워크 구현에 크게 영향을 받는다. 이때 시스템의 전반적인 사용성은 아키텍처가 결정해야 한다. 그래서 소프트웨어 아키텍처는 상위수준 설계문서에 시스템 구조를 다이어그램으로 추상화 및 모델링하고 또한 기능과 제약사항 그리고 품질 속성 등을 기술한다.

3 소프트웨어 아키텍처 뷰

뷰(view)란 다양한 이해관계자들이 시스템에 대해 가지는 관점으로, 소프트웨어 아키텍처 뷰(architectural view)는 각각의 목적에 따라 다양한 관점으로 시스템 요소들과 그들의 연관 관계를 추상적으로 표현하고 특성들을 보여준다.

Kruchten은 사용자, 분석자, 개발자 등이 시스템을 바라보는 다양한 관점을 4+1 아키텍처 뷰 모델(4+1 architectural view model)로 표현하였다. 4+1 아키텍처 뷰 모델은 유스 케이스를 중심으로 논리 뷰, 프로세스 뷰, 구현 뷰 및 배치 뷰의 4가지 뷰를 구축한다.[10,11]

이것은 다양한 이해관계자들이 사용자 요구사항을 기준으로 작성된 시나리오를 통해 소프트웨어 아키텍처를 4개의 관점으로 분류한 것으로 시스템의 기능적, 비기능적 요구사항을 만족하며 아키텍처를 중심으로 의사소통을 강조하고 위험의 최소화에 중점을 둔다. 그래서 유스 케이스는 나머지 4개의 뷰에 영향을 미치고 또한 4개 뷰가 협력하여 하나의 유스 케이스가 표현하는 요구사항을 만족시킨다.

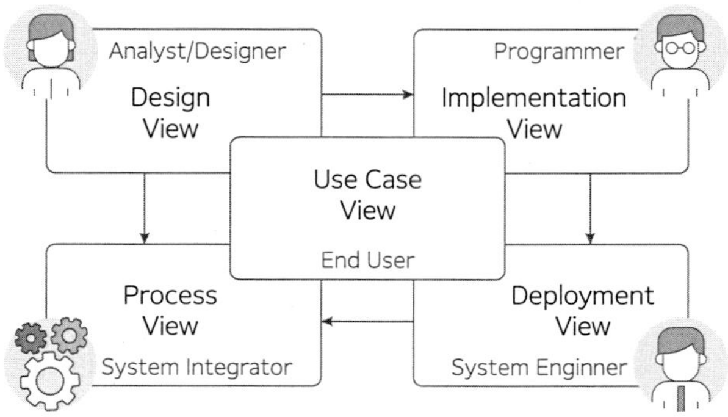

그림 3.6 "4+1" 소프트웨어 아키텍처 뷰 모델

❖ 유스케이스 뷰(Use case View)

사용자 관점에서 요구사항을 분석하여 시나리오를 작성하고 이를 기반으로 유스 케이스 다이어그램이나 시퀀스 다이어그램 또는 액티비티 다이어그램 등을 사용하여 시스템을 동적으로 명세한다.

❖ 논리 뷰(Logical View)

분석 및 설계자 관점에서 시스템 기능 요구사항의 설계 추상화를 지원하는 것으로, 유스 케이스 뷰로 표현된 요구사항들을 클래스 다이어그램, 객체 다이어그램, 시퀀스 다이어그램, 협동 다이어그램, 액티비티 다이어그램, 상태차트 다이어그램 등을 사용하여 시스템의 정적 구조와 동적 행위를 명세한다.

❖ 프로세스 뷰(Process View)

시스템 통합자 관점에서 프로세스로 구분되는 시스템 분할을 설명하며, 시스템의 비기능적 요구사항과 관련하여 시스템 성능, 자원의 효율적 사용, 런타임 시의 쓰레드와 프로세스에 의한 동작을 컴포넌트 다이어그램, 배치 다이어그램, 상태 다이어그램, 순차 다이어그램, 협동 다이어그램 및 활동 다이어그램 등으로 표현한다.

❖ 구현 뷰(Implementation View)

개발자 관점에서 논리 뷰와 프로세스 뷰에서 설계한 클래스와 인터페이스들을 구현과 관리 측면의 개발 환경에서 컴포넌트 다이어그램 등을 사용하여 물리적인 소프트웨어 모듈로 표현한다.

❖ 배포 뷰(Deployment View)

시스템 엔지니어의 관점에서 구현 뷰에서 정의한 컴포넌트, 인터페이스 등의 요소를 배치할 하드웨어를 배포 다이어그램을 사용하여 표현한다.[12,13]

표 3.4 소프트웨어 아키텍처의 4+1 뷰 모델 비교

View	논리	프로세스	구현	배포	유스 케이스
Domain	솔루션	솔루션	솔루션	솔루션	문제
Component	Class Object State Composite Structure	Sequence Communication Activity Timing Interaction	Component Package	Deployment	Use case User Story
Connectors	컴포넌트, 컴포넌트 간 관계	프로세스, 프로세스 간 통신	시스템 구조	시스템 실행 환경	시스템 완전성 확인
Containers	Class category	Process	Subsystem (library)	topology Communica- tion	Web
Stake holders	End-user	System Integrator	Developer SW Manager	System Engineer	All user, Evaluator
Concerns	기능 요구사항	비기능 요구사항	SW 모듈 구성	HW 비기능 요구사항	System consistency, validity

2.2 소프트웨어 아키텍처 모델링

클래스 다이어그램(Class Diagram)은 시스템 클래스, 속성, 오퍼레이션(메소드) 및 객체 간의 관계를 모델링하여 특정 시스템 구조를 설명하는 정적 구조 다이어그램이다. 이 다이어그램은 액티비티 다이어그램, 시퀀스 다이어그램 및 상태차트 다이어그램 등 다른 구조 다이어그램의 모델링 기준을 제공한다.

또한 이 다이어그램을 이용하여 비즈니스 분석가는 비즈니스 관점에서 시스템을 모델링하고, 개발자는 시스템의 구조를 설계한다. 그래서 계획된 시스템 구조 또는 프로세스 흐름에 대한 개요를 제공하여 소프트웨어 요구사항을 공식화한다.

이러한 클래스 다이어그램은 시스템 요소의 상태를 나타내며, 인스턴스까지 구조를 표시하기 때문에 소프트웨어 아키텍처를 모델링하고 문서화하는 데 적합하다.

1 클래스의 표현

클래스 다이어그램은 클래스와 인스턴스(객체) 및 인터페이스로 구성한다. 클래스는 인스턴스 집합으로 객체 인스턴스는 동일한 속성(attribute)과 동작(method)을 가진다. 클래스와 서브 클래스는 그룹화되어 각 객체 간의 정적 관계를 보여준다.

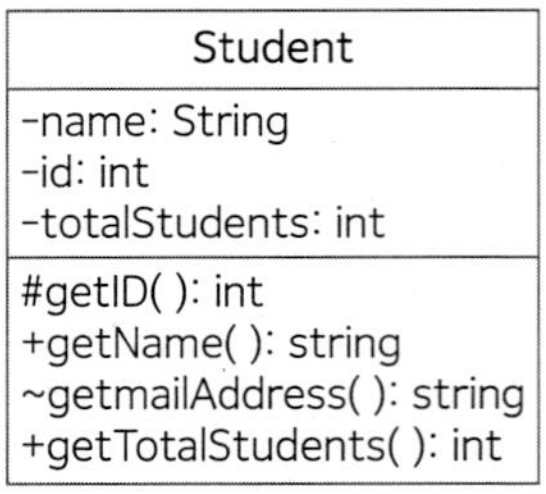

클래스는 시스템에서 객체를 만들고 동작을 구현하기 위한 템플릿으로, 공통 구조와 행위를 공유하는 객체 또는 객체 집합을 나타낸다. 클래스는 이름, 속성 그리고 메소드의 3개 영역으로 구성되는 사각형으로 표시한다.

❖ 클래스 이름(class name)

맨 위 영역에는 클래스 이름을 항상 표시한다. 추상 클래스(abstract class)는 이탤릭체로 표시하고 인터페이스 클래스인 경우 《interface》 레이블로 표시한다.

❖ 클래스 속성(class attributes)

가운데 영역은 필드 또는 변수라 하며 클래스의 데이터 요소를 표시한다. 정적 속성(static attributes)은 밑줄로 표시한다. 클래스 속성 형식은 다음과 같다.

visibility name: type [count] = default_value

❖ 클래스 동작/메소드(class operations/methods)

맨 아래 영역에는 클래스가 데이터와 상호작용하는 행위적 기능을 표시한다. 각 메소드는 리스트 형식으로 표시하고, 정적 메소드(static methods)는 밑줄로 표시한다. 그러나 get/set 등과 같은 일반적인 메소드나 상속된 메소드는 생략한다. 또한 return_type은 void인 경우 생략 가능하다.

visibility name(parameters) : return_type

❖ 가시성의 표현

모든 클래스는 가시성(visibility)에 따라 다른 접근 수준을 가진다. 그래서 접근 가능성을 부여하기 위하여 속성이나 메소드 이름 앞에 가시성 기호를 표현한다. 대부분의 속성은 private 또는 protected를 가진다.

표 3.5 가시성 유형 표시

표	공개 유형	의미
+	공개(public)	다른 클래스나 서브 클래스로부터 접근 가능
-	비공개(private)	이 클래스에서 생성된 객체들만 접근 가능
#	보호(protected)	동일 클래스나 서브 클래스만 접근 가능
~	패키지(package)	동일 패키지의 클래스나 서브클래스만 접근 가능
_	static variable	정적 속성은 밑줄로 표시

❖ 인스턴스

인스턴스(instance)는 클래스와 동일하지만 밑줄 친 클래스 이름으로 표기하고, 전체 인스턴스 속성 및 메소드를 포함하지 않고 관련된 속성과 값만 표시한다.

Instance Name : Class Name

2 클래스 간의 상호작용(Interactions between classes)

상호작용(interaction)은 클래스 및 객체 다이어그램에 존재할 수 있는 다양한 관계 및 링크를 나타내는 것으로, 계층적 관계 및 해당 요소 간의 연관을 만든다.[14]

❖ 일반화 관계

일반화 관계(generalization relationship)는 한 클래스가 다른 클래스를 포함하는 상위 개념일 때 클래스 사이의 상속(inheritance: is a kind of) 관계를 나타낸다. 이 관계는 하향 계층관계로 서브 클래스로부터 수퍼 클래스로 향하는 화살표로 표시(Sub class—▷Super class)한다.

일반적으로 부모 클래스는 추상적인 개념을 가지고 공통 속성이나 연산을 제공하며, 자식 클래스는 구체적인 개념을 나타낸다. 그래서 자식 또는 서브 클래스는 부모 또는 수퍼 클래스의 동일한 기능을 상속받고 자체적으로 새로운 기능을 추가한다.

부모 클래스 중 구현하지 못하는 연산인 추상 메소드를 하나 이상 가지는 클래스를 추상 클래스(abstract class)라 한다. 이러한 추상 클래스는 객체를 생성하지 못한다.

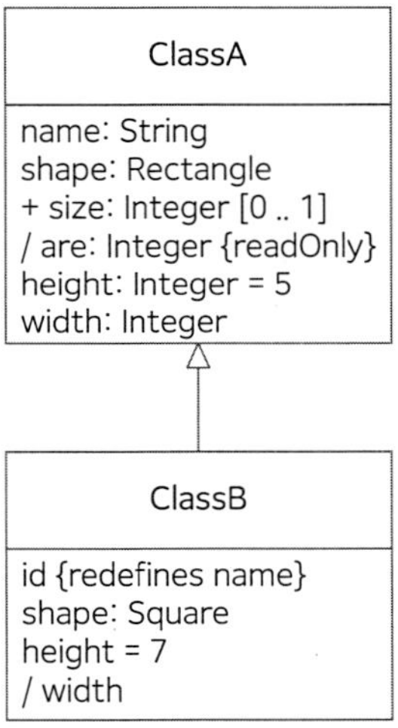

그림 3.7 일반화 관계 표현

❖ 연관 관계

연관 관계(association relationship)는 클래스 사이의 사용(usage) 관계로, 개념적으로 상호 연결되어 있음을 나타낸다. 두 클래스 사이의 연관 관계는 역할 이름과 다중도(multiplicity) 그리고 방향(navigability)으로 표현한다. 만일 관계가 명확하면 연관 관계 이름은 생략 가능하다. 연관 관계는 단방향과 양방향의 두 가지가 있다.

양방향 연관(Bidirectional association(—))은 두 클래스 간의 기본 관계로, 특정 객체 사이에 상호 관련이 있을 때 관계를 모델링한다. 두 클래스 사이를 실선으로 표시하고 양쪽 끝에 역할 이름과 다중도 값을 지정한다. 일반적으로 n:n의 관계는 양방향 연관 관계로 표현한다.

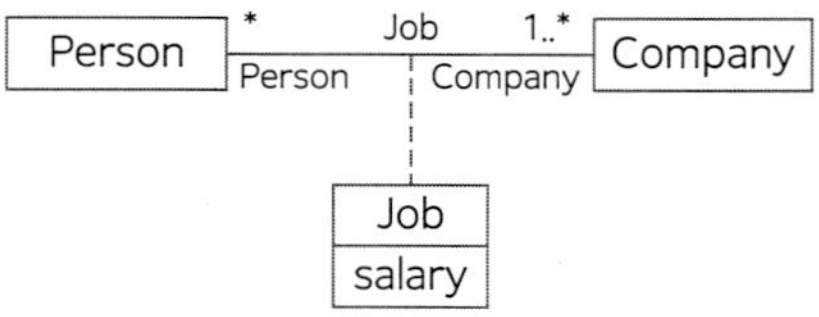

그림 3.8 양방향 연관 관계 표현

단방향 연관(Unidirectional association(→))은 두 클래스가 관련은 있지만 하나의 클래스만 관계가 있을 때의 관계를 모델링한다. 단방향 연관은 알고 있는 클래스에서 알려진 클래스 방향으로 화살표(→)로 표시하고 역할 이름과 다중값을 지정한다.

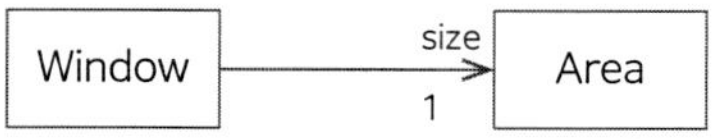

그림 3.9 단방향 연관 관계 표현

❖ 집합 관계

집합 관계(aggregation relationship)는 한 객체가 다른 객체를 소유(contains)하는 관계로, 클래스 사이의 "전체–부분" 관계를 나타낸다. 즉, 한 객체가 다른 객체를 포함하며 부분 클래스(하위 클래스)가 전체 클래스(부모 클래스)의 일부로 구성하는 것을 모델링한다. 집합 관계는 방향(navigability)과 다중도(multiplicity)를 가지고 전체 클래스 쪽에 투명 다이아몬드로 표시한다.

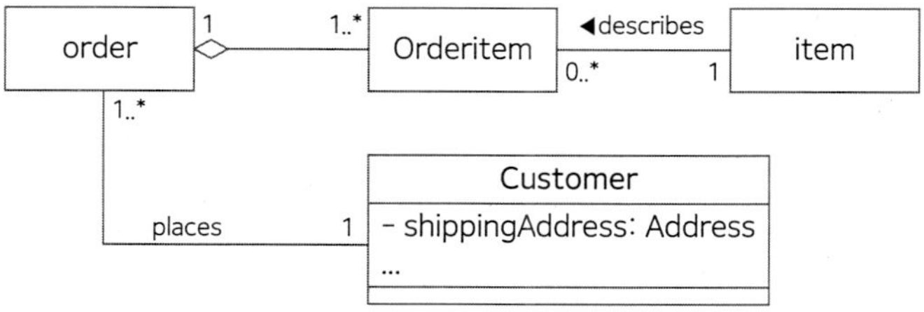

그림 3.10 집합 관계(aggregation relationship) 표현

❖ 구성 관계

구성 관계(composition relationship)는 부분 객체가 전체 객체에 속하는 관계이다. 부분 클래스는 전체 클래스의 생명주기에 의존적이다. 포함하는 클래스 방향에 채워진 다이아몬드로 표시한다.

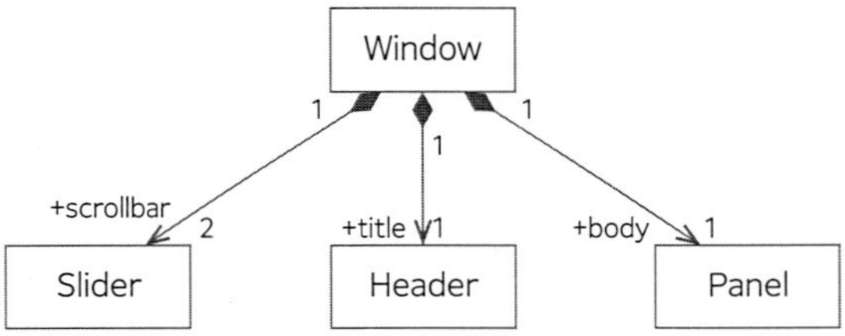

그림 3.11 구성 관계(composition relationship) 표현

❖ 종속 관계

종속 관계(dependency relationship)는 클래스가 다른 클래스에서 제공하는 기능을 사용("uses temporarily")한다. 즉, 한 요소인 클라이언트가 다른 요소인 공급자를 사용하거나 이에 의존하는 관계로, 두 클래스 간의 관계에서 한쪽이 변경되면 다른 한쪽도 영향을 받는다. 종속 관계는 이름 없이 점선으로 표시한다.

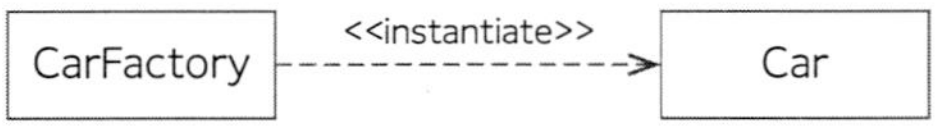

그림 3.12 종속 관계(dependency relationship) 표현

❖ 실현 관계

실현 관계(realization relationship)는 인터페이스와 실현한 클래스 사이의 관계("can do this")를 나타낸다. 인터페이스는 속성을 갖지 않고 구현된 행위 없이 선언만 된 추상클래스(abstract class)이다. 클래스나 컴포넌트와 인터페이스 간의 실현 관계는 인터페이스가 제공하는 오퍼레이션을 클래스나 컴포넌트가

실현하는 것을 보여준다. 인터페이스는 클래스 이름 영역에 스테레오 타입으로 〈〈interface〉〉를 표시하고 인터페이스 이름을 작성한다. 그리고 점선으로 관계를 표시한다.[15]

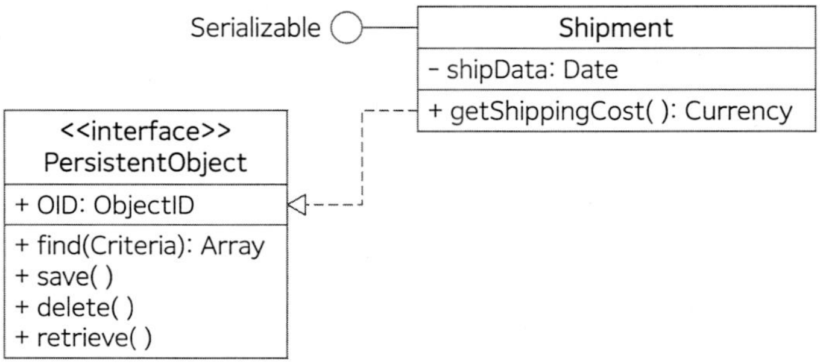

그림 3.13 실현 관계(realization relationship) 표현

❖ 연관 다중도

연관 다중도(Multiplicity of associations)는 구조적 클래스가 형성할 수 있는 인스턴스 수를 기술한다. 연관 다중도는 다음과 같이 표시한다.

〈multiplicity〉 : 〈multiplicityrange〉 [〈ordername〉, 〈uniqueidentifier〉]

다중도의 범위는 고정 값이나 범위를 지정한다.

- 0 = 클래스가 인스턴스를 형성하지 않음
- 0..1 = 인스턴스가 없거나 한 개
- 1 또는 1..1 = 정확히 한 개의 인스턴스
- 0 .. * or only * = 열린 값을 가진 인스턴스가 없거나 그 이상
- 1 .. * = 열린 값을 가진 하나 이상의 인스턴스

지금까지의 클래스와 클래스 간의 상호작용을 이용하여 ATM 시스템을 클래스 다이어그램으로 표현하면 다음과 같다.

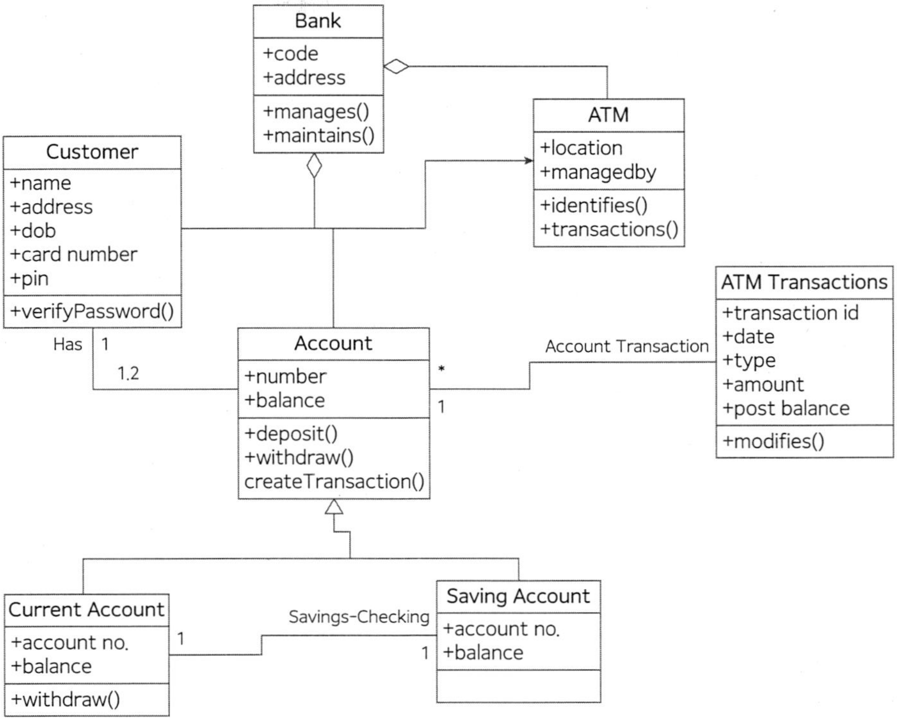

그림 3.14 ATM 시스템에 대한 클래스 다이어그램의 예

2.3 소프트웨어 아키텍처 문서화

소프트웨어 아키텍처 명세서(Software Architecture Document)는 소프트웨어 아키텍처를 설계할 때 설계 결정에 대한 이론적 근거와 결과를 기술한 것으로, 시스템의 주요 기능 요구사항과 성능, 신뢰성 및 가용성과 같은 품질 요구사항을 충족시키기 위해 소프트웨어 구조 설계 내용을 기술한다.

IEEE 1471(ISO/IEC 42010) 표준에서는 소프트웨어 아키텍처 명세에 대한 개념 프레임워크를 다음과 같이 제시하고 아키텍처 명세서와 관련된 권고사항을 제시하고 있다.

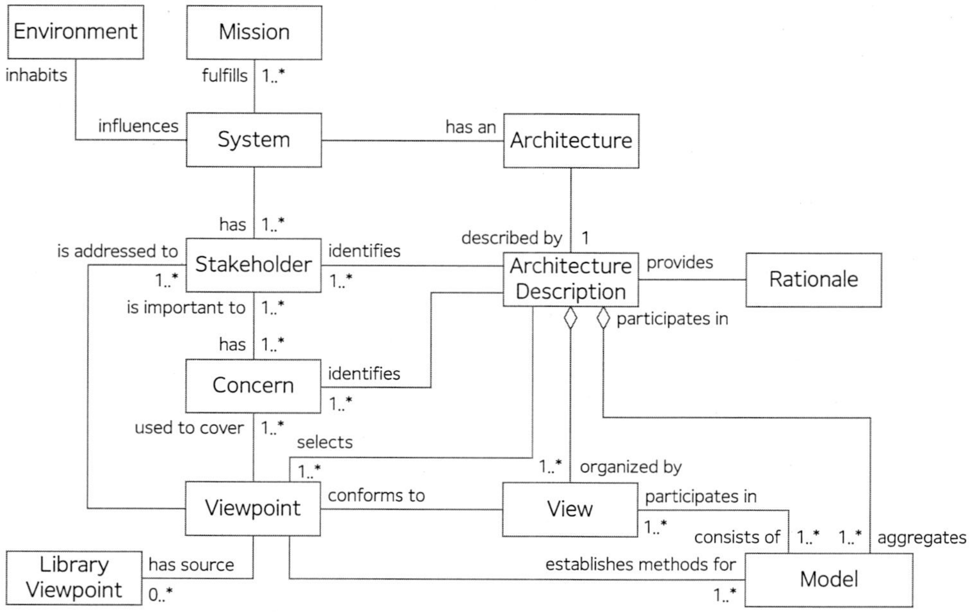

그림 3.15 아키텍처 명세 개념 프레임워크

출처: IEEE Std. 1471

소프트웨어 시스템은 정적 구조와 동적 행위를 가진다. 그래서 소프트웨어 아키텍처 명세서는 관점에 따라 하나 이상의 구조적 뷰 또는 동적 뷰들로 기술한다. 이때 각 뷰는 하나 이상의 모델을 이용하여 표현된다. IEEE 1471 표준에서는 논리적 뷰, 프로세스 뷰, 물리적 뷰, 개발 뷰 및 유스 케이스 뷰 등 5 가지 주요 아키텍처 뷰로 구성하는 명세를 제안하고 있다.

❖ 논리적 아키텍처(Logical Architecture): 객체지향 분해

논리적 아키텍처는 시스템이 사용자에게 제공할 기능 요구사항을 지원한다. 추상화, 캡슐화 및 상속 등의 원칙을 적용하여 시스템을 분해하고 클래스 다이어그램과 클래스 템플릿을 사용하여 논리 아키텍처를 표현한다. 객체의 내부 동작을 정의하는 경우 상태 전이 다이어그램이나 상태 차트를 사용한다. 또한 데이터 중심의 애플리케이션은 E-R(Entity-Relationship) 다이어그램과 같은 논리적 뷰를 사용한다.

❖ **프로세스 아키텍처(Process Architecture): 프로세스 분해**

프로세스 아키텍처는 성능 및 가용성과 같은 비기능적 요구사항을 고려한다. 프로세스는 실행 가능한 작업의 그룹으로, 최상위 레벨에서 프로세스 아키텍처는 하드웨어에 분산되어 독립적으로 실행되는 논리적 네트워크로 볼 수 있다.

❖ **개발 아키텍처(Development Architecture): 서브 시스템 분해**

개발 아키텍처는 소프트웨어 개발 환경에서 실제 소프트웨어 모듈 구성에 중점을 둔다. 소프트웨어는 독립적인 태스크의 집합으로 분할되어 개발자가 개발할 수 있는 프로그램 라이브러리 또는 서브시스템인 청크(chunk)로 패키지화된다. 개발 아키텍처는 소프트웨어 개발과 관리의 용이성, 재사용 또는 공통성, 도구 또는 프로그래밍 언어에 의해 부과된 제약과 관련된 내부 요구사항에 관련된다.

❖ **물리적 아키텍처(Physical Architecture)**

물리적 아키텍처는 소프트웨어를 하드웨어에 매핑하며 가용성, 안정성, 성능 및 확장성과 같은 시스템의 비기능적 요구사항을 주로 고려한다. 하나의 처리 노드에서 개별적으로 스케쥴할 수 있는 식별된 요소(네트워크, 프로세스, 작업 및 개체)들은 다양한 노드에 매핑되고 컴퓨터 네트워크나 노드에서 실행된다.

❖ **시나리오(Scenarios)**

네 가지 뷰의 요소는 해당 스크립트(개체 간 및 프로세스 간 상호작용 순서)를 시나리오를 사용하여 표시한다. 시나리오는 중요한 요구사항을 추상화한 것으로, 객체 시나리오 다이어그램(object scenario diagram)과 객체 상호작용 다이어그램(object interaction diagrams)을 사용하여 설계한다.

아키텍처 명세서는 이러한 5가지 아키텍처 내용을 기준으로 아키텍처 모델을 작성하기 위한 템플릿, 가이드라인 등을 제공한다. 그리고 설계에 대한 기술적인 근거를 포함하거나 또한 설계의 기반이 되는 아키텍처 드라이버에 대한 명

세를 제공한다. IEEE 1471 표준에서 작성하는 소프트웨어 아키텍처 문서 템플릿은 다음과 같다.[16]

표 3.6 소프트웨어 아키텍처 문서의 템플릿

1. 범위(Scope)
2. 참고문헌(References)
3. 소프트웨어 아키텍처 개요(Software Architecture)
4. 아키텍처 목표 및 제약사항(Architectural Goals & Constraints)
5. 논리적 아키텍처(Logical Architecture)
6. 프로세스 아키텍처(Process Architecture)
7. 개발 아키텍처(Development Architecture)
8. 물리적 아키텍처(Physical Architecture)
9. 시나리오(Scenarios)
10. 크기와 성능(Size and Performance)
11. 품질(Quality)

출처: IEEE 1471

3 소프트웨어 사용자 인터페이스 설계

3.1 소프트웨어 사용자 인터페이스 설계 개요

사용자 인터페이스(UI: User Interface)는 사용자와 소프트웨어 시스템 간의 상호작용을 통해 사용자 입력과 출력을 가시적으로 표현한다. 사용자 인터페이스 설계는 소프트웨어 제품이나 서비스로부터 사용자가 원하는 것을 제공받기 위해 좋은 사용자 환경을 구축하기 위하여 사용성과 이해성 및 효율성 등에 중점을 두고 사용자 경험을 바탕으로 인터페이스를 만드는 프로세스이다.[17]

사용자 경험(UX: User eXperience)은 "사용자가 제품, 시스템 또는 서비스의 사용이나 기대되는 사용 결과에서 오는 인식과 반응"으로 정의하는데, 이것은 제품과 시스템, 서비스 등을 사용자가 직 · 접적으로 경험하면서 느끼고 생각하는 총체적 경험"을 의미한다. 그래서 좋은 UX 설계는 사용자가 경험을 거의 느끼지 못하도록 하는 것이다.[18]

사용자 인터페이스는 구문 및 의미 지식을 고려한 사용자 프로필 모델(User profile model), 요구사항 분석 모델로부터 데이터, 아키텍처, 인터페이스 및 절차적 표현을 통합한 설계 모델(Design model), 시스템 구문과 의미를 설명하는 정보와 결합하여 인터페이스의 look and feel을 만드는 구현 모델(Representations model) 그리고 응용 프로그램과 상호작용할 때 생각하는 시스템 이미지를 작성하는 사용자 멘탈 모델(User's mental model) 등 4가지 모델을 사용하여 반복적으로 분석, 설계한다.

표 3.7 사용자 인터페이스 모델

모델	개요
사용자 프로필 모델	사용자가 사용자 정보를 기준으로 프로파일을 설정
설계 모델	소프트웨어 분석자가 요구사항 분석 모델로부터 데이터, 아키텍처, 인터페이스 및 절차적 표현을 통합
구현 모델	소프트웨어 구현자가 편안하게 느끼고 효과적으로 사용할 수 있도록 인터페이스의 look and feel 구현
멘탈 모델	사용자가 응용 프로그램과 상호작용할 때 머리 속에서 생각하는 시스템 이미지를 작성

1 사용자 인터페이스 설계 원칙

사용자는 소프트웨어 시스템의 내부 아키텍처보다 외부 사용자 인터페이스에 관점을 가진다. 그래서 사용자 인터페이스를 설계할 때는 사용자들이 단순하고 편리하게 사용할 수 있도록 사용자 중심으로 직관적이고 일관적인 인터페이스 구성을 고려한다. 또한 사용자 요구의 변경에 쉽게 적응하고 재사용이 가능하도록 설계한다. 사용자 인터페이스를 설계할 때 고려할 원칙은 다음과 같다.

❖ 사용자 중심(User centered)

단순성과 직관성을 제공하여 사용자가 빠르고 효과적으로 사용할 수 있도록 한다. 또한 사용자가 기억하기보다 인식하게 만들고, 화면의 복잡도를 낮춘다. 이를 위해 사용자의 피드백을 최종 제품에 통합한다.

❖ 일관성(Consistency)

UI 명령과 메뉴 형식 그리고 상호작용 결과를 동일하게 유지한다. 그래서 시스템의 현재 상태를 명확하게 가시화하고, 수행절차를 일관되게 한다.

❖ 투명성(Transparency)

사용자가 시스템을 통해 바로 접근하고 대상을 직접 조작하는 것처럼 느낄 수 있도록 투명성을 제공한다. 일반적이고 자주 사용하는 기능은 쉽게 액세스할 수 있도록 하고, 사용자의 작업에 연속성을 부여하며 모든 상황에서 의도된 행위를 유발시킨다.

❖ 사용자 제어(Place Users in Control)

사용자에게 인터페이스 과정을 기억하여 수행하거나 미리 정의된 순서대로 완료하도록 강요하지 않는다. 또한 사용자의 실수를 예방하거나 복구 방법을 제공한다. 그래서 사용자 행위를 취소하거나 저장하고 이전 위치로 돌아갈 수 있는 옵션을 제공하고 행위 결과를 표시한다.

❖ 컴포넌트 지향(Component Oriented)

UI 설계는 시스템의 다른 부분에 영향을 주지 않고 쉽게 수정하거나 교체하고 독립적으로 확장할 수 있도록 컴포넌트화한다. 그리고 재사용성과 유지관리성을 높이기 위하여 시스템의 로직과 분리한다.

2 사용자 인터페이스 형식과 내용

사용자 인터페이스 설계는 형식과 내용을 고려해야 한다. UI 형식은 룩앤필(look and feel)과 관련된다. 룩앤필은 색상, 레이아웃, 글꼴과 같은 정적 요소(look)와 버튼, 메뉴와 같은 동적 행위(feel)를 포함한다. 일반적으로 UI는 텍스트와 그래픽(아이콘, 버튼 등)의 두 가지 컴포넌트 유형으로 구성된다. 이것은 사용자가 시스템을 쉽게 이해하고 에러 없이 사용하도록 좋은 사용자 인터페이스로 적용되어야 한다.

또한 UI 내용은 사용성과 관계된다. 소프트웨어 설계에서 소프트웨어의 사용성을 향상시키기 위하여 잘 설계된 사용자 인터페이스를 만드는 데 필요한 설계 특성은 다음과 같다.[19,20]

표 3.8 사용자 인터페이스 설계 특성

속성	내용
가시성(Visibility)	사용자가 시스템 상태 정보를 이해하기 쉽고, 항상 볼 수 있도록 컨텐츠 중심으로 제공한다.
일관성(Consistent)	그래픽 요소와 용어를 일관되게 유지하여 유사한 상황에서 일관된 동작을 제공한다.
유연성(Flexibility)	다양한 장치에서 설계 및 레이아웃이 유연하고, 사용자 정의에 따라 인터페이스의 수정이 가능하도록 한다.
사용 효율성 (Efficiency)	자주 사용하는 기능의 상호작용을 최소화하고 작업 실행 취소, 재실행 및 이전 단계로 복귀 기능을 제공한다.
간결성(Simplicity)	단순한 설계와 기능으로 불필요한 정보는 제외하고 필요한 최소한의 요소로만 구성한다.
직관성(Intuitivity)	사용자가 학습과정 없이 인터페이스를 직관적으로 찾고, 기대하는 대로 동작한다.
친숙함(Familiar)	화면에 인터페이스를 보이지 않게 하여 사용자가 시스템과 직접 상호작용이 없는 것처럼 설계한다.
응답성(Responsive)	시스템은 작업의 중요도에 비례하여 피드백을 설계한다.
심미성(Aesthetic)	시스템은 미적으로 만족스러운 디자인 및 레이아웃을 설계한다.
오류 처리 (Error Prevention)	사용자 에러를 최소화하거나 예방할 수 있도록 설계한다. 또한 발생하는 오류를 인식하고 진단 및 복구할 수 있도록 메시지를 제공한다.

3.2 소프트웨어 사용자 인터페이스 설계 프로세스

사용자 인터페이스 설계와 관련하여 NIPA에서 개발한 "소프트웨어 개발 UI/UX 참조 모델"에서는 전체 소프트웨어 개발 생명주기 목표 정의부터 프로젝트 계획, 요구사항 정의, 설계 및 구현과 테스트 그리고 배포 및 관리까지 소프트웨어 개발과 UI/UX를 통합하여 사용자 인터페이스 설계 프로세스를 체계화하였다.[21]

이 참조 모델에서는 요구사항 정의 단계에서 정의된 사용자 요구사항으로부터

UI 컨셉션을 정의하고 설계 단계에서 UI 상세 설계, GUI 화면 설계 그리고 UI/GUI 검증의 활동을 수행한다. 이 프로세스를 기준으로 사용자 인터페이스 분석과 설계 활동 프로세스 내용은 다음과 같다.

목표 정의	UI/UX 개발목표 및 범위 정의
프로젝트 계획	UX 전략 수립
요구사항 정의	사용자 요구사항 도출 UX 컨셉션 정의
설계 및 구현	UI 상세 설계 GUI 화면 설계 UI/GUI 검증
테스트	사용성 테스트 계획수립 사용성 테스트 수행 사용성 테스트 결과분석
배포 및 관리	사용자 중심 매뉴얼 작성 가이드 개발 UX 요구사항 수집

그림 3.16 소프트웨어 개발 UI/UX 참조모델

출처: NIPA, 2014

1 인터페이스 분석(Interface analysis)

❖ 사용자 요구사항 도출

인터페이스를 통해 시스템과 상호작용할 사용자를 식별하고 사용자 작업의 관점에서 문제 영역을 이해하고 사용자가 수행할 주요 작업과 제공될 결과 그리고 작업 환경을 분석한다. 그래서 사용자 인터페이스 구현과 관련되는 인터페이스 기능 리스트를 작성하고, 기능 간 포함 관계를 고려하여 우선순위를 정의한다.

❖ UI 컨셉션 정의

사용자 인터페이스 요구사항을 바탕으로 UX 전략에 따라 화면 설계 이전에 페이퍼 프로토타입 등을 사용하여 대표 화면을 설계한다. 이 단계에서는 정보구조를 설계하고 개략적인 와이어 프레임을 설계한다.

1. **정보구조(Information Architecture) 설계**: 정보의 구조화와 분류 체계를 수립한다. 그리고 사용자 요구사항을 토대로 기능 구조를 도출한 후, 메뉴 구조, 네비게이션 및 레이블을 정의한다.
2. **개략 와이어 프레임(wire frame) 설계**: 화면에 포함될 정보, 인터페이스 요소 및 레이아웃으로, 인터페이스와 화면 단위의 레이아웃 구조를 개략적으로 스케치한다. 그리고 메뉴 흐름, 화면 전환 또는 화면 간 연결이나 사용자 행위 순서를 나타낸다.
3. **스토리보드 설계**: 주요 흐름을 인터랙션에 따라 화면, 인터페이스 위젯 또는 버튼 등을 이용하여 스토리보드 형태로 설계한다.
4. **GUI 컨셉션**: 화면 설계에 대한 시각적 컨셉을 설명한다. GUI 이미지 무드보드를 제작하고 UX 전략에 따른 화면 설계 방향을 설정한다.

2 인터페이스 설계(Interface design)

사용자가 시스템에 대해 정의된 사용성 목표를 충족하는 방식으로 정의된 모든 작업을 수행할 수 있는 인터페이스 개체, 작업 및 해당화면 표현을 정의한다. 그리고 기능 수행에 대한 사용자 행위를 순서적으로 나열한다.

❖ UI 상세설계

UI 컨셉션 정의 내용을 토대로 실제 UI 상세 설계 단계를 진행하고 UI 시나리오 문서를 작성한다. UI 시나리오 문서는 화면의 일관성 보장을 위한 공통 UI 요소와 기능 구조를 정의하고 대표 화면, 화면 간 인터랙션 흐름, 그리고 다양한 상황에서의 예외 처리방식 등을 문서화한다. UI 시나리오 문서 작성을 위한 활동은 다음과 같다.

1. 전체 기능을 계층 구조로 작성
2. 공통으로 적용되는 UI 요소와 인터랙션 정의
3. 화면 레이아웃과 기능 정의
4. 화면 내 그리고 화면 간 인터랙션 흐름 정의
5. 예외 상황들에 대한 예외 케이스 정의
6. 기능별 상세 기능 시나리오 정의

❖ GUI 화면 설계

그래픽 사용자 인터페이스(GUI: Graphical User Interface)는 사진, 그래픽 및 아이콘을 사용하기 때문에 WIMP(Windows-Icons-Menus-Pointers) 인터페이스라고도 한다.[22] 사용자 친화적인 인터페이스로서 시스템 전체적으로 시각적 아이덴티티와 일관성을 가진 화면 설계를 위해 UI 시나리오 문서를 토대로 화면 레이아웃, 컬러 패턴, 타이포그래피, 화면 디자인 요소 등을 정의하고 GUI 스타일가이드를 제작한다.

좋은 사용자 인터페이스 설계는 사용자가 명확하고 직관적이며 효율적인 방식으로 시스템과 상호작용하는 것이다. 그래서 그래픽 사용자 인터페이스뿐만 아니라 음성 제어 인터페이스(voice-controlled interfaces) 또는 제스처 기반 인터페이스(gesture-based interfaces)등을 포함하여 사용성을 높일 수 있다.

또한 사용자 경험(User eXperience)을 기반으로 사용성과 가능성에 대해 고려하고 인터페이스를 구축한다. 구글의 다양한 플랫폼 안에서 시각적인 모션과 인터랙션 디자인을 결합하여 기기와 서비스를 하나로 묶어 사용자 경험을 통합하는 머티리얼 디자인(Material Design)이나 사용자가 스토리를 작성하여 여러 컨테이너를 순서대로나 임의대로 선택해서 여러 화면을 슬라이드처럼 보여주는 카드 레이아웃(Card Layouts) 그리고 디테일한 작은 작업을 수행하는 제품 모멘트를 포함(예: 알람 설정, 전화 음소거 및 파일 전송)하는 마이크로 인터랙션(Micro-interactions) 등을 적용하여 설계한다.[23,24]

3.3 소프트웨어 사용자 내비게이션 설계

사용자 내비게이션(User Navigation) 설계는 사용자가 시스템의 기능이나 서비스를 탐색하고 제품과 상호작용하여 사용할 수 있도록 한다. 잘 설계된 사용자 내비게이션은 명확하고 간결하며 직관적인 탐색 기능을 제공하여 사용자가 제품과 상호작용하고 사용하는 데 중요한 역할을 한다. 그러나 잘못 설계된 내비게이션은 비효율적으로 탐색되면서 정보를 찾는 데 시간이 걸릴 뿐만 아니라 정보의 연속성과 구조가 손실될 수 있다.

효과적인 사용자 내비게이션은 컨텐츠, 대상 및 방향의 세 가지 기본 개념을 가지고 설계한다.

표 3.9 사용자 내비게이션 설계 개념

종류	내용
내용(contents)	중요 정보 블록을 계층 구조로 분리하여 각 블록이 단일 목적을 갖도록 한다. 그리고 이 블록을 웹 페이지로 생성한다.
사용자(audience)	사용자를 식별하고 지식수준에 따라 내비게이션의 일관성을 유지한다. 내비게이션 지침은 간결하며 명확하고 단순해야 한다.
방향(orientation)	내비게이션을 진행할 방향을 결정한다. 내비게이션은 내용과 정보에 따라 가로 또는 세로 방향으로 배치할 수 있다.

1 사용자 내비게이션 유형

사용자 인터페이스 내비게이션은 구조 내비게이션, 연관 내비게이션 그리고 유틸리티 내비게이션의 세 가지 주요 유형으로 분류할 수 있다.[25]

표 3.10 사용자 내비게이션 설계 종류

종류	내용
구조 내비게이션 (Structural Navigation)	사용자 인터페이스를 계층 구조화하고 특정 페이지에서 위 또는 아래 페이지로 접근 경로를 연결하여 어느 위치로도 이동이 가능하도록 한다.
연관 내비게이션 (Associative Navigation)	사용자 인터페이스의 계층 구조 위치에 관계없이 주제 및 내용에 따라 접근 경로를 연결한다.
유틸리티 내비게이션 (Utility Navigation)	사용자 인터페이스의 구조와 관계없이 기능적 연관 관계를 통해 접근 경로를 연결한다.

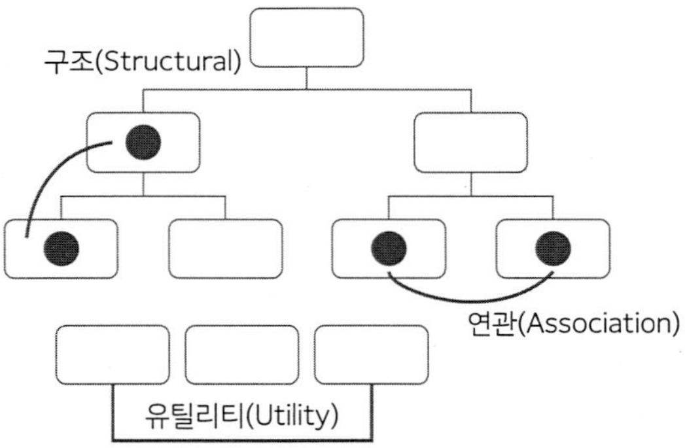

그림 3.17 사용자 내비게이션 유형

출처: Kalback, 2007

2 사용자 내비게이션 설계 활동

내비게이션은 정보 흐름을 통해 접근 가능한 위치로 사용자를 이동시키기 때문에 이동 경로, 이동 방법, 시스템 구조 및 사용자 인터페이스와 밀접한 관계가 있다. 그래서 내비게이션을 설계할 때는 정보 접근을 위해 내비게이션 바, 풀다운 메뉴, 버튼과 아이콘, 사이트 맵 등을 이용한다. 내비게이션 설계에는 다음과 같은 내용을 포함해야 한다.

- 현재 사용자 위치를 알려주어야 한다.
- 사용자가 접근할 위치를 알려주어야 한다.

- 사용자가 접근했던 위치를 알려주어야 한다.
- 다른 위치로 이동하거나 탐색 경로를 재설정할 수 있어야 한다.

또한 사용자 인터페이스 내비게이션 설계는 사용자가 원하는 정보에 빠르고 효율적으로 접근할 수 있도록 접근 경로를 텍스트나 이미지를 기반으로 하이퍼링크를 사용하여 구성한다. 좋은 인터페이스 내비게이션이 가져야 할 속성은 다음과 같다.

- 일관된 유저 인터페이스: 기능적, 시각적 일관성을 제공하고, 페이지 간 일관성을 유지한다.
- 제품과의 간편한 상호작용: 명확한 에러 메시지를 제공하고, 유사한 기능을 그룹화한다. 또한 주요 기능에 쉽게 접근할 수 있도록 한다.
- 사용자 중심 인터페이스: 작업 취소 기능, 모든 페이지에서 홈페이지에 도달 또는 시스템 정보 제공 등의 편의 기능을 포함한다.
- 접근 용이성: 최소의 클릭으로 대상에 도달해야 한다. 그리고 직관적으로 접근이 가능해야 한다.

좋은 사용자 인터페이스 내비게이션 설계는 내비게이션 항목을 의미 있고 명확하게 레이블로 지정하여 현재 자신의 위치와 갈 수 있는 곳을 이해할 수 있도록 한다. 그래서 드롭다운 메뉴 대신 메가 메뉴(Mega menus)를 사용할 수 있다. 메가 메뉴는 콘텍스트와 추가 콘텐츠에 대한 링크를 제공하기 때문에 사용자 목표와 내비게이션 설계를 일치시키고 더 사용자 친화적이다.[26]

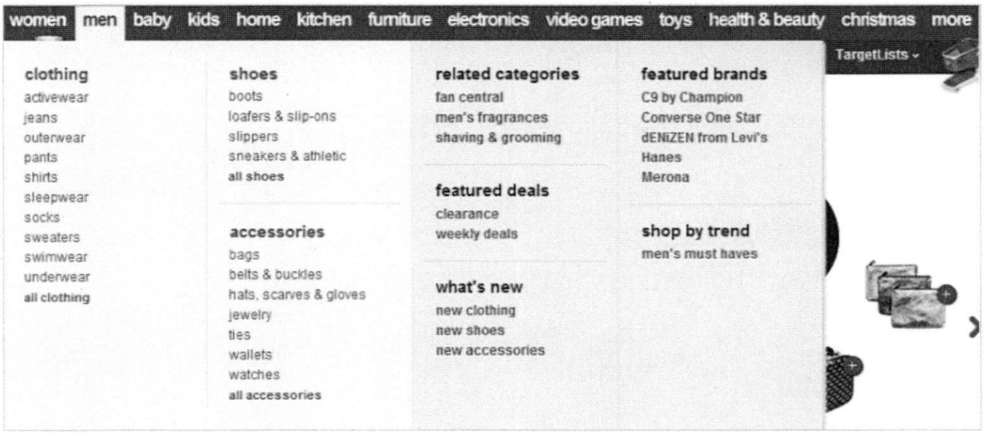

그림 3.18 사이트에 적용된 메가 메뉴

3.4 소프트웨어 사용자 인터페이스 설계 문서화

사용자 인터페이스 설계 문서는 시스템이 제공하는 사용자 인터페이스의 전체 구조와 메뉴 형식, 화면 목록과 화면의 상세 설계 내역을 기술한다. 이 문서는 컨텐츠를 가능한 이해하기 쉽게 만드는 데 사용할 수 있는 기본적인 디자인 원칙을 제공하며, 디자인을 위한 디자인이 아니라 정보 전달의 도구로써 디자인을 어떻게 활용할 것인가를 설명한다.[27]

사용자 인터페이스 구조도는 전체 시스템에 대하여 최상위레벨에서 하향식으로 작성하며, 시스템의 규모가 큰 경우 서브시스템으로 나누어 작성할 수 있다. 그리고 기본적인 인터페이스 디자인이나 사용자 내비게이션에 대해 작성한다.

화면 상세 설계는 페이지 크기/길이, 계층구조, 일관성, 페이지 레이아웃, 프레임 및 일반적인 고려사항을 기술한다. 그리고 해당 페이지에 속하는 각종 구성요소(객체)들을 표시하고 이 구성요소들의 타입, 주요 특징, 역할을 기술한다.

1. 사용자 인터페이스 구조도
    - 인터페이스 디자인: 기본적인 인터페이스 디자인, 사용자 내비게이션
    - 사이트 디자인: 정보 아키텍처, 사이트 구조 및 구성 요소, 사이트 디자인 테마
2. 화면 상세설계
    - 화면 식별 정보: 화면 ID, 화면명, 관련 유스케이스 ID
    - 화면 설계 정보: 화면유형(입력, 조회, 갱신, 삭제 등), 메뉴 경로, 화면 개요
    - 페이지 레이아웃 : 해당 페이지의 레이아웃
    - 구성 요소: 항목명, 컨트롤명, 타입 및 길이, 속성(Input, Output, ReadOnly, Editable, Hidden), Validation Check
    - 처리 내용: 화면이 처리하는 업무 내용 기술
    - 기술적 고려사항: 화면을 구현할 때 필요한 기술적 요소에 대한 고려사항

4 소프트웨어 데이터 설계

4.1 소프트웨어 데이터 설계 개요

소프트웨어 데이터 설계는 높은 성능의 데이터베이스를 설계하기 위하여 저장할 데이터 요소와 데이터 요소의 상관관계를 결정하는 논리적 및 물리적 데이터베이스 시스템 설계 모델을 생성한다. 데이터 설계에서는 중요 데이터를 식별하고, 데이터의 표현 및 저장 방법을 결정하는 데 초점을 둔다.

이것은 데이터 저장 방법이나 실제 저장 위치 등의 물리적 고려사항과 관련 없이 저장될 데이터에 중점을 두는 논리적 모델과 소프트웨어 시스템과 하드웨어 리소스를 사용하여 데이터베이스의 논리적 설계를 실제 매체로 변환하는 물리

적 모델을 포함한다.

이러한 데이터 설계를 통하여 올바르게 설계된 데이터베이스는 중복을 방지하여 데이터의 일관성을 향상시키고 변경에 대한 유연성을 제공하여 용이한 유지관리와 비용 효율적인 저장 공간을 제공한다. 좋은 데이터 설계를 위한 원칙은 다음과 같다.

- 기능과 행위에 적용된 체계적인 분석 원칙을 자료에 적용
- 모든 자료 구조와 이에 대한 모든 연산을 식별
- 자료 사전을 자료와 프로그램을 정의하는 데 이용
- 하위 수준의 자료 설계에 관한 결정은 가능한 연기
- 정보 은닉 개념 적용
- 유용한 자료 구조의 라이브러리와 이에 적용되는 연산을 개발

데이터 설계 모델은 데이터베이스를 가시화하는 다이어그램으로써 정보를 저장, 분류 및 관리하는 방법과 같이 데이터베이스의 기본 구조를 나타낸다. 데이터 설계 모델은 네트워크형 모델, 계층형 모델 그리고 관계형 모델로 분류한다.[28]

표 3.11 데이터 설계 모델 종류

종류	내용
네트워크형 모델 (Network Model)	트리 형태의 구조를 가지고 1:n의 관계를 표현하며, 하나의 노드는 여러 부모 노드를 가질 수 있다.
계층형 모델 (Hierarchy Model)	조직도와 유사한 트리 형태의 구조를 가지며 일반적으로 XML 문서를 구조화하는 데 사용된다.
관계형 모델 (Relationship Database Model)	현실 세계에 존재하는 데이터와 그들 간의 관계를 추상화하는 데이터베이스 모델링 방법으로 개체, 속성, 관계로 구성된 개체-관계 모델로 나타낸다.

4.2 소프트웨어 데이터 모델 설계

소프트웨어 데이터 모델 설계는 개념적 데이터 설계와 논리적 데이터 설계 그리고 물리적 데이터 설계 단계를 수행하여 데이터베이스를 설계한다.

1 개념적 데이터 설계(Conceptual Data Modeling)

개념적 데이터베이스 설계는 전체 데이터베이스 시스템의 범위를 정의하고 분석된 요구사항을 기반으로 실제 물리적 구현과 관계없이 DBMS에 독립적인 개념적 구조를 설계한다. 개념적 설계는 엔터티 관계 모델(Entity-Relationship Model)을 사용하여 추상적인 모델을 생성한다. E-R 모델은 관계형 테이블로 쉽게 변환할 수 있어 사용자 생산성을 향상시킬 수 있으며, 일반적으로 엔터티 관계 모델 설계서를 작성한다.

E-R 모델은 모델링할 엔터티를 추출하고 해당 엔터티의 주요 속성과 키를 정의한다. 그리고 엔터티 간의 관계를 결정한다. 엔터티는 실제 환경에서 존재하는 객체로 속성 집합을 갖고, 엔터티 속성은 하나 이상의 값을 갖는다. 또한 엔터티는 상호 1:1, 1:m, m:n의 관계를 갖는다.

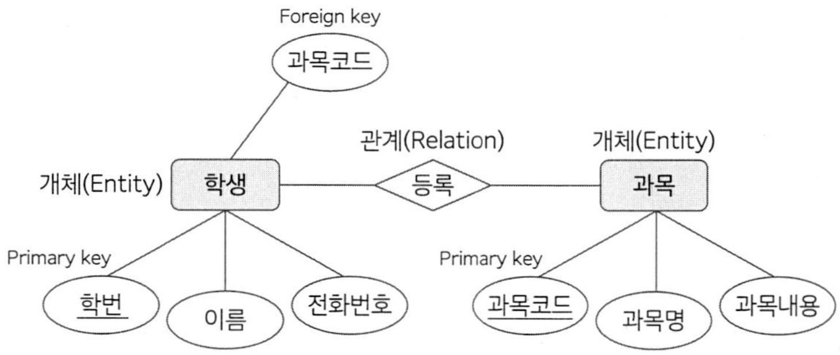

그림 3.19 E-R 모델을 이용한 개념적 데이터 설계

엔터티 관계 모델 설계서는 ERD(Entity-Relationship Diagram)를 이용하여 논리적 데이터 모델링 결과로 주요 엔터티 및 엔터티 간의 관계를 표현하고 엔터

티에 대한 명세를 기술한다. ERD에서는 엔티티가 모두 속성을 가져야 하지만 개념 클래스는 속성이 없는 기능만을 가진 클래스가 존재할 수 있다. ERD는 다음과 같은 규칙으로 표기한다.

- 개체(Entity): 시스템화할 정보의 대상으로 고유 식별자(UID: Unique Identifier)와 이름을 부여한다.
- 속성(Attribute): 엔티티나 관계의 성질을 나타낸다.
- 관계(Relationship): 엔티티 간 또는 속성 간 관계를 나타낸다.

표 3.12 엔티티 관계도 양식

1. 엔티티 관계도			
시스템이름		서브시스템이름	
ERD ID		ERD 이름	

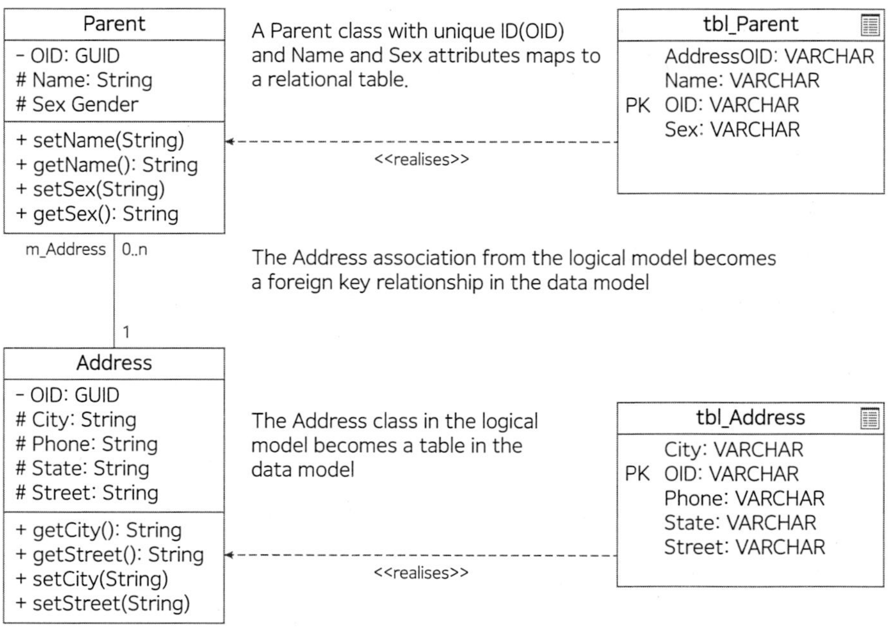

2 논리적 데이터 설계(Logical Data Modeling)

논리적 데이터 설계는 개념적 스키마를 DBMS에 적합한 논리적 스키마로 표현한다. 이때 모든 개체는 릴레이션 스키마로 변환한다. 또한 모든 관계를 독립적인 릴레이션으로 변환한다.

- 다대다 관계는 릴레이션으로 변환한다
- 일대다 관계는 외래키로 표현한다
- 일대일 관계는 외래키로 표현한다
- 다중 값 속성은 릴레이션으로 변환한다

릴레이션 스키마 변환 후 릴레이션 스키마에 대한 설계 정보를 테이블 명세서로 작성한다. 그래서 속성의 데이터 타입, 길이, 널 값 허용 여부, 기본 값, 제약 조건 등을 세부적으로 결정하고 결과를 엔티티 명세서로 문서화시킨다.

표 3.13 엔티티 명세서

<table>
<tr><th colspan="9">2. 엔티티 명세서</th></tr>
<tr><td colspan="2">테이블이름</td><td colspan="7"></td></tr>
<tr><td colspan="2">Entity ID</td><td colspan="2">D_Tran_01</td><td colspan="2">Entity 이름</td><td colspan="3">기관거래</td></tr>
<tr><td>속성명</td><td>데이터타입</td><td>길이</td><td>NULL 허용</td><td>기본키</td><td>외래키</td><td>인덱스</td><td>기본값</td><td>제약 조건</td></tr>
<tr><td>거래일</td><td>char</td><td>8</td><td>y</td><td>y</td><td></td><td></td><td></td><td></td></tr>
<tr><td>번호</td><td>integer</td><td>8</td><td>y</td><td>y</td><td></td><td></td><td></td><td>0 이상</td></tr>
</table>

3 물리적 데이터 설계(Physical Data Modeling)

물리적 데이터 모델은 DBMS 및 하드웨어나 운영체제 등 물리적 구현 요소를 고려하여 어떻게 저장할 것인가에 대해 정의한다. 즉, 데이터베이스의 인덱스 구조나 내부 저장 구조 등에 대한 물리적 모델을 구현한다. 물리적 모델은 데이터베이스 설계서로 기술한다.

데이터베이스 설계서는 최종적으로 설계된 테이블과 인덱스를 데이터베이스 공간에 매핑하고 저장 공간 등의 물리적 데이터베이스 설계 모델 내용을 기술한다. 데이터베이스 설계서는 데이터베이스 목록을 작성하고 데이터베이스의 물리적 상세 내용을 기술한다.

표 3.14 데이터베이스 정의서 양식

3. 데이터베이스 정의서					
DB ID		DB 이름		저장 그룹	
Buffer Pool				인덱스 BP	
TS ID	TS 용량	테이블ID	테이블이름	인덱스ID	인덱스용량

그리고 관계형 스키마를 작성하고 테이블의 칼럼을 만든다. 데이터의 중복을 제거하기 위해서 테이블 분할 원칙에 따라 테이블을 분할하고 모든 테이블을 3차 정규형(Normalization)으로 만든다. 그리고 M:N의 관계를 1:N으로 바꾼다.

엔티티 클래스(Entity Class)를 하나의 테이블로 만들고, 객체(object)와 테이블(table)을 매핑하여 관계형 테이블을 구축한다. 그리고 데이터 요소를 엔티티에 배정한다. 그래서 최종적으로 설계된 테이블과 인덱스를 데이터베이스 공간에 맵핑시키고 저장 공간 등의 물리 모델을 기술한다.

- class의 attribute는 테이블의 column: 하나의 객체는 하나의 레코드, 객체의 데이터는 하나의 칼럼으로 작성한다.

- 단순 데이터 구조를 가진 클래스는 테이블로 매핑한다.
- 객체 식별자는 기본 키로 매핑한다.
- 다른 클래스의 인스턴스를 속성으로 가지고 있는 클래스는 그 클래스를 위하여 별도의 테이블을 생성한다.
- M대 N의 관계는 별도의 테이블을 구성한다.
- 1대 1 연관은 외부 키 속성으로 구현한다.

표 3.15 관계형 테이블 양식

4. 테이블 명세서							
시스템 이름				DB 이름			
테이블 ID				테이블 이름			
테이블 개요							
순번	칼럼이름	칼럼ID	타입,길이	P.Key	Null	Default	비고

5 소프트웨어 컴포넌트 설계

5.1 소프트웨어 컴포넌트 설계 개요

소프트웨어 컴포넌트(Software Component)는 소프트웨어 시스템의 기본 구성 요소로, 모듈화되고 이식가능하며 대체가능하고 재사용 가능한 잘 정의된 기능의 집합이다. 이러한 컴포넌트는 명확하게 정의된 인터페이스를 가지고 특정 기능 또는 일련의 기능을 캡슐화하여 다른 컴포넌트와 상호작용한다. 그래서 소프트웨어 컴포넌트는 지정된 인터페이스와 명시적 컨텍스트 종속성을 가지고 독립적으로 배포할 수 있다.

소프트웨어 컴포넌트 설계(Component Design)는 상위 수준의 소프트웨어 아키텍처 설계에서 식별된 컴포넌트를 인터페이스, 알고리즘, 데이터 구조 및 통신 방법 등의 상세한 수준으로 정의하는 프로세스이다. 컴포넌트 설계는 시스템의 모든 요구사항을 만족시키며 직접 코드로 구현할 수 있도록 와이어 프레임과 기능을 서브루틴이나 서브프로그램 같은 최하위 상세 수준까지 완전하고 상세하게 설계한다. 이때 서브시스템 설계는 각 서브시스템이 담당하는 기능과 제약 사항을 명세하고 다른 서브시스템과의 인터페이스를 설계한다. 이에 반해 컴포넌트 설계는 서브시스템이 수행하는 기능을 여러 컴포넌트에 할당하고, 컴포넌트들의 인터페이스를 설계한다. 또한 자료구조와 알고리즘 설계는 개별 모듈에서 사용되는 자료 구조와 알고리즘을 자세히 설계한다.

컴포넌트 설계는 메소드, 이벤트 및 속성을 포함하는 잘 정의된 통신 인터페이스를 나타내는 개별 기능 또는 논리 컴포넌트로 분해하는 데 중점을 둔다. 이러한 컴포넌트 설계는 기본적으로 컴포넌트의 재사용성을 보장해야 한다.

컴포넌트 레벨 설계는 데이터 구조, 인터페이스 및 알고리즘을 소스 코드로 변환할 수 있는 그래픽, 표 또는 텍스트 기반의 중간 단계 표현을 사용할 수 있다. 그리고 컴포넌트 레벨 설계는 소프트웨어 시스템을 응집력 있고 캡슐화된 컴포넌트 단위로 분해하여 인터페이스를 통해 컴포넌트 간 상호작용을 할 수 있다.

또한 컴포넌트는 재사용 가능하고 기존 컴포넌트를 수정 없이 다른 컴포넌트로 확장할 수 있도록 한다. 소프트웨어 설계에서 초기에는 시스템 내에서의 중요한 상호작용을 보여주고 단계적으로 이러한 상호작용이 어떻게 이루어지는지 상세하게 보여준다.

소프트웨어 컴포넌트 레벨 설계 수행은 다음과 같은 단계를 수행한다.

1. 분석 및 아키텍처 모델에 정의된 모든 설계 클래스를 인식하고 설계 클래스로부터 재사용 가능한 컴포넌트를 기술하고 메시지 세부 사항을 지정한다.
2. 각 컴포넌트에 적합한 인터페이스를 식별하고 속성을 정제한다. 그리고 구현에 필요한 데이터 유형 및 구조를 정의한다.
3. 의사 코드(pseudo code) 또는 액티비티 다이어그램으로 작업의 처리 흐름을 자세히 기술한다.
4. 데이터 소스(데이터베이스 및 파일)를 기술하고 이를 관리하는 데 필요한 클래스를 식별한다.
5. 클래스 또는 컴포넌트에 대한 행위를 유스 케이스를 통해 식별하고 상태 다이어그램으로 정제한다. 또한 배포 다이어그램으로 구현과 관련된 세부 사항을 제공한다.
6. 특정 하드웨어 및 운영체제 환경을 지정하여 시스템에서 주요 패키지 또는 컴포넌트 클래스의 위치를 보여준다.

일반적으로 소프트웨어 컴포넌트 설계는 다음과 같은 속성을 갖는다.

표 3.16 소프트웨어 컴포넌트 설계 속성

속성	특징
재사용성(Reusability)	컴포넌트는 응용 프로그램마다 다른 상황에서 재사용할 수 있도록 설계한다.
대체 가능성 (Replaceable)	컴포넌트는 다른 유사한 컴포넌트로 자유롭게 대체할 수 있도록 설계한다.
상황 독립성 (Not context specific)	컴포넌트는 서로 다른 환경과 상황에서 작동하도록 설계한다.
확장 가능성(Extensible)	기존 컴포넌트에서 컴포넌트를 확장하여 새로운 동작을 제공할 수 있다.
캡슐화(Encapsulated)	컴포넌트는 인터페이스를 통해 기능을 사용하며, 내부 프로세스나 변수 또는 상태 등의 정보를 노출하지 않는다.
독립성(Independent)	컴포넌트는 다른 컴포넌트에 대한 종속성이 최소화되도록 설계한다.

5.2 소프트웨어 컴포넌트 모델링

소프트웨어 아키텍처 설계가 품질(비기능적) 요구사항에 초점을 둔다면 컴포넌트 설계는 기능 요구사항에 초점을 둔다. 그래서 소프트웨어가 수행하는 내용과 방법인 알고리즘 그리고 완료 기준에 대해 설계한다. 즉, 가장 하위 추상화 레벨에서 데이터를 저장하기 위한 데이터 구조 및 유형, 효율적인 구현을 위한 알고리즘 세부사항을 상세하게 기술한다. 또한 코드를 컴파일 단위, 라이브러리 또는 패키지 등으로 다양하게 그룹핑하는 패키징 방법을 결정한다.

소프트웨어 컴포넌트 설계를 위한 정적 모델은 클래스 다이어그램으로 표현한다. 또한 동적 모델은 인터페이스 다이어그램, 상태 다이어그램, 흐름도 및 의사코드로 표현한다.

❖ 클래스 다이어그램

클래스 모델은 소프트웨어 구현 단계로 핵심 개념을 잘 전달하는 것을 목표로 하여 클래스의 식별자, 관계, 속성 및 동작을 기술한다. 그래서 이 다이어그램은 시스템의 객체 구조 및 연관 관계를 정의하고 상태 모델과 인터랙션 모델에 상황을 제공한다. 이때 구조와 행위를 공유하기 위한 일반화(Generalization), 클래스 사이의 관계를 나타내는 연관(Associations) 그리고 클래스의 기능과 고유 정보 설정을 위해 정의하는 속성과 동작을 표현한다. 클래스 다이어그램을 확장하기 위하여 6가지 스테레오 타입을 사용한다.

❖ 상태 다이어그램

상태 모델은 객체의 시간에 따른 동작(operation) 발생을 모델링하는 것으로 변화가 발생하는 지점인 사건(event)과 사건에 대한 상황(context)인 상태(state)의 조합으로 정의한다. 상태 모델은 한 객체에 대해 시간의 흐름에 따라 발생한 이벤트와 상태의 변화를 모델링하는 상태 다이어그램으로 표현한다.

❖ 시퀀스 다이어그램

시퀀스 다이어그램은 소프트웨어 아키텍처의 구조적 컴포넌트 사이의 상호작용을 정의한다. 분석 단계에서는 비즈니스 관점에서 유스 케이스를 기반으로 시퀀스 다이어그램을 작성하였다면 설계 단계에서는 구현 관점에서 클래스 다이어그램을 기반으로 작성한다. 그래서 시퀀스 다이어그램은 함수 호출과 그 순서를 직관적으로 이해할 수 있도록 역할을 갖는 각 객체별로 서로의 호출 관계와 호출 정보를 기능별로 모델링한다.

❖ 액티비티 다이어그램

액티비티 다이어그램은 여러 프로세스의 진행 상황과 활동 상태를 연결하고 결합하여 표현한다. 다중 프로세스에서 동기화가 중요할 때 작성한다.

또한 소프트웨어 모듈 설계의 명세는 가시성과 이해성을 높이기 위해 도형을 이용하는 방법과 의사코드를 이용하는 방법이 있다. 도형을 이용한 상세 설계는 흐름도(Flowchart), 나치-슈나이더만 차트(Natch Schneiderman Chart), 상태전이도(State Transition Diagram) 등을 사용하여 기능의 세부 동작을 설계한다. 이에 반해 의사코드(Pseudo Code)를 이용한 상세 설계는 프로그램 언어와 유사한 의사코드를 이용하여 코드 레벨에서 설계사항을 기술한다.

5.3 소프트웨어 컴포넌트 설계 문서화

상세 설계서는 시스템 전체 구조에 대해 모든 컴포넌트가 하나의 기능을 수행하고 단일 유닛으로 구현될 때까지 각 서브시스템을 계속해서 세분화한다. 그리고 개별 프로그램에 대한 조건, 기능 및 품질 요구사항에 대한 상세 논리 구조, 내부 데이터의 구조, 라이브러리 루틴 사용 그리고 인터페이스 내용 등의 정보를 프로그래머가 이해하고 시스템을 구현할 수 있을 만큼 상세하게 기술한다. 그래서 이 소프트웨어 설계 문서를 통해 고객과 의사소통의 불일치를 제

거하여 요청한 내용대로 소프트웨어를 개발한다.[29]

다음은 일반적인 소프트웨어 컴포넌트 설계 문서 양식을 보여준다.

표 3.17 소프트웨어 프로세스 상세 설계 명세 템플릿

1. 개요(Introduction)
    1.1. 목적과 목표(Goals and Objectives)
    1.2. 솔루션 범위(Scope of Solution)
    1.3. 제약사항(Constraints)
    1.4. 참고 자료(References)
        1.4.1 프로젝트 참조(Project References)
        1.4.2 표준 및 규정 참조(Standard and regulatory References)
2. 아키텍처 및 컴포넌트 설계(Architectural and Component-Level Design)
    2.1. 아키텍처 개요(Architecture Overview)
    2.2. 컴포넌트 명세(Description of Components)
        2.2.n Component #n
            클래스 이름(Class#n):
            데이터 요소/변수(Attributes):
            메소드 이름(Method #N):
            사전조건(Precondition):
            사후조건(Postcondition):
            처리(Algorithm):
            에러처리(Error handling/Exception processing):
    2.3. 요구사항 추적 매트릭스(Requirements Traceability Matrix)
    2.4. 외부 시스템 인터페이스(External system interfaces)
3. 데이터 아키텍처(Data Architecture)
    3.1. 개체-관계 다이어그램(Entity-Relationship Diagram)
    3.2. 임시 데이터 구조(Temporary data structure(s))
4. 품질 보증(Quality Assurance)
    4.1. 상세 테스트 계획(Detailed Test Plans)
        4.1.n. Test Plan for Component #n

Appendices
    Appendix A Screen Layouts
    Appendix B Report Layouts

참고문헌

1. IEEE 1471–2000, "IEEE Recommended Practice for Architectural Description for Software–Intensive Systems", IEEE, 2000
2. IEEE, "Guide to the Software Engineering Body of Knowledge(SWEBOK) ver 3.0", IEEE Computer Society, 2014
3. ISO/IEC/12207–2008 "Systems and software engineering–Software Life cycle processes", ISO, 2008
4. Dinesh Thhur, "Principles of Software Design & Concepts in Software Engineering", http://ecomputernotes.com/
5. Vamsi Madasu, Trinadh Venna, Tarik Eltaeib, "SOLID Principles in Software Architecture and Introduction to RESM Concept in OOP", Journal of Engineering Science and Technology, Vol 2, No.2, 2015
6. Len Bass Paul Clements, Rick Kazman, Software architecture in practice 3rd Ed., Addison–Wesley, 2015
7. 강성원, "소프트웨어 아키텍처 설계의 근본 원리들", 소프트웨어공학소사이어티 논문지 제23권 제4호, 2010.12
8. CMU SEI, "What Is Your Definition of Software Architecture", https://resources.sei.cmu.edu/library/, 2017
9. Mark Weiser, "The Computer for the TwentyFirst Century," Scientific American, 1991
10. Philippe Kruchten, "Architectural Blueprints–The "4+1" View Model of Software Architecture", IEEE Software Vol.12, No.6, 1995.11
11. Booch, Rumbaugh, and Jacobson, The Unified Modeling Language User Guide, 1998
12. NIPA, "SW 아키텍처 설계 지침: 실무적으로 접근한 아키텍처 설계 수행 지침", SW공학센터 SEC–2011–TR–001, 2011,03

13. Basharat Hussain, "4+1 View Model of Software Architecture", COMSTAS IIT, 2016.11
14. OMG, Unified Modeling Language (OMG UML), Version 2.3, 2010
15. Scott W. Amber, "UML 2 Class Diagramming Guidelines", Agile Modeling
16. NIPA, "SW 아키텍처 참조모델–의료정보교환 시스템의 SW 아키텍처 참조모델", SW공학센터, 2012
17. Interaction Design Foundation, "User Interface (UI) Design", https://www.interaction-design.org/literature/topics/ui-design
18. ISO 9241-220:2019, "Ergonomics of human-system interaction-Part 220: Processes for enabling, executing and assessing human-centred design within organizations", ISO, 2019
19. EUPHEMIA WONG, "User Interface Design Guidelines: 10 Rules of Thumb", www.interraction-design.org, 2019
20. Jochen Wolters, "An Introduction to Ben Shneiderman's Eight Golden Rules of Interface Design", https://www.slideshare.net/, 2013
21. NIPA, "소프트웨어 개발 UI/UX 참조모델 가이드", 소프트웨어공학센터, 2014
22. TechTerms, "WIMP", https://techterms.com/definition/wimp
23. Paula Borowska, "What is the point of material design?", https://designmodo.com/, 2014
24. Nick Babich, "Experience Design Essentials: Animated Microinteractions in Mobile App", SmashingMagazine, 2016
25. J.Kalbach, Designing Web Navigation, O'REILLY Media Inc., 2007
26. Themejunkie, "What is a Mega Menu?", https://www.theme-junkie.com/what-is-mega-menu-examples/
27. TTAK.KO-11.0162, "CBD 소프트웨어 산출물 개발 지침", 한국정보통신기술협회, 2013
28. Creately, "Database Model Templates to Visualize Databases", https://creately.com/, 2018

CHAPTER 4

소프트웨어 시스템 구현

CONTENTS

1 소프트웨어 구현

1.1 소프트웨어 구현 개요

소프트웨어 구현(Software Implementation)은 설계 산출물을 기반으로 요구사항을 충족하는 실행 가능한 시스템을 구현하는 프로세스이다.[1.2] 즉, 데이터베이스, 사용자 인터페이스 및 컴포넌트 설계 내용을 기반으로 플랫폼과 코딩 표준에 맞게 구현하고 문서화된 소스 코드를 산출한다. 그리고 최종적으로 구현한 소스 코드와 산출물의 품질과 보안 약점을 점검하고 취약점에 대해 조치한다.

1 소프트웨어 구현 원칙

소프트웨어 구현은 소프트웨어의 특성과 개발자의 기술에 따라 다양하지만 일반적으로 다음과 같은 내용을 따른다.

❖ 단순하고 읽기 쉬운 코드 생성

소스 코드는 개발자가 쉽게 읽고 이해할 수 있도록 가능한 단순하고 가독성 있게 작성한다. 코드가 단순할수록 에러가 적고 결함관리에 드는 노력도 적으며, 유연하고 높은 품질을 가지므로 복잡한 코드를 작성하지 않는다.

또한 코드는 복잡한 구조와 정보를 최소화하여 중복을 방지하고 기본 구조의 변경 없이 확장이 가능하도록 한다. 그래서 코드를 작성할 때 가독성 측면에서 읽기 쉬운 것과 최적화 측면에서 최적의 공간과 시간으로 처리하는 것을 모두 고려해야 한다.

❖ 아키텍처 중심 구현

코드 작성을 시작하기 전에 먼저 무엇을 수행할지, 어떻게 사용할지, 어떤 모듈이나 서비스가 상호 작동하는지, 어떤 구조를 가지는지, 어떻게 테스트 및 디버깅을 하는지 그리고 어떻게 업데이트되는지를 고려한다.

또한 소프트웨어는 시간이 지남에 따라 변경되기 때문에 변경을 예상하고 기본 구조에 영향을 주지 않으면서 소프트웨어를 향상시킬 수 있도록 작성한다.

❖ 검증 및 측정 가능한 코드 생성

소프트웨어 개발자가 테스트 및 운영 활동 중에 쉽게 결함을 찾을 수 있는 방식으로 소프트웨어를 구현한다. 이를 위해 복잡하거나 이해하기 어려운 언어 구조의 사용을 제한하고 코딩 표준을 준수하며, 코드 검토 및 자동화 테스트 지원이 가능하도록 코드를 작성한다.

품질관리 및 구현 프로세스 개선을 목적으로 구현 활동에서 생성된 산출물로부터 개발된 코드, 수정된 코드, 재사용된 코드, 삭제된 코드, 코드 복잡성, 코드 검사율, 결함 수정율 및 결함 발견율, 투입 노력 및 일정 등을 측정한다.

❖ 재사용 가능한 코드 구현

소프트웨어 구현 단계에서 생산성과 품질을 높이기 위하여 향후 코드를 재사용할 수 있도록 소프트웨어를 자산화하고 또한 자산을 체계적으로 재사용할 수 있도록 한다. 재사용에는 "재사용을 위한 구현(construction for reuse)"과 "재사용을 가진 구현(construction with reuse)"의 두 가지 측면이 있다. 재사용을 위한 구현은 재사용 가능한 소프트웨어 자산을 만드는 것이고, 재사용을 가진 구현은 라이브러리, 모듈, 컴포넌트, 소스 코드 및 상용 제품 등의 소프트웨어 자산을 재사용하여 새로운 시스템을 구축한다.

재사용 가능한 코드 구현을 위해서 코드의 중복을 피하고 라이브러리나 컴포넌트로 캡슐화하고 또한 체계적 재사용을 위해서는 재사용 가능한 소프트웨어 자산에 대한 기술 및 변동성 테스트를 수행한다.

❖ 적절한 구현 환경의 적용

구현 언어는 문제 해결을 위해 실행 가능한 방법을 지정할 수 있는 모든 형태의 의사소통 방법을 포함한다. 구현 언어 및 구현 결과는 성능, 안정성, 이식성 등의 소프트웨어 품질 속성 및 보안 취약점 등에 영향을 준다.

객체지향 프로그래밍이나 절차적 프로그래밍 같은 프로그래밍 스타일을 선택하는 것은 개발자에 달려 있다. 일반적으로 객체지향 프로그래밍을 사용하면 체계적인 코드를 작성할 수 있고 절차적 프로그래밍을 사용하면 특정 작업을 독립적으로 수행하는 기능을 작성할 수 있다.

2 소스 코드 품질 향상을 위한 코딩 기술

좋은 품질의 코드를 구현하기 위하여 먼저 고객이 실제로 필요로 하는 최고 가치 기능(MVF: Most Valuable Features)을 찾아 반복적으로 구현한다.[3] 그리고 소프트웨어 결함 등으로 인해 데이터가 손실될 수 있기 때문에 코드를 안전하게 유지하기 위하여 자주 저장하고 백업을 위하여 형상관리 도구나 버전제어 시스템을 사용한다.

❖ 테스트 커버리지(Test Coverage)

소프트웨어 개발에서 테스트는 시간과 비용 그리고 자원적인 제약에 의해 충분히 수행하기 어렵다. 특히 잘못된 테스트 케이스를 작성하고 테스트하는 경우 테스트를 하지 않은 코드보다 더 위험할 수 있다.

❖ 중복배제(DRY: Don't Repeat Yourself)

함수, 클래스 및 인스턴스 등을 사용하여 이미 작성된 동일한 코드를 재작성하지 않는다. 이 원칙을 통해 개발자는 중복을 피하여 클린 코드를 생성할 수 있다.

❖ API 사용("Don't reinvent the wheel")

현재 소프트웨어 프로젝트에 투입되는 노력의 40~50%는 재작업으로 소비된다. 만일 API 기능을 사용하면 코딩할 필요가 없기 때문에 메소드를 구현하기 전에 먼저 사용 가능한지 확인한다.

❖ 주석 처리(Comments Are Your New Best Friends)

코드를 작성할 때 주석을 작성하면 팀 작업 시 코드를 쉽게 이해하거나 디버깅, 업데이트 및 기타 유지보수 활동을 쉽고 효율적으로 할 수 있다. 그러나 실제로는 주석 없이 이해할 수 코드가 가장 좋은 코드이다.

❖ 코드 리뷰(Code reviews)

코드 리뷰는 코드 품질을 유지하기 위한 것이다. 그러나 코드 리뷰는 많은 시간과 노력을 필요로 하며 참여 인원들의 만족도가 낮기 때문에 필요시에만 수행하는 것이 효율적이다.

1.2 소프트웨어 클린 코드

클린코드(clean code 또는 good smell code)는 소스 코드를 단순하고 직접적으로 표현하며, 의존성을 최소화하고 추상화를 통해 논리를 단순화하여 쉽게 읽고 이해할 수 있는 가독성 높은 코드를 의미한다. 이러한 클린 코드는 가능한 하나의 파일을 하나의 언어로 작성하고 최대한 적은 라인으로 구현하며 코딩 표준을 준수한다.

클린 코드는 코드를 이해하는 데 들이는 시간과 노력을 최소화한다. 또한 에러를 방지하고 명확히 정의하여 유지보수성을 증대시키고 성능을 최적으로 유지한다.

이에 비해 나쁜 코드(bad smell code)는 의미가 불명확한 이름과 하드 코딩, 복잡한 제어문이나 조건문을 사용하여 가독성이 낮고 이해하기 어려운 코드를 의미한다.[4] 또한 소스 코드 안에 사용하지 않는 코드(Dead code)가 있거나 사이즈가 큰 클래스 또는 과다한 상속 그리고 한 파일 안에 여러 언어를 사용할 때 발생한다.

소스 코드의 품질이 낮을수록 개발 시간이 지남에 따라 기능이 추가되고 변경되면서 코드는 점점 더 위험해지고 복잡해진다. 결국 코드의 품질은 소프트웨어의 유지보수성과 관련되어 나쁜 코드가 증가할수록 개발 생산성은 떨어진다.[5]

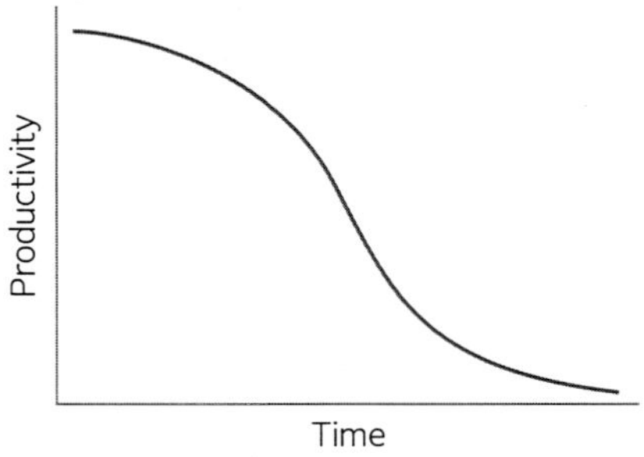

그림 4.1 코드 품질과 생산성

출처: Butterfly

일반적으로 소프트웨어 코드를 작성할 때는 개인보다 팀으로 작업하기 때문에 코드를 깨끗하고 이해하기 쉽게 유지해야 한다. 또한 프로그래머뿐만 아니라 개발자들도 프로그램의 흐름과 구조를 통해 실제 수행 작업을 이해할 수 있도록 한다. 이러한 클린 코드는 프로젝트의 가치를 높여준다.

❖ 의미를 가진 이름

코드에 사용되는 변수, 상수, 배열 및 함수 등의 이름은 존재 이유나 작업 내용 그리고 사용 방법 등과 관련한 의미를 가져야 한다. 또한 추상적이거나 의미를 알 수 없는 이름 대신 의미를 직관적으로 알 수 있도록 작성한다. 그래서 코드를 작성할 때 적절한 이름 지정 규칙과 코드 전체에서 일관된 명명 체계를 제공한다.

표 4.1 bad smell을 가진 이름 작성

유형	이름	문제 내용
추상적인 변수이름	do( ), process( )	일반적인 이름보다는 의미를 파악할 수 있도록 구체적으로 작성
의미없는 변수이름	i, j, k	문맥에 맞고 일관성 있는 단어를 사용하고 단어의 의미를 단일 목적으로 사용
의미없는 상수값	if (count > 25)	상수의 의미를 정의해서 사용

❖ 가독성을 가진 코드 구조

컴포넌트는 쉽게 읽고 이해할 수 있도록 작고 한 가지 기능만 수행하도록 만든다. 소스 코드의 문장은 가능한 짧게 작성하여 가독성을 높여 사용한다. 그리고 전체 구조에서 들여쓰기나 줄 바꿈은 일관성과 심미성을 가지고 구성한다. 또한 제어문의 중첩 구조는 너무 깊은 중첩을 사용하지 않고 복잡한 제어문은 블록 구조화시킨다.

❖ 명확하고 간결한 주석

주석은 소스 코드의 가독성을 높이고 개발자 간의 이해를 돕기 위해 작성한다. 그러나 불필요한 주석이나 잘못된 주석은 오히려 코드를 이해하는 것을 어렵게 만들 수 있다. 따라서 주석은 필요한 경우에 간결하고 명확하게 작성한다. 특히 낮은 품질의 소스 코드일수록 주석이 필요하지 않도록 구체적이고 명확하게 작성한다. 또한 같은 의미를 반복하거나 불명확한 의미를 기술하거나 다른 내용을 설명하고 일관성이 없는 주석 등은 피해야 한다.

❖ 코딩 표준 준수

대부분의 프로젝트나 조직은 구현 과정에서 구현 기준으로 내·외부 개발 표준을 적용하여 코드를 생성한다. 이러한 표준은 문서 형식 및 내용에 따른 의사소통 방법, 이름 작성, 레이아웃 및 들여 쓰기 등의 코딩 표준 그리고 운영체제 호출을 위한 인터페이스 표준 등의 플랫폼과 다이어그램 등과 관련된 도구 표준을 제공한다.

2 소프트웨어 코딩 스타일

2.1 소프트웨어 코딩 스타일 개요

소프트웨어 코딩 스타일(Coding Style)은 프로그래밍 스타일 또는 코드 스타일이라 하며 소스 코드를 작성할 때 표준화와 일관성을 확보하여 프로그램이 올바르게 실행할 수 있도록 소스 개발에 대한 규칙 또는 지침을 정의하는 것이다. 이러한 코딩 스타일은 코드 구조와 같은 전체 수준이나 서식 지정과 같은 하위 수준의 규칙을 모두 포함하며, 특정 프로그래밍 언어별로 적용한다.[7]

소프트웨어 개발에서 코딩 기법은 주로 코드의 가독성과 유지관리성을 향상시키고, 반면에 프로그래밍 방식은 소프트웨어의 성능을 향상시킨다.[8] 여기에서 가독성은 개발자가 소프트웨어 시스템을 이해하는 데 직접적인 영향을 주며, 유지관리성은 기능을 쉽게 추가 또는 수정하거나 성능을 향상시킬 수 있는 방법을 제공한다.

많은 프로그래밍 경험을 통해 프로그래밍 스타일은 단순한 문장 구조를 가지고 의미 있는 변수와 상수를 선언한다. 그리고 명확하고 이해 가능한 조건문 구조를 가진다. 일반적으로 좋은 코딩 스타일은 다음과 같은 작업을 고려한다.

- 코드는 가능한 한 라인으로 작성한다.
- 변수와 함수는 하나의 목적으로만 사용한다.
- 클래스를 작성할 때 public 변수를 사용하지 않는다.
- 변수의 범위를 가능한 작게 유지한다.
- 변수는 강제 데이터 변환(cast)을 하지 않는다.
- 상수(constants)를 제외하고는 가능한 하드 코딩을 하지 않는다.
- 리소스를 절약하기 위하여 변수 크기가 작은 데이터 유형을 선택한다.
- if… then 문의 반복적인 사용보다 select case나 switch 문을 사용한다.

- 객체는 가능한 늦게 생성하고 빨리 제거하여 리소스를 확보한다.
- 순차적으로 재사용하는 리소스를 액세스할 때 배타적 메커니즘을 적용한다.
- 기능은 항상 테스트 케이스를 기반으로 테스트해야 한다.
- 극단 값을 갖는 테스트 케이스(0, 빈 문자열/리스트, null 값 등)를 작성한다.
- 확장성이나 성능이 중요한 경우에 메소드를 호출할 때는 모든 값을 입력 매개 변수를 사용하여 객체 상태를 보존할 필요가 없도록 한다.
- 예상되는 모든 오류 처리 루틴을 작성한다.

2.2 소프트웨어 코딩 표준

소프트웨어 코딩 표준(Software Coding Standard)은 프로그래밍 표준, 프로그래밍 스타일 또는 코딩 규칙이라 하며, 소스 코드의 정형화를 위해 개발자가 따라야 하는 프로그래밍 스타일에 대한 규칙 및 지침의 집합이다.

소프트웨어 코딩 표준은 개발자의 활동을 정의하는 것이 아니라 소스 코드의 가독성, 유지관리성 그리고 호환성 등을 향상시키기 위해 사용한다.

그래서 시스템을 협업으로 개발할 때 개발자들이 동일한 형식으로 코드를 작성하여 소스 코드를 읽고 이해하기 쉽도록 하고, 일관된 품질 수준을 제공하여 코드를 쉽게 유지관리할 수 있다. 또한 재사용 가능한 코드를 생성하고 오류를 쉽게 감지하여 결함을 줄임으로써 개발 노력과 유지관리 비용을 단축시키고 코드 품질을 향상시킬 수 있다.[9,10]

코딩 표준은 조직 내의 개발자들이 따라야 하는 조직 측면의 코딩 표준과 프로그래밍 언어를 위해 작성되어 모든 프로그래머가 따라야 하는 언어 측면의 코딩 표준의 두 가지 유형이 있다. 따라서 좋은 소프트웨어 개발 조직은 조직에 적합하고 개발하는 소프트웨어 유형에 따라 잘 정의된 포괄적인 코딩 표준을 유지한다.

일반적인 코딩 표준은 코드 구성과 관련된 모든 측면을 포함하며, 개발자는 소프트웨어 프로젝트 전체에서 처음부터 끝까지 이를 엄격하게 준수해야 한다. 그래서 소프트웨어 프로젝트를 시작할 때 모든 개발자가 함께 작업할 수 있도록 코딩 표준을 설정한다.

"Java 파일의 확장자는 .java로 한다"와 같은 규칙은 모든 개발자들이 분명하게 따르지만, 구현 결과에 직접적인 영향을 주지 않는 권장 표준에 대해서는 잘 따르지 않는다. 특히 오픈소스 소프트웨어 개발은 모든 코드를 온라인에서 자유롭게 사용하며, 다른 개발자가 작성한 소스 코드를 읽고 코드 상의 보안 결함이나 버그를 식별하고 코드를 확장한다. 따라서 코딩 규칙을 따르지 않으면 다른 개발자가 만든 코드를 이해하고 프로그램의 잠재적 결함을 식별하기가 어렵기 때문에 코딩 표준의 중요성을 강조하고 있다.

일반적으로 권장하는 소프트웨어 코딩 표준의 내용은 다음과 같다.

1 표준 헤더(Standard headers for different modules)

소스 코드를 이해하고 유지하기 위해 모듈의 헤더가 표준 형식과 정보를 지정한다. 모듈 헤더 속에는 모듈 이름, 생성 날짜, 작성자, 모듈 개요, 변경 이력, 모듈이 액세스하거나 수정하는 전역 변수 등과 같은 내용을 지정한다.

2 명명 규칙(Naming conventions)

소스 코드의 논리적 흐름을 이해할 수 있도록 소프트웨어 요소의 단순화를 위한 추상화를 유지하며 의미 있는 이름을 지정한다. 특히 이름은 "어떻게(how)"가 아니라 "무엇(what)"을 나타내야 한다.

- 변수, 상수 및 함수는 사용 목적과 내용을 이해할 수 있도록 의미 있고 이해하기 쉬운 이름을 명확하고 간략하게 나타낸다.
- 변수 및 함수 이름은 여러 단어로 구성하고 대소문자를 포함하여 camel형식으로 기술한다.

- 변수 이름에는 가능한 숫자를 사용하지 않는다.
- 상태 변수의 이름을 지정할 때는 플래그와 같은 용어를 사용하지 않는다.
- 상수 이름은 단어 사이를 밑줄로 연결하고 대문자만 사용한다.
- 클래스 속성 이름에 클래스 이름을 포함시키지 않는다.
- 함수의 이름을 지정할 때는 반환되는 값에 대한 설명을 포함한다.
- 약어 사용을 최소화한다. 만일 약어를 사용하는 경우 하나의 의미만을 가져야 하며 일관성을 유지한다.

3 변수 선언(Variable declarations)

변수는 의미를 나타낼 수 있도록 충분한 길이로 선언한다.

- 변수는 예약된 키워드를 제외하고 모든 이름을 사용할 수 있다.
- 변수는 사용 목적을 나타낼 수 있도록 의미 있는 이름을 제공한다.
- 변수는 한 가지 목적으로만 사용한다.
- 변수는 전역적인 사용을 제한한다. 그리고 전역으로 선언할 수 있는 데이터 유형과 할 수 없는 데이터 유형을 지정한다.

4 들여쓰기(Indentation)

들여쓰기는 컴파일에 영향 없이 코드를 논리적으로 구성하고 가독성을 높일 수 있다. 또한 코드를 유지 관리할 때도 정확하고 효과적으로 수행할 수 있다.

- 들여쓰기에 대한 기준을 설정하고 일관되게 사용한다.
- 각 블록의 시작과 끝은 적절하게 들여쓰기를 한다.
- 중첩된 각 블록은 적절히 들여쓰기하고 간격을 둔다.
- 함수의 인수 사이에 쉼표를 제공하고 공백을 둔다.
- 중괄호는 새 줄에서 시작하고 중괄호 끝의 코드도 새 줄에서 시작한다.

5 주석 코드(Commenting code)

코드를 이해하기 어려우면 이해하기 쉽게 주석을 포함한다.

- 주석은 코드를 이해하기 쉽게 짧고 단순하게 유지한다.
- 모든 이해관계자들에게 코드 기능을 명확하게 보여준다.
- 모든 줄에 주석을 작성할 필요 없이 필요한 라인에만 작성한다.

6 오류 반환 값 및 예외 처리 규칙

- 오류가 발생하는 함수는 디버깅을 단순화하기 위해 0 또는 1을 반환한다.
- 이해하기 어려운 코딩 스타일은 사용하지 않는다.
- 함수는 이해하기 쉽도록 크게 작성하지 않는다.

2.3 C 코딩 표준

현재 여러 기관에서 C 프로그래밍을 위한 표준을 제안하고 있다. 그중 MISRA–C는 영국의 MISRA(Motor Industry Software Reliability Association)에서 안전 관련 임베디드 소프트웨어를 개발할 때 "C" 언어의 사용을 지원하기 위해 개발한 코딩 표준이다(https://www.misra.org.uk/).[11]

자동차 산업에서 시작한 MISRA–C는 이후 우주항공, 의료장비, 철도, 국방 등 안전에 민감한 산업이나 소프트웨어 품질 개선 분야에서 소프트웨어의 결함을 줄이고 안전성, 보안성, 신뢰성 및 이식성을 제공할 수 있는 있는 코드를 작성하기 위한 임베디드 C 프로그래밍에 대한 사실상의 표준이 되었다.

처음에 자동차 소프트웨어의 안전성을 위해 "Guidelines for the use of the C language in vehicle based software"(MISRA–C:1998)을 발표한 MISRA–C는 이후 모든 안전에 민감한 시스템에 사용할 수 있도록 "Guidelines for the use of the C language in critical systems"(MISRA–C:2004)을 발표하였다. 이

후 "Guidelines for the use of the C language in critical systems"(MISRA-C:2012)를 발표하였고, 이후 MISRA-C는 전 세계에서 가장 널리 사용되는 C 코딩 규칙이 되었다.

현재 MISRA-C:2012에서는 10개의 Mandatory, 111개의 Required와 38개의 Advisory 등 총 159개 코딩 규칙으로 구성되어 있다. 여기에서 "Mandatory Rules"은 직관적이고 명확하며 예외가 허용되지 않는다. 그리고 "Required Rule"은 반드시 준수해야 하는 규칙이고 "Advisory Rules"는 그보다 완화된 정도로 적용될 수 있다.[12]

MISRA-C는 독립적으로 사용될 수 있지만, 소프트웨어 개발 생명주기 프레임워크에서 MISRA-C의 원칙을 사용할 때 더 유용하다. 즉, 완전성, 명확성 그리고 정확성을 가지는 소프트웨어 요구사항과 일치하는 설계 명세를 기반으로 MISRA-C를 적용하여 소스 코드를 개발한다.

2.4 Java 코딩 표준

객체지향 언어인 Java는 플랫폼 독립적이며 뛰어난 이식성을 가지고 풍부한 오픈소스 라이브러리를 사용하여 다양한 애플리케이션을 개발할 수 있어 현재 가장 핵심적인 프로그래밍 언어로 사용되고 있다.

다수의 개발자들 사이에 협업을 통한 소프트웨어 개발 환경에서 Java 언어의 특징을 지원하는 표준화된 코딩 스타일은 개발자들 상호 간의 소스 코드에 대한 가독성과 이해성을 높이고 일관성을 제공함으로써 소프트웨어의 품질 및 유지보수성을 확보할 수 있도록 한다.

그러나 Java 코딩 스타일에 대해 국제적으로 적용되는 표준보다는 특정 조직별로 제공되는 가이드를 사용하고 있다. 현재 국내에서는 정보통신기술협회(TTA)에서 Java 코딩 지침을 제공하고 있다. 또한 국제적으로는 Java를 개발한 SUN과 Google에서 Java 코딩 가이드를 제공하고 있다.

1 TTA의 Java 코딩 지침

TTAK.KO-11.0183 "소프트웨어 품질 향상을 위한 Java 코딩 지침" 표준은 Java를 이용하여 소프트웨어 시스템을 구축할 때 가독성이 제고된 상태에서 신뢰성과 유지보수성을 향상시켜 오류를 방지하고 발생할 수 있는 제약 사항들에 대한 대응을 강화하여 고품질로 개발 및 운영될 수 있는 소프트웨어를 구현할 수 있도록 Java 코딩 지침을 제시한다.[13]

JAVA 코딩 지침 규칙은 Java 소스 파일 구성, 코드 기본 체계, 연산 및 자료 표현, 제어 구조 형식 그리고 Java 예외 및 기타 지침 등으로 분류하여 50개의 규칙을 제공한다.

❖ Java 소스 파일 구성

파일 구성

- 하나의 소스 파일은 하나의 public 클래스 또는 인터페이스를 포함한다.
- 소스 파일은 『파일 헤더(주석) - package - import - 클래스와 인터페이스 헤더(주석) - 클래스와 인터페이스 선언』의 순서로 구성한다.
- 파일 내에 아무런 영향을 주지 않는 코드를 포함하지 않는다.

코드 구성

- 소스 코드 각 행은 하나의 문장만을 포함한다.
- import 문에서 '*' 대신 클래스명을 명확하게 기술한다.

❖ Java 코드 기본 체계

이름 구성

- 이름에는 특수문자 중 숫자와 밑줄('_')만 사용한다.
- 이름은 지역변수명을 제외하고 최소 3자 이상으로 작성한다.
- 패키지명은 전체를 영어 소문자로 작성한다.
- 클래스명은 모든 구성 단어의 첫 글자를 대문자로 시작한다.
- 인터페이스명은 모든 구성 단어의 첫 글자를 대문자로 시작한다.
- 변수명은 소문자로 시작되는 lowerCamelCase로 작성한다.
- 메소드명은 소문자로 시작되는 lowerCamelCase로 작성한다.
- 기호 상수명(Symbolic constant name)은 전체를 대문자로 작성한다.
- 생성자명(constructor name)은 클래스명과 동일한 명칭을 사용한다.
- 메소드명, 멤버변수명, 지역 변수명, 매개변수명은 다르게 사용한다.

주석

- 클래스/메소드/제어 블록의 주석은 해당 클래스의 바로 위에 작성한다.
- 메소드 주석은 시작 부분에 작성한다.

공백

- 메소드명과 인수 부분 사이는 공백 없이 사용한다.
- 탭은 4칸을 기준으로 일관성 있게 사용한다.

변수 선언

- 지역변수는 선언할 때 초기화한다.
- short 형 변수는 int 형으로 사용한다.

❖ Java 연산 및 자료 표현

연산자

- 단항연산자는 피연산자와 공백 없이 작성한다.
- 증감연산자는 다른 연산자와 결합하여 사용하지 않는다.
- 이항연산자는 '.' 를 제외하고 앞뒤를 공백으로 구분한다.
- 비트연산자는 부호 있는 데이터(Signed data)의 연산에 사용하지 않는다.
- 문자열을 비교할 때 연산자 '==' 대신 equals()를 사용한다.
- 모든 문자열 연산은 Null 값을 검사한다.

❖ Java 제어 구조 형식

들여쓰기

- 복합문장에서 내포된 문장들은 한 단계 들여쓰기한다.
- 들여쓰기를 위한 탭은 일관성 있게 적용한다.

중괄호

- 제어 블록에 포함된 문장이 한 개라도 중괄호를 사용한다.
- 제어 블록의 '{' 와 '}' 위치를 일관성 있게 적용한다.
- 제어 블록의 '{' 뒤 동일한 행에 문장 사용을 제한한다.

제어 블록

- 제어 블록의 조건 영역에서 '=' 연산자 사용을 제한한다.
- 제어블록 조건 영역 바로 뒤에 세미콜론을 사용하지 않는다.
- 제어 블록의 내부가 빌 때는 중괄호 사이에 주석을 기술한다.
- switch 블록의 마지막 항목은 default 문을 작성한다.

❖ Java 예외 및 기타 지침

try~catch 문

- catch 문은 예외상황별로 예외처리를 기술한다.
- finally 문을 포함한다. finally 문이 빌 경우 사유를 주석처리한다.
- finally 문 내부에 return을 기술하지 않는다.
- 세부적 예외 클래스 객체를 생성하여 throw한다.
- override 메소드하는 메소드에는 Override annotation을 사용한다.
- 클래스 내의 멤버변수는 public으로 선언하지 않는다.
- 인위적인 Garbage Collector 호출은 제한한다.
- 비추천 API는 사용을 제한한다.
- 메소드 없는 인터페이스는 정의하지 않는다.

2 Oracle의 Java 코딩 지침

Java를 개발한 Sun Microsystem에서 제공하는 "Java Code Conventions"은 소프트웨어 개발자들이 코드를 더 빠르고 완벽하게 이해하고, 또한 소프트웨어 유지 보수가 용이하도록 소프트웨어의 가독성을 향상시키는 목적으로 제공한다.[14]

이 표준은 Java 파일 이름 및 구조, 들여쓰기, 주석, 선언과 명령문, 공백 및 명명 규칙과 프로그래밍 규칙 등에 대한 전체 36개의 코딩 규칙을 제공하고 있다.

❖ Java 소스 파일 구성

파일 이름

- 파일확장자: 자바 소스는 .java, 자바 바이트코드는 .class를 사용한다.
- 공통 파일: GNUmakefile(make 파일), README(특정 디렉토리 내용 요약)

파일 구조

- 자바 소스 파일은 하나의 public 클래스 또는 인터페이스를 가진다.
- 시작 주석->Package 문과 Import 문->클래스와 인터페이스 선언문 순서로 기술한다.
- 섹션들은 빈 줄이나 주석으로 나누어지며 여러 개로 구성된다.
- 문서화 주석->클래스/인터페이스문->구현주석->클래스 변수->일반 변수->생성자->메소드의 순서로 기술한다.

❖ Java 코드 기본 체계

들여쓰기

- 들여쓰기는 4 빈칸 단위로 한다. 탭은 8개의 빈칸으로 설정한다.
- 한 줄 길이는 라인당 70자를 넘지 않도록 한다.
- 줄 나누기(Wrapping line)는 수식이 한 줄을 넘어갈 때 콤마 후, 연산자 전 그리고 레벨이 높은 원칙에 따라서 분리한다. 새로운 줄은 앞줄과 들여쓰기를 일치시킨다.
- 메소드는 4개 빈칸, 문장은 8개 빈칸 들여쓰기를 한다.

주석

- 구현 주석(implementation comments)은 /*…*/과 //로 표시하며, 블록(BLOCK) 주석, 한줄(SINGLE-LINE) 주석, TRAILING 주석 그리고 END-OF-LINE 주석이 있다.
- 문서 주석(documentation comments): /**…*/로 표시하며 클래스, 인터페이스, 생성자, 메서드 그리고 필드들을 설명한다. 문서 주석은 선언 바로 전에 기술하고, 메소드나 생성자 정의 블록 안에는 기술하지 않는다.

❖ Java 문장 구조 형식

빈 줄

- 소스 파일의 섹션들, 클래스와 인터페이스 정의 사이는 두 개의 빈 줄을 사용한다.
- 메소드들 사이, 메소드 안의 지역변수와 첫 번째 문장 또는 논리적 섹션들 사이, 블록 또는 한줄 주석 전에는 하나의 빈 줄을 사용한다.

빈칸

- 괄호와 함께 나타나는 키워드는 빈칸으로 구분한다.
- 메소드 이름과 '(' 사이에는 빈칸을 사용하지 않고, argument 리스트의 콤마 다음에 사용한다.
- '.'을 제외한 모든 binary 연산자와 피연산자 사이는 빈칸으로 구분한다.
- unary 연산자는 빈칸을 사용하지 않는다.
- for 문에서 expression은 빈칸으로 구분한다.
- cast는 빈칸으로 구분한다.

명명 규칙

- Packages: 앞부분은 가장 높은 레벨의 도메인 이름을 소문자로 작성한다. 나머지는 조직의 규칙을 따른다.
- Classes: 명사를 사용하고 복합 단어는 각 단어의 첫 글자를 대문자로 작성한다.
- Interfaces: 명사를 사용하고 복합 단어는 각 단어의 첫 글자를 대문자로 작성한다.
- Methods: 동사를 사용하고, 복합 단어는 각 단어의 첫 글자를 소문자, 내부 단어의 첫 문자를 대문자로 작성한다.
- Variables: 첫 번째 문자는 소문자, 내부 단어의 첫 번째 문자는 대문자로 작성한다.
- Constants: 클래스 상수로 선언한 변수와 ANSI 상수 이름은 모두 대문자로 쓰고, 각 단어는 '_' 로 분리한다.

❖ Java 프로그램 형식

프로그래밍 규칙

- 인스턴스 또는 클래스 변수를 public으로 선언하지 않는다.
- 클래스(static) 변수나 메소드 접근을 위해 객체 대신 클래스 이름을 사용한다.
- 숫자 상수는 for 루프의 카운트 값을 제외하고 직접 코딩하지 않는다.
- 한 문장에서 같은 값을 여러 개의 변수들에 할당하지 않는다.
- assignment 연산자(=)는 '=='와 혼동될 수 있는 곳에서 사용하지 않는다.
- assignment 문 안에 다른 assignment 문을 삽입하지 않는다.
- 복합 연산자를 포함하는 수식에서 연산자 우선순위를 위해 괄호를 사용한다.
- Ternary operator '?:' 에서 ? 전에 이진 연산자를 포함하는 수식이 나타나면 괄호를 사용한다.

선언

- 한 줄당 하나의 선언문을 작성한다.
- 지역 변수는 선언할 때 초기화한다.
- for 루프에서 인덱스 선언을 제외하고 선언은 블록의 시작 위치에서 한다.
- 메소드 이름과 파라미터 리스트의 시작 괄호 "(" 사이에는 공백이 없다.
- 여는 중괄호 "{" 는 선언문과 같은 줄의 끝에 나타난다.
- 닫는 괄호 "}" 는 새로운 줄에서 시작하며 여는 문장과 들여쓰기를 일치시킨다.

❖ Java 제어 구조 형식

문장

- 각 라인에는 최대 하나의 문만 사용한다.
- 내포된 문장들은 한 단계 더 들여쓰기를 한다.
  - 여는 중괄호 '{'는 복합 문장을 시작하는 줄의 마지막에 위치한다.
  - 닫는 중괄호 '}'는 새로운 줄에 작성하고, 복합 문장의 시작과 같은 들여쓰기를 한다.
- RETURN 문: 값을 가지는 return 문은 괄호를 사용하지 않는다.
- IF, IF-ELSE, IF ELSE-IF ELSE 문: if 문장은 항상 중괄호를 사용한다. if-else나 for 문 같은 제어 구조에서 중괄호를 사용할 때 모든 문장들(단 하나의 문장일 경우에도)을 둘러싸는데 사용한다.
- FOR 문: for (initialization; condition; update)의 initialization 또는 update 절에서 콤마 연산자를 사용할 때에 세 개의 변수 이상을 사용하지 않는다.
- SWITCH 문: 모든 경우를 수행해야 하는 경우 break 문장을 포함하지 않는다. 모든 switch 문장은 default case를 포함한다.

3 Google의 Java 코딩 규약

Google의 자바 코딩 규약은 기본적으로 SUN의 스타일 가이드와 유사하며 Eclipse 개발 환경을 기준으로 제공한다. 이 규약은 미적 서식뿐만 아니라 소스 파일 기본 구조와 코딩 형식 그리고 명명 규칙 및 프로그래밍 기법에 대해 제시하고 있다. 이 규약에서 주석은 구현 주석을 의미하며, 문서 주석은 "Javadoc"을 사용한다.[15]

❖ 소스 파일 기본

- 파일 이름은 하나의 최상위 클래스 이름으로 대소문자를 구별해서 작성한다. (확장자: .java)
- 파일 인코딩: 소스 파일 인코딩은 UTF-8로 통일한다.
- 공백 문자는 수평 공백문자(ASCII 0x20)만 사용한다.
- 탭은 들여쓰기에 사용하지 않는다.
- 특수 escape sequence(\b, \t, \n, \f, \r, \", \' 및 \\)가 있는 문자는 8진수나 유니코드 대신 해당 시퀀스를 사용한다.

❖ 소스 파일 구조

- 소스 코드는 라이선스-Package 문-import 문-최상위 class 선언 순서로 기술한다.
- 각 섹션 사이에는 공백 라인 한 줄을 삽입한다.
- 라이선스 또는 저작권 정보가 있을 경우 작성한다.
- Package 문은 줄 바꿈 없이 한 문장으로 작성한다.

- import 문
  - import 문은 '*'을 쓰지 않는다.
  - import 문은 줄 바꿈 없이 한 문장으로 작성한다.
  - import 문은 static import → non-static imports 순서로 그룹핑하고, 그룹 간에는 공백 라인을 한 줄 추가한다.
  - 정적 중첩 클래스에는 정적 import 대신 일반 import를 사용한다.

- Class문
  - 하나의 java 파일에는 하나의 최상위 class만 존재한다.
  - 클래스 멤버의 순서는 논리적으로 작성한다.

❖ 소스 파일 형식

중괄호 { }

- 블럭 구조(if, else, for, do 그리고 while 문)에는 중괄호를 사용한다.
  - 블록 안이 비었거나 한 문장이라도 중괄호를 사용한다.
- K&R(Kernighan and Ritchie) 형식에 따라 작성한다.
  - 여는 중괄호('{') 전에는 줄 바꿈이 없다.
  - 여는 중괄호('{') 후와 닫는 중괄호('}') 전에는 줄 바꿈을 한다.
  - 메소드, 생성자, 클래스를 종료할 때는 닫는 중괄호 후에 줄 바꿈을 한다.
- 중괄호 사이가 빈 블록인 경우 즉시 닫을 수 있다. ({})

그룹 괄호

- 그룹 괄호를 사용한다.

블록 들여쓰기

- 새로운 블록은 두 칸 들여쓰기를 한다.
- 블록이 종료하면 이전 들여쓰기 레벨로 돌아간다.

라인당 문장 수

- 라인당 한 문장만 쓰고, 각 문장 다음에는 줄 바꿈을 한다.

글자수 제한

- .Java 코드는 100글자 이내로 한다.
- 제한을 초과하는 모든 줄은 줄 바꿈을 해야 한다.
- 열 한계를 준수할 수 없는 행, package 및 import 문 및 주석으로 잘라서 붙여 넣을 수 있는 명령 줄은 예외로 한다.

줄 바꿈(Line-wrapping)

- 코드가 한 줄을 넘어갈 때 두 문장 이상으로 나눈다.
- 줄바꿈 위치
  - 할당 연산자를 제외한 연산자는 앞에서 줄 바꿈한다.
  - 할당 연산자('=')는 연산자 뒤에서 줄 바꿈한다.
  - 메소드 또는 생성자 이름은 열린 괄호와 붙여 놓는다.
  - 쉼표는 앞의 토큰과 붙여 놓는다.
- 줄바꿈 들여쓰기
  - 줄 바꿈 문장은 4칸 이상의 들여쓰기를 한다.
- 여러 문장이 연속해서 내려올 경우 첫 번째 내려온 문장과 동일한 들여쓰기를 유지한다.

수직 공백

- 필드, 생성자, 메소드, 중첩 클래스 사이 및 코드에 하나의 빈 줄을 삽입한다.
- 코드를 논리적 하위 섹션으로 구성할 때 하나의 빈 줄을 삽입한다.

수평 공백

- 예약어와 다음에 오는 '(' 사이

- 예약어와 이전에 오는 '}' 사이
- 이항연산자 및 삼항연산자 앞뒤 (::, . 제외)
- ',', ':', ';' 다음 또는 타입 캐스트의 ')' 다음
- 주석 시작과 끝(//) 앞뒤
- 선언의 타입과 변수 사이
- 배열 이니셜라이저의 두 괄호 안

변수 선언

- 모든 변수는 한 번에 하나만을 선언한다.
- 지역 변수는 처음 사용 지점 근처에서 선언하고, 선언 후 즉시 초기화한다.

switch 문

- 스위치 블록의 내용은 +2로 들여쓰기한다.
- 스위치 레이블 뒤는 줄 바꿈하고 +2로 들여쓰기한다.
- 각 스위치 문에는 코드가 없는 경우에도 default 문을 포함한다.

주석

- 클래스, 메소드 또는 생성자에 적용되는 주석은 해당 블록 바로 다음에 나타나며 각 주석은 한 줄로 기술한다. 이것은 줄 바꿈을 하지 않는다.

구현 주석

- 모든 줄 바꿈 앞에는 공백과 구현 설명이 올 수 있다.
- 블록 주석은 주변 코드와 같은 수준으로 들여쓰기한다.

정수 리터럴

- 값이 긴 정수 리터럴은 대문자 L을 접미사를 사용한다.

❖ 네이밍

- 식별자는 ASCII 문자와 숫자만 사용한다.
- 특정 접두사나 접미사를 사용하지 않는다.

패키지 이름

- 모두 소문자이며 연속되는 단어는 밑줄 없이 연결한다.

클래스 이름

- 명사 또는 명사구를 UpperCamelCase로 작성한다.
- 테스트 클래스 이름은 끝에 Test를 붙인다.
- 인터페이스 이름은 명사나 명사구, 형용사나 형용사구로 작성한다.

메소드 이름

- 동사 또는 동사구를 lowerCamelCase로 작성한다.

상수 이름

- 명사 또는 명사구를 대문자로 작성하며, 단어 사이는 밑줄로 구분하는 CONSTANT_CASE를 사용한다.

비상수 이름

- 상수가 아닌 필드 이름은 명사나 명사구를 lowerCamelCase로 작성한다.

매개변수 이름

- lowerCamelCase로 작성한다.
- public 메소드에서 매개변수 이름은 하나 이상의 문자로 작성한다.

지역변수 이름

- lowerCamelCase로 작성한다.

타입 변수 이름

- 숫자(선택적)를 가진 하나의 대문자 또는 클래스 이름 뒤에 대문자 T를 가진 두 가지 형태로 지정된다.

❖ 프로그래밍 규칙

- 수퍼 클래스를 오버라이딩하거나 인터페이스를 구현 또는 재정의하는 메소드는 @Override annotation을 사용한다.
- try ~catch 문에서 catch 문에 예외상황별로 예외처리를 기술한다.
- 정적 클래스 멤버에 대한 참조를 규정할 때는 클래스 이름으로 규정한다.

2.5 프로그램 표준 코딩 규칙

프로그램 표준 코딩규칙은 코드 작성과 관련한 지침으로, 변수 명명, 들여쓰기, 괄호나 키워드 위치 등 문장과 관련된 내용과 함수, 언어의 특성 및 개발 환경에 대한 내용을 포함한다.

표 4.2 전자정부개발 표준 코딩 규칙

들여쓰기(indent)	탭을 사용하지 않고, 4개의 space만 사용한다.
공백(space)	• 한 줄에는 하나의 문장만 기술한다. • semicolon(;), comma(,) 및 예약어 뒤에는 빈칸을 삽입한다. • 단항 연산자는 공백을 제거한다. (ex. i++;) • 이항 연산자는 양쪽에 공백을 삽입한다. (ex. i = i + 1;) • 괄호 안에 괄호가 있는 경우에는 괄호 사이에 공백을 제거한다.
괄호(brace)	• '{' 와 '}' 는 새로운 라인에 기술한다. (주석 제외) • '{' 는 기존의 '{' 와 비교해서 들여쓰기(4-space)한다. • '}' 는 짝이 되는 '{' 과 동일하게 들여쓰기(4-space)한다. • brace에 주석을 기입하는 경우 '//' 주석을 사용한다.
용어(Term)	• 용어는 용어사전을 준수하여 영문을 사용한다. • 여러 단어를 조합하여 사용할 때는 영어 약어명을 조합한다. • 사용될 시스템 코드는 영문 3자로 정의한다.
Logging	• Log는 debug, info, warn, error로 구별하여 사용한다. • Log는 발생 시간과 위치 그리고 내용을 포함한다. • Log는 한 줄만 출력한다. (debug log 제외)
file 이름 및 Line	• file 이름은 50 문자 이내로 작성하며, 특수기호 및 숫자는 제외한다. • file 이름은 용어사전을 기준으로 작성한다. • 하나의 파일은 주석을 제외하고 500 라인 이내로 작성한다. • 함수(메소드)는 주석을 제외하고 50 라인 이내로 작성한다. • 단일 문장은 80 문자 이내로 작성한다.

출처: 행정안전부, 2009

행정안전부에서는 C 언어와 Java 언어로 프로그램을 작성할 때 개발자들이 협업을 하거나 다른 개발자가 작성한 소스 코드에서 발생하는 문제를 효율적으로 해결하기 위해서 일관된 코딩 스타일 및 코딩 규칙을 제정하였다.[7]

이 규칙은 코드의 가독성과 이해도를 향상시키고 관리를 용이하게 하며, 명시적 숫자 대신 상수를 사용하여 모든 인스턴스를 한 번에 변경하여 확장성을 높일 수 있다. 또한 제한된 자원, 동기화 및 예외 처리 규칙 등을 포함하여 신뢰성을 향상시킬 수 있도록 한다.

표 4.3 프로그램 코딩 표준의 특징

가독성을 위한 규칙	주석, 줄바꿈, 들여쓰기 및 공백과 같은 빈 공간의 처리, 조건문의 형식화 등의 규칙을 포함
확장성을 위한 규칙	상속, 캡슐화 및 상수에 관한 규칙 등을 포함
신뢰성을 위한 규칙	제한된 자원, 동기화 및 예외 처리 규칙 등을 포함

표준 코딩 규칙은 크게 공통 코딩 규칙과 Java 및 C 언어에 의존적인 코딩 규칙의 3 부분으로 구성한다.

1 공통 코딩 규칙

Java와 C 언어에 공통적으로 적용할 수 있는 규칙으로 주로 프로그램을 구성하는 문장과 표현 및 보안 기능과 관련된 7개의 규칙으로 구성한다.

표 4.4 공통 코딩 규칙

명칭	• 명칭은 31자 이내로 작성한다. • 변수명과 메소드(함수)명을 동일하게 사용하지 않는다. • 명칭은 "_"이외의 특수 문자를 사용하지 않는다.
소스 형식	• 하나의 소스 파일은 2000줄 이내로 작성한다. • 한 줄의 길이는 80자 이내의 문자로 작성한다. • 메소드나 함수의 내용은 70줄 이내로 작성한다. • 하나의 문장이 80자 초과 시 쉼표 다음 문자에서 줄 바꿈하고 이전 행과 동일한 수준에서 들여쓰기한다. • 중괄호는 시작 문장의 마지막 열에 삽입하고 닫는 중괄호는 새로운 시작 열에 삽입한다. • 동일 수준의 문장은 같은 위치에서 시작하고 끝낸다.
주석	• 프로그램은 최초작성자, 최초작성일, 최종변경일, 목적, 개정이력 및 저작권을 기술하는 주석으로 시작한다. • 메소드나 함수 주석은 목적, 매개변수, 반환 값 및 변경이력을 기술하는 주석으로 시작한다.

변수 선언	• 같은 용도의 변수는 같은 선언에 위치한다. • 불필요한 변수를 선언하지 않는다. • 배열을 선언 시 요소 수를 명시적으로 선언하거나 초기화에 의해 묵시적으로 결정한다. • 지역 변수는 선언과 동시에 초기화한다.
상수	• 8진수로 표현된 상수를 사용하지 않는다. • 숫자 리터럴은 소스 코드 안에 직접 삽입하지 않는다.
수식	• 단항 연산자는 피연산자와 붙여 사용한다. • .(dot), ->(포인터)를 제외한 모든 이항연산자는 공백으로 전후를 구분한다. • "?" 연산자 앞에 이항 연산식이 나타날 경우 괄호로 구분한다. • 증감 연산자는 수식에서 다른 연산자와 결합하여 사용하지 않는다. • 3개 이상의 연산자를 사용하는 경우 괄호로 연산 우선순위를 표현한다. • 비트 연산자는 부호 있는 자료에 사용하지 않는다.
문장	• switch-case 문 - break 문이 없는 경우 주석을 작성한다. - 반드시 default 문을 작성하고 마지막 항목에 위치한다. • for 문 - 제어하는 수식에 실수 값을 사용하지 않는다. - 제어하는 수치 변수는 루프 내에서 불변이다. - 반복문 내부에서 반복중단을 위한 break 문은 가능한 한 번만 사용한다. • if~elseif 문은 반드시 else 문으로 종료한다. • goto 문을 사용하지 않는다.

2 Java 의존적인 코딩 규칙

Java 언어 특성에 따른 코딩 규칙으로 14개의 하위 규칙으로 구성되어 있다.

표 4.5 Java 언어 특성에 따른 코딩 규칙

명칭	• 클래스, 인터페이스, 상수, 변수 및 메소드의 명칭을 구분한다. - 클래스의 이름은 대문자로 시작한다. - 인터페이스의 이름은 대문자로 시작한다. - 상수의 이름은 "_"및 대문자로 시작한다. - 변수의 이름은 소문자로 시작한다. - 메소드의 이름은 동사를 소문자로 시작한다. • 동일한 클래스명과 메소드명을 사용하지 않는다.

프로그램 작성 순서	• Java 소스 파일은 첫 번째 문장을 package로 시작한다. (package문장 다음에 import 문을 기술)
클래스 정의	• 계층 구조의 상위에 위치한 클래스는 추상 클래스로 작성한다.
필드와 메서드 정의	• 추상클래스에는 하나 이상의 추상메소드를 작성한다. • 추상클래스의 빈 메소드는 추상메소드로 정의한다. • 오버라이드 메소드를 호출하는 생성자 사용을 금지한다. • 클래스 정적 변수 또는 메소드는 클래스 이름을 통해 참조한다.
상속	• 서브클래스는 슈퍼클래스에서 사용한 변수 이름과 동일한 이름의 변수를 사용하지 않는다.
자료형	• volatile을 사용하지 않는다. • short 타입을 사용하지 않는다. • 안전한 자료형을 사용한다. (실수는 float보다 double을 사용, 논리값 변수는 int보다 boolean 사용)
문자열	• 모든 문자열 연산에 대해 null 값을 검사한다. • 문자열 변수는 null로 초기화하지 않는다. • 문자열 비교 시 == 대신 equals()를 사용한다.
캡슐화	• 클래스 멤버변수를 public으로 선언하지 않는다.
패키지	• 패키지 선언 시 불필요한 패키지와 폐기 API를 사용하지 않는다. • 패키지를 import할 때 "*"를 사용하지 않는다.
동기화	• 메소드가 public이고 멤버 변수 값을 사용할 경우 동기화 메소드로 정의한다. • 실행 속도에 관계없으면 동기화 문장보다 동기화 메소드를 사용한다.
가비지 콜렉터	• 명시적으로 garbage collector를 호출하는 코드를 작성하지 않는다. (WAS가 담당)
제한된 자원	• 제한된 시스템 자원은 사용 후 반드시 해제한다.
예외 처리	• Exception을 사용하여 예외 처리를 하지 않는다. • 예외 처리할 때, 민감한 정보를 외부에 노출하지 않는다.
J2EE 애플리케이션 개발	• J2EE 상에서 프로그래밍할 때, 쓰레드를 직접 사용하지 않는다. • getClassLoader()를 사용하지 않는다. • Java.io.Serializable을 구현한 클래스는 serialVersionUID 멤버 변수를 제공한다. • System.exit()을 사용하지 않는다.

3 C 의존적인 코딩 규칙

C 언어적인 특성에서 발생되는 코딩 규칙으로 9개의 하위 규칙으로 구성한다.

표 4.6 C 언어 특성에 따른 코딩 규칙

구분	규칙
명칭	• 매크로, 상수, 변수 및 함수 명칭은 구분이 가능하게 작성한다. - 매크로 이름은 "_" 및 대문자로 시작한다. - 상수 이름은 "_" 및 대문자로 시작한다. - 변수 이름은 소문자로 시작한다. - 함수 이름은 소문자로 시작하고 첫 단어는 동사로 작성한다. • 포인터 변수 이름은 참조하는 변수 이름의 첫 글자를 대문자로 바꾸고 앞에 "p"를 붙인다. • 포인터 변수에 동일한 자료형의 다른 변수주소를 저장하지 않는다.
상수	• 상수는 부호 있는 자료형을 기본으로 사용하며, 부호 없는 자료형을 사용할 때는 "u"를 붙여 사용한다.
수식	• sizeof의 인자에 연산을 포함하지 않는다.
자료형	• 포인터 변수에 자료형이 일치하지 않는 주소나 정수 값을 저장하지 않는다. • 비트 필드는 unsignedint나 signedint형으로 선언한다.
초기화	• 배열 초기화는 차원에 따라 중괄호를 사용한다.
동적 메모리 관리	• 메모리 할당과 해제는 동일한 모듈의 동일한 수준에서 수행한다. • 메모리 할당 함수의 초기화 여부를 인지하여 사용한다. • 동적으로 할당된 메모리 블록을 참조하기 위해서 사용되는 포인터 변수는 반드시 널 포인터 여부 검사 후 사용한다.
포인터와 배열	• 포인터 변수의 산술 연산은 배열 요소를 참조할 경우만 사용한다. • 포인터 변수 사이의 비교 연산은 같은 배열 참조 시만 사용한다.
라이브러리	• setjmp매크로와 longjmp함수는 사용하지 않는다.
버퍼 오버플로우	• gets(),strcpy(),strcat()함수는 사용하지 않는다. (fgets(), strlcpy(), strlcat()과 같은 안전한 API를 사용) • for 문의 루프 인자는 타입에 unsignedshortint를 사용하지 않는다.

3 소프트웨어 개발 보안

3.1 소프트웨어 개발 보안 개요

소프트웨어 개발보안은 시큐어 코딩(Secure Coding)이라고도 하며, 보안 취약점이나 보안약점들을 최소화하기 위하여 소프트웨어 개발 생명주기 각 단계별로 보안활동을 수행하여 안전한 소프트웨어를 개발하기 위한 체계이다. 즉, 이것은 보안을 고려하여 소프트웨어를 구현함으로써 개발과정에서 정보자원의 기밀성, 무결성 및 가용성을 유지하고 사이버 공격을 사전에 차단할 수 있다.

소프트웨어 보안 취약점은 소프트웨어 개발과정에서 개발자의 실수나 논리적 오류 또는 기술취약점을 가지는 코딩 규칙을 적용하여 발생할 수 있다. 또한 부적절한 소프트웨어 배치나 보안 취약점에 대해 관리나 패치를 실행하지 않을 때 발생한다. 이러한 보안 취약점으로 인해 시스템은 중요 정보가 노출되거나 정상적인 서비스가 불가능하게 된다.

소프트웨어 개발보안 방법론은 기존 소프트웨어 개발방법론에 개발 생명주기 각 단계별로 보안활동을 적용하여 보안약점을 제거하고 안전한 소프트웨어를 개발하는 방법론이다. 안전한 소프트웨어란 보안 기능을 수행할 뿐만 아니라, 시스템이 위협받는 상황에서도 신뢰할 수 있는 상태로 유지하는 것을 의미한다. 소프트웨어 개발보안 방법론에서는 전체 소프트웨어 개발 생명주기에 걸쳐 다음과 같은 보안 활동을 추가한다.

표 4.7 소프트웨어 개발 생명주기 단계별 추가 보안 활동

단계	내용	결과물
요구사항 분석	보안 요구사항 식별	요구사항 명세서
설계	위험원 식별을 위한 위협 모델링 및 보안 통제 기준 설정	보안설계서

단계	내용	결과물
구현	표준코딩 정의서 또는 소프트웨어개발 보안 가이드에 따라 개발	소스 코드 보안 약점 진단
테스트	모의침투 테스트 또는 동적 분석	보안취약점 검증
유지보수	지속적 개선	보안 패치

3.2 소프트웨어 구현 단계 시큐어 코딩

소프트웨어 개발 관련 보안 위협을 최소화하기 위해 행정안전부에서는 "전자정부 SW개발 · 운영자를 위한 소프트웨어 개발보안 가이드"를 제공하고 있다. 이 가이드는 정보시스템 개발 시 단계별 수행할 보안 활동들을 정의한다. 특히 소프트웨어 정보 자원의 기밀성, 무결성, 가용성을 유지하기 위하여 소프트웨어 개발 초기단계부터 위협을 최소화하는 설계 보안항목과 오용 사례를 적용하여 소프트웨어의 취약점을 완화시킬 수 있는 소프트웨어의 각 개발 단계별 기술적 통제 항목에 중점을 둔다.

이 가이드는 신규 개발 및 변경된 설계 단계 산출물과 소스 코드에 대해 정보시스템 구현 시 고려해야 할 보안 약점을 7개 항목 47개의 약점으로 분류하고, 이에 대한 개요와 보안 대책을 코딩 예제를 포함하여 제시하고 있다.[16]

1 입력 데이터 검증 및 표현

프로그램 입력 값에 대해 검증되지 않거나 잘못된 검증, 또는 잘못된 데이터 형식 지정 및 언어셋 사용 등으로 인해 발생되는 보안 약점이다. 이것은 사용자 데이터 입력 시 유효한 입력 데이터나 검증된 데이터만 허용하도록 코딩하여 취약점을 제거한다.

표 4.8 입력 데이터 검증 및 표현 보안 약점

보안 취약	보안 대책
SQL 삽입	PreparedStatement 객체 등을 이용하여 DB에 컴파일된 쿼리문을 전달
경로 조작 및 자원 삽입	외부 입력 값은 검증 후 사용하거나 정의된 리스트에서 사용. 파일명은 경로순회 수행 가능 문자 제거
크로스사이트 스크립트	문자열 내의 ‘< > & “ ”’ 등을 &it, &gt, &amp, &quot로 치환하고 화이트 리스트에 있는 태그만 허용
운영체제 명령어 삽입	외부입력 값을 검증 후 사용, 후보 명령어 리스트 선정 후 선택 사용
위험한 형식 파일 업로드	화이트 리스트에 저장된 확장자만 업로드, 파일 실행 속성을 제거하고, 다른 문자열로 변경하여 저장
신뢰되지 않은 URL 주소로 자동접속 연결	화이트 리스트에 저장된 URL만 자동 연결
XQuery 삽입	XPath 쿼리에 사용되는 외부입력의 특수문자 및 예약어를 필터링하고 파라메터화된 쿼리문을 사용
XPath 삽입	XPath 쿼리에 사용되는 외부입력 값의 특수문자 및 예약어를 필터링하고 파라메터화된 쿼리문을 사용
LDAP 삽입	DN(Distinguished Name)과 필터에 사용하는 사용자 입력 값은 특수문자를 포함하지 않고, 포함되는 특수문자는 일반문자로 인식
크로스사이트 요청위조	입력화면 폼은 POST, 입력화면 폼은 POST를 사용하고 폼과 입력 처리 루틴 사이에 토큰을 사용
HTTP 응답분할	HTTP 응답 헤더에서 CR, LF 같은 개행문자 제거
정수형 오버플로우	언어 및 플랫폼별 정수 범위를 확인하고, 연산 결과 값의 범위를 체크
보안기능 결정에 사용되는 부적절한 입력값	서버에 상태정보나 민감 데이터를 저장하고, 보안 확인을 수행
메모리 버퍼 오버플로우	Null 문자로 종료되도록 버퍼 범위 내에 삽입
포맷 스트링 삽입	입력 값을 직접 포맷 문자열로 사용하지 않고, %n, %hn은 포맷 스트링 파라미터로 사용하지 않음

2 보안 기능

적절한 인증 없이 중요 기능을 허용하거나 부적절하게 인가하는 것 등을 포함하여 인증, 접근 제어, 기밀성, 암호화 또는 권한 관리 등의 보안 기능을 부적절하게 구현하여 발생할 수 있는 보안 약점이다. 이것은 적정한 접근 제어의 허용이나 암호화 및 안전한 저장을 하도록 코딩하여 취약점을 제거한다.

표 4.9 시간 및 상태 보안 약점

보안 취약	보안 대책
적절한 인증 없는 중요한 기능 허용	클라이언트 보안검사 우회로 서버접근 방지, 중요 정보 페이지 재인증, 검증된 라이브러리나 프레임워크 사용
부적절한 인가	정보와 기능을 역할에 따라 배분, 사용자 권한에 따른 접근제어 리스트 관리
중요자원에 대한 잘못된 권한 설정	설정파일, 실행파일 및 라이브러리 등은 관리자만 접근 가능하도록 설정
취약한 암호화 알고리즘 사용	검증된 표준 알고리즘을 사용
중요정보 평문 저장	중요정보는 암호화하여 저장, 접근 시 권한인증 요구
중요정보 평문 전송	중요정보는 암호화하여 전송 보안채널을 사용, 쿠키에 저장 시 보안 속성 설정
하드코드된 비밀번호	비밀번호는 암호화하여 별도 파일에 저장하고, 최초-로그인 모드를 사용
충분하지 않은 키 길이 사용	RSA 알고리즘 키는 최소 2,048 비트, 대칭암호화 알고리즘 키는 128 비트 이상을 사용
적절하지 않은 난수값 사용	난수 발생기는 가변 시드(seed)값 사용
하드코드된 암호화 키	암호화 수행 시 저장 없이 암호화 키를 사용
취약한 비밀번호 활용	비밀번호는 숫자, 영문자 및 특수문자를 혼합하여 주기적으로 변경하여 사용
하드디스크에 저장되는 쿠키를 통한 정보노출	쿠기 만료시간 최소화, 영속적 쿠키에 중요정보 미포함
주석문 안에 포함된 시스템 주요정보	주석에는 보안 관련 정보를 미기입

보안 취약	보안 대책
솔트 없이 일방향 해시함수 사용	패스워드 저장 시 패스워크와 솔트에 따른 해시 값 저장
무결성 검사 없는 코드 다운로드	DNS lookup을 수행하고 코드 전송 시 암호화하며, 다운로드한 코드는 최소한의 권한으로 실행
반복된 인증시도 제한 기능 부재	인증시도 회수를 제한, 초과하면 계정 잠금이나 추가 인증

3 시간 및 상태

병렬 시스템이나 멀티 프로세스 환경에서 시간 및 상태의 부적절한 관리로 인해 발생할 수 있는 보안 약점이다.

표 4.10 시간 및 상태 보안 약점

보안 취약	보안 대책
경쟁조건: 검사 시점과 사용 시점(TOCTOU)	공유자원은 하나의 프로세스만 접근할 수 있도록 동기화 구문으로 제어
종료되지 않는 반복문 또는 재귀함수	재귀함수 호출 횟수 제한이나 초기 값 설정 등 탈출 조건 구현

4 에러 처리

에러를 부적절하게 처리하여 시스템 내부정보 등의 중요 정보가 에러 정보에 포함되어 발생하는 보안 약점이다.

표 4.11 에러 처리 보안 약점

보안 취약	보안 대책
오류 메시지를 통한 정보노출	레퍼런스 참조 전에 널 값 검사
오류 상황 대응 부재	오류 발생 부분은 제어문 사용 에러 처리
부적절한 예외 처리	함수의 결과 값 검사로 예외 처리 수행

5 코드 오류

개발자의 코딩 오류로 인해 유발되는 보안 약점이다.

표 4.12 코드 오류 보안 약점

보안 취약	보안 대책
널(NULL) 포인터 역참조	레퍼런스 참조 전에 널 값 검사
부적절한 자원 해제	자원 사용 후 반드시 자원 반납
해제된 자원 사용	메모리 해제 후 포인터에 Null이나 값 저장
초기화되지 않은 변수 사용	변수 사용 전에 초기 값 할당

6 캡슐화

중요 데이터나 기능을 잘못 캡슐화하거나 사용함으로써 발생하는 보안 약점이다.

표 4.13 캡슐화 보안 약점

보안 취약	보안 대책
잘못된 세션에 의한 데이터 정보노출	변수 범위 주의, 멤버변수 대신 지역변수 사용
제거되지 않고 남은 디버그 코드	배포 전 디버그 코드 확인 및 삭제
시스템 데이터 정보노출	예외상황 발생 시 시스템 내부 정보 출력 방지
Public 메소드로부터 반환된 Private 배열	Private으로 선언된 배열을 Public 메소드를 통해서는 반환하지 않도록 하고, 필요시 배열의 복사본을 반환
Private 배열에 Public 데이터 할당	Private으로 선언된 배열에 Public으로 선언된 데이터를 저장하지 않음

7 API 오용

의도하지 않은 방법으로 API를 사용하거나, 보안에 취약한 API를 사용하여 발생할 수 있는 보안 약점이다.

표 4.14 API 오용 보안 약점

보안 취약	보안 대책
DNS lookup에 의존한 보안 결정	도메인 이름을 이용한 DNS lookup을 방지
취약한 API 사용	취약 API 대신 안전한 함수를 사용

4 소프트웨어 웹 시스템 구현

4.1 소프트웨어 웹 시스템 구현 개요

웹 시스템을 구축할 때 유사하거나 중복되는 서비스 및 콘텐츠의 개발을 배제하고, 확장할 때 정보 구조 및 서비스 구성에 대한 유연성과 확장성을 확보하는 것이 필요하다. 또한 사용자들은 하드웨어 및 소프트웨어 환경이 다르더라도 동등한 서비스를 제공받고, 장애인 · 고령자 등도 정보 및 서비스에 쉽게 접근하고 이용할 수 있어야 한다.

'웹사이트 발주자 · 관리자를 위한 행정 · 공공기관 웹사이트 구축 · 운영 가이드'는 웹 서비스를 목적으로 하는 웹사이트를 개발하거나 운영할 때 웹 표준 및 호환성, 정보 접근성, 정보보안, 개인정보보호 등의 지침에 따라 정보의 신뢰성과 안정성, 이용자 편의성, 웹 페이지 경량화 등을 고려하여 최적화된 웹사이트를 개발 및 구축하기 위해 준수할 기준과 규정을 제공하고 있다.[17]

웹 시스템 구축 관련 표준과 가이드는 다음과 같다. 이와 관련된 법령, 예규, 지침 등은 법제처 법령정보센터(http://www.law.go.kr)에서 확인할 수 있다.

표 4.15 웹 시스템 구축 관련 표준과 가이드

종류	가이드 명	발행기관
사업평가	• 소프트웨어 기술성 평가기준	과학기술 정보통신부
호환성 준수	• 전자정부 웹 호환성 준수지침	행정안전부
플러그인 제거	• 공공기관 플러그인 제거 가이드라인	행정안전부
정보접근성	• 한국형 웹 콘텐츠 접근성 지침 • 웹 접근성 향상을 위한 국가표준기술가이드라인	국립전파연구원
	• 소프트웨어 접근성 설계지침	국가기술표준원
	• 장애인 · 고령자 등의 정보 접근 및 이용편의 증진을 위한 고시	과학기술 정보통신부
	• 장애인차별금지 및 권리구제 등에 관한 법률	보건복지부
개인정보보호	• 개인정보 수집제공 동의서 작성 가이드라인 • 주민등록번호 수집금지제도 가이드라인 • 개인정보수집 최소화 가이드라인 • 홈페이지 개인정보 노출방지 가이드라인 • 개인정보 보호지침	한국인터넷진흥원
정보보안	• 소프트웨어 개발보안 가이드 • 소프트웨어 보안약점 진단가이드 • 공개소프트웨어를 활용한 개발보안 점검가이드 • 웹서버 구축 보안점검 안내서 • 홈페이지 취약점 진단제거 가이드 • 보안서버 구축 안내서	한국인터넷진흥원
	• 국가 정보보안 기본지침	국가정보원
UI · UX	• 전자정부 웹사이트 UI · UX 가이드라인 • 모바일 전자정부 사용자 인터페이스 설계지침	행정안전부
웹 시스템 구축	• 행정 · 공공기관 웹사이트 구축 · 운영 가이드 • 행정업무 모바일서비스 구축 가이드라인	행정안전부

4.2 소프트웨어 웹 시스템 구현

1 웹 표준 및 웹 호환성 준수

웹 시스템은 기획 단계부터 구축·운영 및 유지보수 단계까지 비표준기술을 배제하고 웹 표준 문법((X)HTML, CSS)을 준수하여 웹 표준 및 호환성을 확보한다. 그래서 웹 사이트를 구축할 때 Active-X, EXE 등과 같은 별도의 플러그인을 설치하지 않고 최신 웹브라우저를 사용하여 서비스를 제공받을 수 있도록 한다.[18,19]

또한 사용자가 서비스 환경에 영향을 받지 않고 다양한 웹브라우저나 모바일 단말에서도 동등한 서비스를 제공받을 수 있도록 웹 호환성을 보장한다.[20,21] 특히 모바일 서비스로의 확장성과 접근성을 높이기 위하여 별도의 모바일용 웹 사이트를 구축하는 것 대신 반응형 또는 적응형 웹 서비스를 구현한다. 그리고 다양한 웹브라우저에서 동등하게 서비스를 제공받을 수 있도록 웹 표준을 준수하여 브라우저 호환성을 제공한다.[22]

표 4.16 웹 표준 및 웹 호환성 준수 진단

구분	진단 지표	진단 기준
웹 표준 문법 준수	표준 (X)HTML 문법 준수 여부	W3C Markup Validator에서 출력된 오류 개수
	표준 CSS 문법 준수 여부	W3C CSS Validator에서 출력된 오류 개수 (CSS의 경우 Level 3로 진단)
웹 호환성 확보	기능 호환성 확보 여부	• 웹 페이지 내 Javascript 및 DOM 경고 점검 • Javascript가 정상적으로 동작되는지 점검
	화면표시 호환성 확보 여부	다양한 브라우저에서 화면이 동등하게 표시되는지 확인

구분	진단 지표	진단 기준
비표준 기술제거	비표준 기술사용 여부	모바일 환경(HW, SW)이 다른 경우에도 동등한 서비스를 제공하는지 점검
		모바일 환경(HW, SW)이 다른 경우에도 동등한 멀티미디어 서비스를 제공하는지 점검
	최신 웹 표준기술사용 여부	최신 웹표준 기술(HTML5) 사용 여부 점검
모바일 호환성 확보	중첩 테이블 사용 여부	해당 페이지 내 중첩 테이블 사용 시 다양한 모바일 웹브라우저에서 화면표시 오류 발생 여부 점검
	프레임 사용 여부	frameset이나 iframe 사용 시 다양한 모바일 웹브라우저에서 화면표시 오류 발생 여부 점검

2 웹 접근성 준수

웹 접근성은 장애인 · 고령자 등이 웹사이트에 접근해서 웹 콘텐츠를 정보 및 서비스를 쉽게 이용할 수 있도록 웹사이트 접근 환경 및 수준을 보장하는 것이다.[23]

웹 접근성 향상을 위해서는 장애인들이 웹 콘텐츠를 인식, 운용 및 이해하기 쉽도록 웹 콘텐츠를 제공하고, 표준을 준수하여 기술에 상관없이 접근이 가능토록 한다.[21]

표 4.17 웹 접근성 준수 진단

원칙	지침	검사 항목
인식의 용이성	대체텍스트	텍스트가 아닌 콘텐츠는 대체 텍스트를 제공
	멀티미디어 대체 수단	멀티미디어 콘텐츠에는 자막, 대본, 수화 제공
	명료성	색에 관계없이 콘텐츠를 인식
		모양, 색, 방향, 소리 등에 관계없이 지시사항을 인식
		텍스트 콘텐츠와 배경 간 명도 대비는 4.5 대 1 이상
		소리의 자동 재생을 금지
		이웃한 콘텐츠를 구별

원칙	지침	검사 항목
운용의 용이성	입력장치 접근성	키보드만으로 모든 기능을 사용
		키보드에 의한 초점은 논리적 이동 및 시각적 구별
		사용자 입력 및 컨트롤은 조작 가능하도록 제공
	충분한 시간 제공	시간제한이 있는 콘텐츠는 응답시간을 조절
		자동 변경되는 콘텐츠는 움직임을 제어
	광과민성발작 예방	초당 3~50회 깜빡거리거나 번쩍이는 콘텐츠를 제한
	쉬운 내비게이션	콘텐츠의 반복 영역은 건너뛰기를 제공
		페이지, 프레임, 콘텐츠 블록에는 제목을 제공
		링크 텍스트는 용도나 목적의 이해가 가능하도록 제공
이해의 용이성	가독성	주 사용 언어를 명시
	예측 가능성	의도하지 않은 기능은 실행을 제한
	콘텐츠 논리성	콘텐츠는 논리적인 순서로 제공
		표는 이해하기 쉽게 구성
	입력 도움	사용자 입력에는 대응하는 레이블을 제공
		입력 오류를 정정할 수 있는 방법을 제공
견고성	문법 준수	마크업 언어의 요소는 열고 닫음, 중첩 관계 및 속성 선언에 오류가 없어야 함
	웹 애플리케이션 접근성	콘텐츠에 포함된 웹 애플리케이션은 편리한 접근성을 제공

3 웹사이트 최적화

정보 접근성 및 신뢰성 향상 등을 위해 최적화된 웹사이트를 구축하고 운영한다. 이것은 HTTP요청 수 최소화, Javascript, CSS 등의 파일 배치와 호출 최적화, 웹브라우저 표시 방식 최적화, 텍스트 데이터 크기 최소화, 이미지 최적화, 웹 폰트 사용 최적화 등을 제공한다.

- 사용자가 요청한 결과를 브라우저에 표시하는데 걸리는 응답시간과 웹사이트에 제공된 링크의 연결을 최적의 상태로 제공한다.
- 접근성과 신뢰성 향상을 위해 더 많은 트래픽 처리와 빠른 웹사이트 응답속도, 그리고 최적화된 웹사이트를 구축한다.
- 웹 페이지 용량, 요청횟수 최소화 등 웹 최적화를 구현하여 이용자 편의성을 확보한다.
- 웹사이트 응답속도 향상을 위해 웹 페이지별 용량과 http 요청횟수 등을 최소화한다. (주요 페이지의 용량은 3MB 이하, 응답속도는 3초 이하 권장)

4 개인정보보호

개인정보보호는 웹사이트에서 개인정보를 수집 · 생성 · 저장 · 가공하는 처리과정에서 노출 · 유출 · 변조 · 위조 또는 훼손되지 않도록 하는 것이다. 이것은 개인정보를 정의하고 이에 대한 영향도를 사전 분석하고 개발하여 운영과정에서 발생할 개인정보 유출 · 노출을 예방하기 위한 것이다.

일반적으로 보안과 관련된 중요정보는 대부분 개인정보이며 이들 정보에 대한 처리는 개인정보보호와 관련된 법규를 준수해야 한다. 그리고 웹페이지에는 개인정보 처리방침을 정하여 공개해야 한다. 개인정보보호와 관련된 규정은 다음과 같다.

- 개인정보보호법
- 개인정보보호 안전성 확보조치 기준 및 해설서
- 주민등록번호 수집 금지 제도 가이드라인
- 개인정보수집 최소화 가이드라인
- 개인정보 수집 · 제공 동의서 작성 가이드라인
- 홈페이지 개인정보 노출방지 안내서

5 정보보안

정보보안은 소프트웨어의 설계 및 구축 단계부터 정보보호를 고려하여 웹 시스템과 웹서버를 구축하고 발생 가능한 유형별 보안 취약점 등을 식별하고 제거한 후 웹서비스를 제공한다. 그리고 운영단계에서도 서버와 소프트웨어 및 네트워크에 대한 지속적인 점검과 보안 취약점 제거 등 정보보호 활동을 수행한다.

개발 시스템은 정보보안 및 운영의 안정성을 위하여 운영시스템과 분리하고, 웹사이트도 내부 망과 분리한다.

웹서버 구축 시 운영체제 패치, 불필요한 서비스의 제거나 비활성화 그리고 논리적인 위치를 고려한다. 또한 보안 관련 규정을 준수하여 웹서버의 보안 취약점 등을 점검하고 조치한다. 그리고 웹서버에 SSL(Secure Sockets Layer) 인증서나 암호화 소프트웨어를 설치하여 개인정보를 암호화하고 송수신하는 기능을 구축하여 암호통신을 지원한다.

6 웹 개방성

웹 개방성은 이용자에게 웹서비스를 제약 없이 제공하는 것으로, 웹사이트에 존재하는 데이터를 공개 및 공유하여 정보의 투명성과 개방성을 향상시킨다. 이를 위해 웹사이트는 일반 검색엔진이나 검색 로봇의 접근을 허용하고, 페이지 정보 수집을 거부하거나 페이지별 URL을 차단하지 않도록 한다.

표 4.18 웹 개방성 준수 진단

항목	진단기준
특정 검색엔진 접근 차단	특정 검색엔진에 대해 해당 페이지를 노출하지 않거나 웹사이트에서 웹 방화벽 등을 사용하여 검색 로봇을 차단하고 있는가?
검색 로봇 접근 차단	웹사이트에 검색 로봇을 차단하여 외부 검색 사이트에 정보를 노출하지 못하도록 검색을 통제하고 있는가?

항목	진단기준
페이지 정보 수집 거부	meta 태그에 noindex, nofollow 속성을 설정하여 페이지 정보를 공유하지 못하도록 차단하고 있는가?
페이지별 URL 차단	검색 결과에 대한 외부 공유를 제한하고 있는가?

7 사용자 중심의 UI·UX 구현 및 표준프레임워크 적용

사용자 중심의 UI · UX 구현은 사용자 관점에서 웹사이트에 대한 최적의 사용자 경험을 제공하고 UI · UX를 구현한다.[24]

그리고 표준프레임워크는 시스템 개발 · 운영에 필요한 기능(공통 컴포넌트) 및 환경(실행, 개발, 운영, 관리 환경 등)들을 표준화하여 구현해 둔 것으로, 개발자는 원하는 기능들에 대한 소스 등을 활용하여 구현하고 조립하여 시스템을 구축할 수 있다.

표 4.19 사용자 중심의 UI·UX 구현 내용

환경	개요	내용
실행환경	개발에 필수적인 기능을 패턴화하여 미리 구현한 라이브러리 코드	화면/업무/데이터처리, 연계/통합, 공통기반, 배치처리, 모바일 화면처리, 모바일 디바이스 API
개발환경	구현, 테스트, 형상관리, 배포 등 개발 생명주기에 필요한 지원도구	구현/테스트/형상관리/배포 도구
운영환경	표준프레임워크 기반으로 개발한 시스템의 운영을 위해 필요한 도구	모니터링/커뮤니케이션 도구
관리환경	표준프레임워크의 기술지원, 업그레이드 등을 관리하기 위한 내부 업무시스템	서비스요청관리, 변경관리, 현황관리, 표준관리
공통 컴포넌트	공통적으로 재사용이 가능한 컴포넌트 집합	공통기술/모바일 공통기술/요소기술 컴포넌트

참고문헌

1. Richard F. Schmidt, "Software Implementation, in Software Engineering", https://www.sciencedirect.com/, 2013
2. 국방부, "국방 CBD 방법론 ver 2.0", 2010
3. Lisa Crispin, Janet Gregory, Agile Testing: A Practical Guide for Testers and Agile Teams, Addison-Wesley, 2009
4. NIPA, "클린코드 part 1: 이해와 규칙 - 사람이 쉽게 읽을 수 있는 코드 만들기-", 소프트웨어공학센터, 2014
5. ROBERT C. MARTIN, Clean code: a handbook of agile software craftsmanship, Addison-Wesley, 2008
6. Butterfly, "Clean, high quality code: a guide on how to become a better programmer", https://www.butterfly.com.au/
7. 행정안전부, "프로그램 표준 코딩 규칙", 2010
8. Rob Caron, "Coding Techniques and Programming Practices", Microsoft Corporation, 2000
9. Sydney Stone, "Code Refactoring Best Practices: When (and When Not) to Do It", https://www.altexsoft.com/, 2018
10. Martin Fowler, Refactoring: Improving the Design of Existing Code 2nd Ed, Addison-Wesley, 2018
11. MISRA, "MISRA Compliance: 2016 Achieving compliance with MISRA Coding Guidelines", https://www.misra.org.uk/, 2016
12. MISRA-C:2012, "Guidelines for the Use of the C Language in Critical Systems", MISRA, 2013
13. TTAK.KO-11.0183, "소프트웨어 품질 향상을 위한 Java 코딩 지침", 한국정보통신기술 협회, 2014
14. Sun Microsystems, "Java Code Conventions", http://java.sun.com/docs/

codeconv/, 1997
15. Google, "Google Java Style Guide", https://google.github.io/styleguide/javaguide.html
16. 행정안전부, "전자정부 SW개발. 운영자를 위한 소프트웨어 개발보안 가이드", 2019
17. 행정안전부, "웹사이트 발주자 · 관리자를 위한 행정 · 공공기관 웹사이트 구축 · 운영 가이드", 2019
18. 행정안전부, "공공 웹사이트 플러그인 제거 가이드라인", 2019
19. KISA, "인터넷 이용환경 개선기술 안내서", https://www.koreahtml5.kr/
20. 특허청, "소프트웨어 개발 방법론", 2014
21. KCS.OT-10.0003/R2, "한국형 웹 콘텐츠 접근성 지침 2.1", 2015
22. 행정안전부, "전자정부 웹사이트 품질관리 지침(행정안전부고시 제2020-38호)", 2020
23. WAI, "Web Accessibility Initiative", https://commonslibrary.org/
24. 행정안전부, "전자정부 웹사이트 UI · UX가이드라인", 2019

C H A P T E R

5

소프트웨어 시스템 테스트

CONTENTS

1 소프트웨어 테스트 개요

1.1 소프트웨어 테스트 정의

소프트웨어 테스트란 IEEE 829-1998 표준에서는 "시스템이 정해진 요구를 만족하는지, 예상과 실제 결과가 어떤 차이가 있는지를 보여주기 위해 수동이나 자동으로 검사하고 평가하는 일련의 과정"으로 정의하고 있다.[1] 그리고 ISTQB(International Software Testing Qualifications Board)에서는 "소프트웨어 제품 및 작업 산출물의 계획, 준비 및 평가와 관련한 모든 생명주기 정적 및 동적 활동으로 구성된 프로세스로, 기술된 요구사항을 만족하고 목적을 충족하는지 판단하고 결함을 감지하기 위한 것"으로 정의한다.[2] 또한 Hetzel과 Myer는 "프로그램이나 시스템이 예상대로 작동할 것이라는 확신을 증진시키는 과정" 및 "에러를 발견할 목적으로 프로그램이나 시스템을 실행하는 과정"으로 정의하고 있다.[3,4]

이러한 정의에서 볼 수 있듯이 소프트웨어 테스트는 소프트웨어가 결함 없이 계획된 대로 수행하는지를 확인하는 것이 아니라 존재하는 결함을 발견하기 위해 수행하는 파괴적(destructive) 활동이다. 즉, 소프트웨어의 품질과 신뢰성 향상을 위해 결함이 없음을 증명하는 것이 아니라 결함이 존재함을 보여주는 활동이다.

그래서 소프트웨어 테스트는 최종 사용자에게 높은 품질의 소프트웨어를 제공하기 위하여 소프트웨어 시스템이나 시스템 컴포넌트의 결함을 식별 및 해결하고, 개발된 시스템이 정의된 요구사항을 만족시키는지 여부를 확인한다. 이를 위하여 소프트웨어 시스템이나 컴포넌트를 실행하고 객관적으로 측정해서 기대한 결과와 실제 수행 결과 사이의 차이를 식별 및 평가한다.

따라서 소프트웨어 테스트는 소프트웨어 개발 생명주기 전 과정에 걸친 작업으로, 요구사항 정의와 설계 단계부터 테스트를 고려하여 시스템을 개발한다. 그러나 테스트의 특성상 투입되는 시간과 노력의 제약 하에서 모든 테스트 케이스를 실행하여 완벽하게 결함을 발견하는 테스트는 불가능하다.

1 소프트웨어 테스트 발전

Gelperin과 Hetzel은 소프트웨어 테스트 역사를 크게 5 세대로 구분하였다.[5] 소프트웨어 테스트 초기에는 테스트와 디버깅의 구분 없이 버그 제거에 초점을 두다가 점차 소프트웨어가 요구사항을 만족하는지 증명하고, 결함을 발견하는 활동으로 발전하였다. 그 후 소프트웨어 개발 프로세스 전반으로 테스트 활동을 통합하고 결함을 예방하는 활동을 수행하고 있다.[6]

이것은 소프트웨어를 개발 완료한 이후에 결함을 확인하는 결함 기반 테스트(detection−oriented test)로부터 개발 초기부터 발생 가능한 결함을 예측하고 사전에 방지하는 예방 기반 테스트(prevention−oriented test) 중심으로 변화하고 있음을 보여준다.

이와 관련하여 테스트 기법 및 환경도 변화하고 있는데, 테스트 케이스와 테스트 조건 및 데이터를 요구사항으로부터 획득하는 요구사항 기반 테스트(RBT: Requirement Based Test) 프로세스와 특히 애자일 개발 환경에서 요구사항을 특정한 테스트 케이스로 전환한 후 테스트를 수행하여 코드를 개선하는 테스트 기반 개발(TDD: Test−driven development) 활동 등을 수행하고 있다.[7,8]

표 5.1 소프트웨어 테스트 발전 단계

세대	이름	특징
1	디버깅 위주 시대 (Debugging-oriented period)	하드웨어를 중심으로 테스트와 디버깅의 구분 없이 소스 코드의 버그 제거에 초점
2	증명 위주 시대 (Demonstration-oriented period)	테스트와 디버깅을 구분하며 소프트웨어가 요구사항을 만족하는지 증명
3	파괴 위주 시대 (Destruction-oriented period)	소프트웨어 결함을 발견하기 위하여 시스템의 실행을 통해 테스트를 수행

세대	이름	특징
4	평가 위주 시대 (Evaluation-oriented period)	소프트웨어 개발 프로세스 전반으로 테스트 활동을 통합하고 지속적으로 테스트를 수행
5	예방 위주 시대 (Prevention-oriented period)	소프트웨어 개발 프로세스 전체 단계에서 테스트를 고려하여 시스템을 설계하고 사전에 결함을 예방

출처: Gelperin과 Hetzel

2 소프트웨어 결함

소프트웨어를 개발하고 테스트하는 과정에서 다양한 문제들이 발생할 수 있다. 이러한 문제들을 일반적으로 결함이라 하고, 발생 단계에 따라 오류, 결함 또는 실패로 분류한다.

오류(error)는 소프트웨어 개발과정에서 개발자의 실수나 잘못된 개념 또는 오해로 인해 발생하는 것으로 개발자가 리뷰나 디버깅 등을 통해 해결한다.

결함(defect)은 소프트웨어에 포함된 오류가 테스트 단계에서 발견되는 것으로 고객 요구사항을 만족시키지 못해 예상 결과와 실제 결과 간의 차이를 의미한다. 결함에 의해 실패가 발생할 수 있지만 결함이 있다고 항상 실패가 발생하지는 않는다.

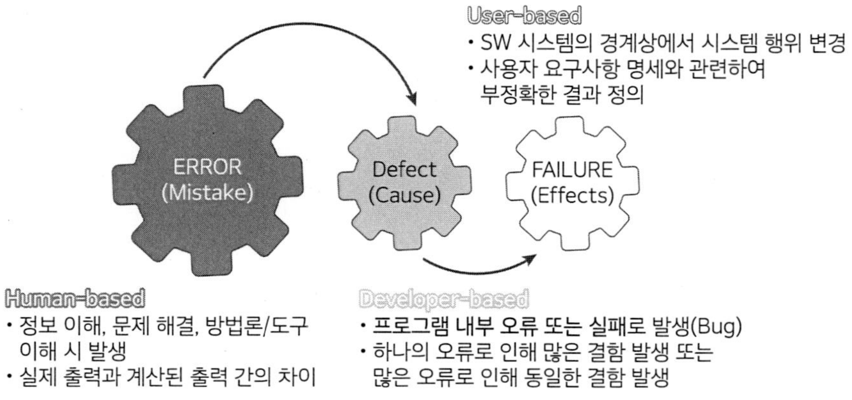

그림 5.1 에러, 결함 및 실패 간의 관계

그리고 실패(failure)는 시스템이 사용자에게 전달된 이후 단계에서 결함이 발견되는 것으로, 최종 소프트웨어 시스템이 정의된 사용자 요구사항을 수행하지 못해 기대한 결과를 제공하지 못한다.

3 디버깅과 테스트의 차이

버그(bug)는 소프트웨어에서 발생하는 모든 에러나 결함에 대한 포괄적 용어로 코딩 오류나 개발 환경에서 발견된 오류에 대해 개발팀이 승인한 결함을 의미한다. 이와 관련하여 디버깅(degging)은 작성된 소스 코드의 정확성을 조사하는 과정에서 발견된 오류를 식별하고 수정하여 제거하는 활동이다.

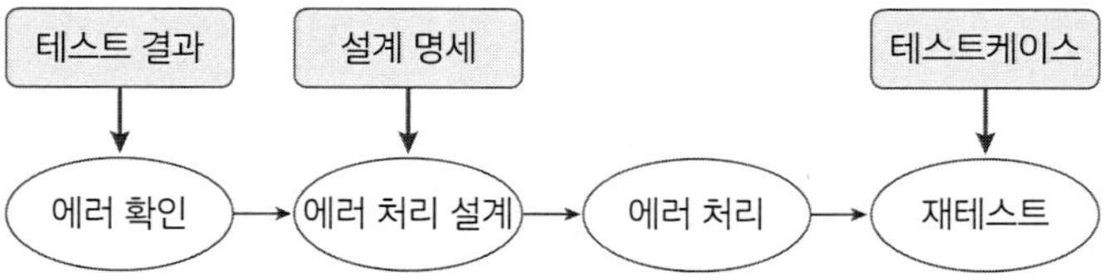

그림 5.2 소프트웨어 디버깅 프로세스

디버깅은 오류를 제거하는 방식에 따라 귀납적 디버깅, 연역적 디버깅 그리고 역행조사 디버깅으로 분류한다.

- 귀납적 디버깅(Induction debugging): 결과를 통하여 원인을 처리하는 방식으로, 오류 관련 정보를 통하여 오류의 원인을 하나씩 처리한다.
- 연역적 디버깅(Deduction debugging): 어떤 가정 하에서 오류를 발생시킬 원인들을 나열하고, 원인 가능성을 따져 불가능한 원인들을 하나씩 제거하여 나머지 가능한 원인들에 대해 사실을 규명한다.
- 역행조사 디버깅(Backtracking debugging): 오류 발생 지점을 찾기 위해서 오류 발견 지점으로부터 원시코드를 거슬러 올라가는 방법으로, 귀납적 방법과 연역적 방법을 동시에 사용한다.

이에 반해 테스트는 소프트웨어가 요구사항을 만족하는지 여부를 확인하기 위해 수동 또는 자동으로 평가하여 잠재된 결함(에러)을 찾아내는 활동이다. 일반적으로 발생하는 결함은 다음과 같다.

- 잘못됨(wrong): 요구사항이 올바르게 구현되지 않고 명세와 차이가 발생한다.
- 누락(missing): 고객 요구사항이 명시되지 않아 구현되지 않는다.
- 추가(extra): 명세서에 기술되지 않은 요구사항이 제품에 포함된다. 사용자가 원할 수 있지만 기존 요구사항과 다르기 때문에 결함이 된다.
- 결함(fault): 프로그램 오류로 인해 소프트웨어가 의도하지 않거나 예기치 않은 방식으로 수행된다.

1.2 소프트웨어 검증과 확인

V-모델(V-model)은 폭포수 모델을 확장하여 소프트웨어 개발 생명주기를 모형화한 것으로, 명시된 요구사항을 만족하는지 여부를 확인하기 위해 개발 단계 중간이나 종료 시점에 구성요소나 시스템을 평가하는 프로세스로 소프트웨어 시스템의 검증과 확인을 강조한다.[9]

이러한 V-모델을 기반으로 하는 소프트웨어 V&V 프로세스(verification and validation process)는 시스템의 결함을 발견하고 시스템이 운영 환경에서 사용가능한지 여부에 대한 평가를 위하여 소프트웨어 프로세스의 각 단계마다 검증과 확인을 적용하는 전체 생명주기 프로세스이다.

소프트웨어 검증(Verification)은 코드 실행 없이 문서를 검토하는 정적 테스트로서, 시스템이 특정 개발 단계에서 명세서에 기술된 요구사항대로 제품이나 컴포넌트를 제대로 만들고 있는지 즉, 소프트웨어 개발 생명주기 각 단계별 산출물이 해당 단계의 목적과 요구를 만족하는지에 대해 검토한다.

이는 프로젝트 요구사항이 개발과정 동안 충족되고 있음을 보증하고 개발 산출물이 명세된 요구사항에 부합되는지를 보장하는 것으로, 리뷰, 워크스루, 인스펙션, 테스트 검토 등의 기법을 사용한다.

> "Verification is a test of a system to prove that it meets all its specified requirements at a particular stage of its development."
>
> 출처: IEEE-STD-610

또한 소프트웨어 확인(Validation)은 사용자의 진정한 요구사항을 반영하여 올바른 소프트웨어 제품이나 서비스를 개발하고 있는지 즉, 개발이 완료된 소프트웨어 산출물이 정의된 목적이나 요구사항을 만족하는지, 프로덕트 또는 컴포넌트가 의도한 환경에서 원하는 기능을 수행하는지를 테스트하여 확인한다.

> "Validation is an activity that ensures that an end product stakeholder's true needs and expectations are met."
>
> 출처: IEEE-STD-610

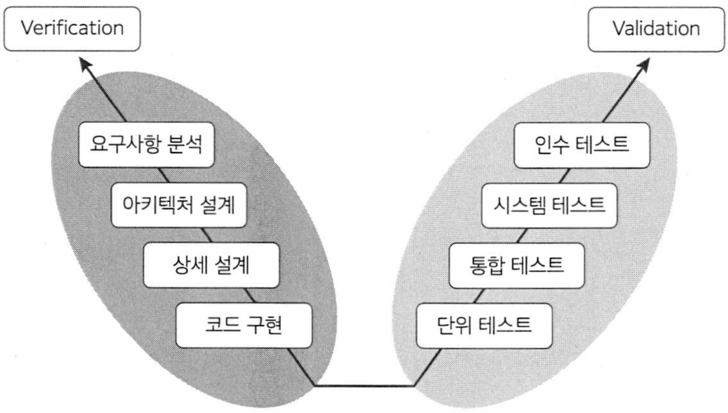

그림 5.3 V 모델과 테스트의 관계

소프트웨어 검증 및 확인은 소프트웨어가 목적에 부합한다는 신뢰를 입증하는 것이다. 이것은 소프트웨어에 결함이 완전하게 없다는 것을 의미하는 것은 아니라 필요한 신뢰의 정도를 결정한다.

그래서 V 모델에서는 특히 테스트 활동을 구현 이후가 아니라 프로젝트 시작 단계부터 진행하는 것을 강조한다. 그리고 각 단계별 테스트에서 추적성을 보장하도록 한다.

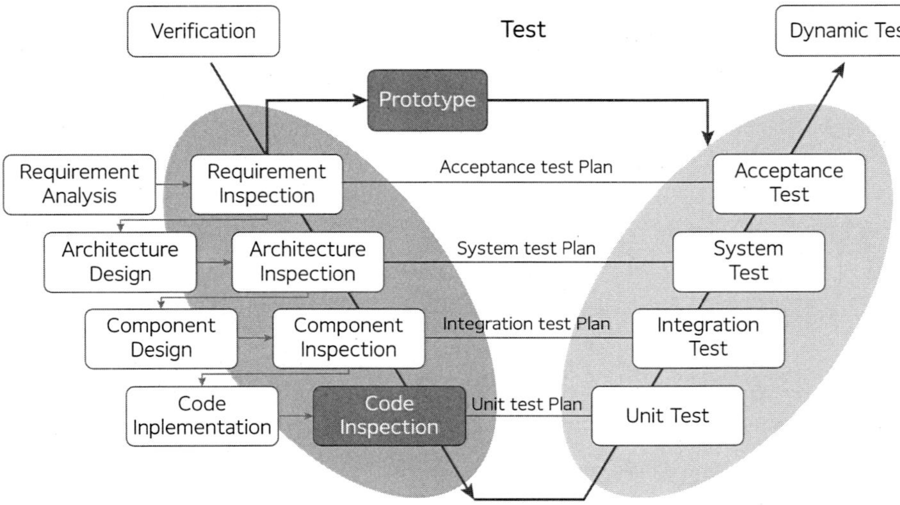

그림 5.4 V&V 추적 모델

V 모델의 검증은 정적 테스트(static test)라고 하고 확인은 동적 테스트(dynamic test)라고 한다. 검증은 소프트웨어의 실행 없이 산출물의 인스펙션이나 워크스루 등을 통해 소프트웨어 개발과정에서 발생하는 문제를 발견하는 테스트 활동이다. 또한 확인은 소프트웨어를 테스트 데이터와 테스트를 통해 실행하여 동작을 관찰한다.

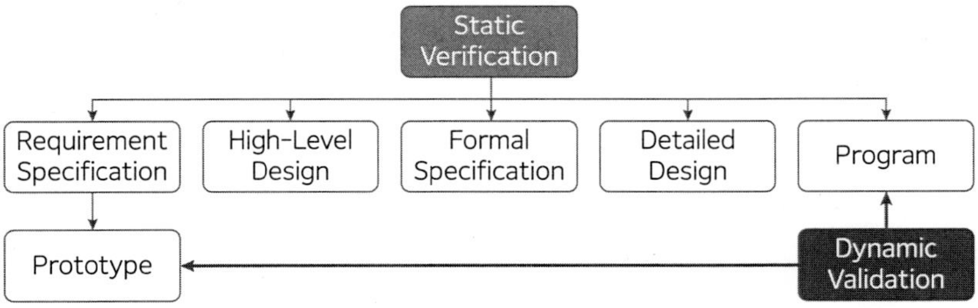

그림 5.5 정적 테스트와 동적 테스트의 관계

1.3 소프트웨어 테스트 표준

소프트웨어 테스트는 크게 정적 테스트와 동적 테스트로 분류한다. 정적 테스트(static test)는 프로그램을 실행시키지 않고 소스 코드 등의 내용을 기반으로 코드의 완전성, 정확성 및 일관성 등을 판단한다. 이에 비해 동적 테스트(dynamic test)는 설계된 테스트 케이스에 주어진 입력을 넣고 실행시켜 결과값을 평가한다.[10]

1 테스트 표준의 유형

소프트웨어 테스트에 대한 표준은 정적 테스트는 IEEE 1028에서, 동적 테스트는 ISO 29119에서 정의하고 있다.[11]

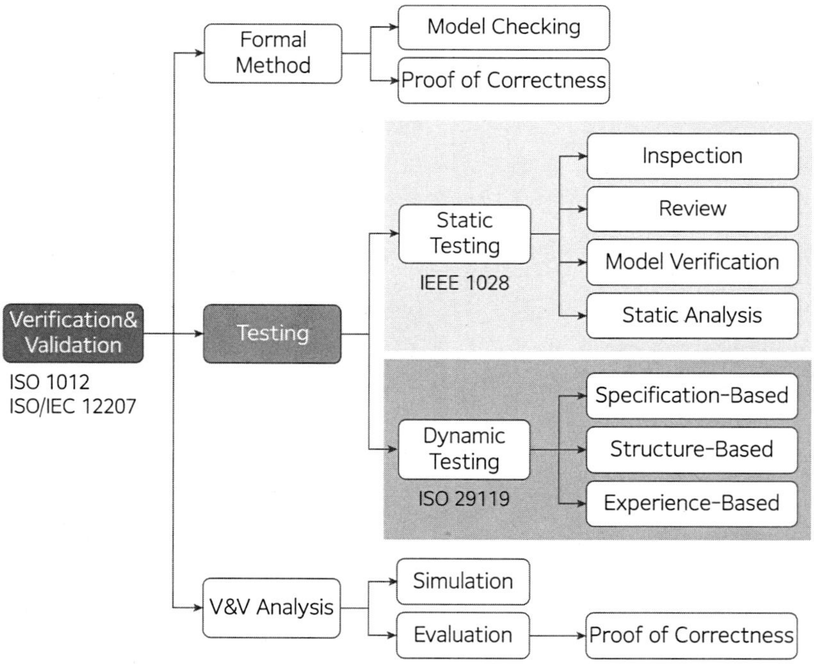

그림 5.6 소프트웨어 테스트 표준 분류

정적 테스트를 위한 소프트웨어 검토와 관련한 표준인 "IEEE 1028-2008 IEEE Standard for Software Reviews and Audits" 표준은 소프트웨어 생명주기 전체 범위에서 5가지 유형의 소프트웨어 검토 및 감사와 각 유형의 실행에 필요한 절차를 정의한다. 검토 유형에는 관리 검토, 기술 검토, 인스펙션 및 워크스루를 포함한다.[12]

그 밖의 테스트 관련 국제표준은 소프트웨어와 테스트 문서에 관련한 표준인 "IEEE 829-2008 IEEE Standard for Software and System Test Documentation", 소프트웨어 검증과 확인에 관련된 "IEEE 1012-2012 IEEE Standard for Software Verification and Validation" 등이 있다.[13]

표 5.2 기타 테스트 관련 국제 표준

표준 번호	표준 내용
IEEE 829	A standard for the format of documents used in different stages of software testing
IEEE 1061	A methodology for establishing quality requirements, identifying, implementing, analyzing, and validating the process, and product of software quality metrics
IEEE 1059	Guide for Software Verification and Validation Plans
IEEE 1008	A standard for unit testing
IEEE 1012	A standard for Software Verification and Validation
IEEE 1028	A standard for software inspections
IEEE 1044	A standard for the classification of software anomalies
IEEE 730	A standard for software quality assurance plans
IEEE 1061	A standard for software quality metrics and methodology
BS 7925-1	A vocabulary of terms used in software testing
BS 7925-2	A standard for software component testing

2 ISO 29119 테스트 표준

대표적인 소프트웨어 테스트 표준인 ISO/IEC/IEEE 29119 "Software and Systems engineering – Software testing"은 IEEE와 BS 등을 통합하여 검증과 확인 활동 중 주로 동적 테스트(Dynamic Test)를 체계적으로 수행하기 위한 프레임워크를 제공한다.[14,15,16,17,18]

이 표준은 폭포수 모델부터 애자일 모델까지 모든 소프트웨어 개발 수명주기 내에서 사용될 수 있도록 테스트 개념과 용어, 테스트 프로세스, 테스트 문서, 테스트 설계 기법 및 프로세스 평가 모델을 정의한다.

ISO 29119 표준은 개념과 정의, 테스트 프로세스, 테스트 문서화, 테스트 기법 그리고 키워드 기반 테스팅(Keyword–driven testing)의 5 부분으로 구성된다. 이중 테스트 프로세스는 표준의 핵심 부분으로 테스트 프로세스를 기반으로 테스트 문서와 테스트 기법을 결정한다.

- ISO/IEC/IEEE 29119–1:2013 Software and systems engineering – Software testing – Part 1:Concepts and definitions
- ISO/IEC/IEEE 29119–2:2013 Software and systems engineering – Software testing – Part 2:Test processes
- ISO/IEC/IEEE 29119–3:2013 Software and systems engineering – Software testing – Part 3: Test documentation
- ISO/IEC/IEEE 29119–4:2015 Software and systems engineering – Software testing – Part 4: Test techniques
- ISO/IEC/IEEE 29119–5:2016 Software and systems engineering – Software testing – Part 5: Keyword–Driven Testing

또한 ISO/IEC/IEEE 29119 소프트웨어 테스트 프로세스는 조직 레벨(Organizational Test Process), 테스트 관리 레벨(Test Management process) 및 동적 테스트 프로세스(Dynamic Test Process) 레벨의 3 계층 모델로 정의한다. 소프트웨어 테스트와 관련된 국제 표준 간의 관계는 다음 그림과 같다.[11]

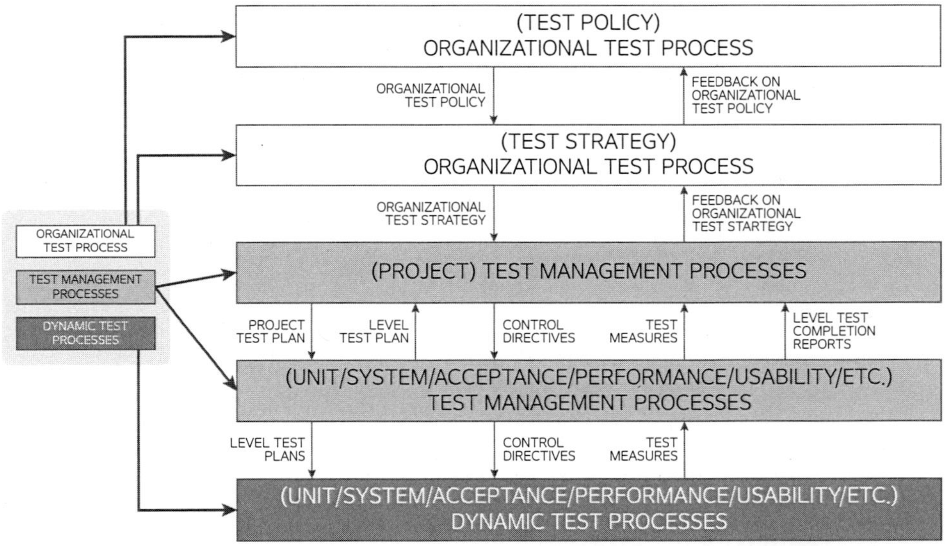

그림 5.7 ISO/IEC 29119 3 layer model

ISO 29119 표준에서 제공하는 테스트 기법은 테스트 설계 및 구현 단계에서 활용할 수 있는 명세 기반 테스트 설계 기법(Specification–Based Test Design Techniques), 구조 기반 테스트 설계 기법(Structure–Based Test Design Techniques) 그리고 경험 기반 테스트 설계 기법(Experience–Based Test Design Techniques)을 제공한다.

그리고 테스트 프로세스 중에 생성된 템플릿 및 테스트 문서 템플릿은 3가지 주요 테스트 프로세스 레벨을 지원한다. ISO/IEC/IEEE 29119–3에 정의된 문서는 다음과 같다.

표 5.3 ISO/IEC/IEEE 29119-3 정의 문서

프로세스 레벨	산출물
Organizational Test Process Documentation	Test Policy Organizational Test Strategy
Test Management Process Documentation	Test Plan(including a Test Strategy) Test Status Test Completion
Dynamic Test Process Documentation	Test Design Specification Test Case Specification Test Procedure Specification Test Data Requirements Test Data Readiness Report Test Environment Requirements Test Environment Readiness Report Actual Results Test Result Test Execution Log Test Incident Report

1.4 소프트웨어 정적 테스트

소프트웨어 정적 테스트(Static Test)는 개발 환경에서 오류를 발견하는 활동으로, 개발자나 제3자의 검토 팀들이 소프트웨어가 개발 생명주기 단계별로 산출하는 계획서, 소프트웨어 요구사항 명세서, 아키텍처 및 상세 설계서 그리고 소스 코드 문서 등 핵심 프로젝트 산출물들과의 적합성을 검토하여 결함을 발견하는 활동이다.

이러한 개발 프로세스 내에서 품질 관리를 수행하는 정적 테스트는 제품이 완료된 후 오류를 찾는 테스트보다 적은 노력으로 소프트웨어 품질과 신뢰성을 향상시킬 수 있는 가장 비용 효과적인 결함 제거 기법이다.

일반적으로 개발과정에서 발생하는 결함은 대부분 개발 팀 내의 불완전한 커뮤니케이션과 작업의 복잡성에 따른다. 또한 소프트웨어에서 발생하는 결함의

80%는 소프트웨어 전체 영역의 20%에서 발생하기 때문에 개발과정 중에 문제 발생의 가능성이 높은 영역을 대상으로 주의 깊은 검토를 함으로써 전체 결함 발생 가능성을 낮출 수 있다.

소프트웨어 정적 테스트는 주로 검토 기법을 사용한다. 소프트웨어 검토(software review)는 작업 산출물이 완료되기 전에 개선하는 데 사용되는 검증 방법으로, 불완전하고 모호하거나 누락된 요구사항을 발견하고 구현에서 코드의 명확성과 논리적 결함을 감지하고 표준 준수 등의 여러 결함을 동시에 발견하거나 또는 테스트나 다른 결함관리 기술이 적합하지 않을 때 적용한다.

1 소프트웨어 정적 테스트 기법

소프트웨어 정적 테스트에서는 동료 검토, 워크스루, 인스펙션 등의 검토 기법을 사용한다. 이때 이들 사이에 실행 순서는 존재하지 않는다.

❖ 동료 검토

동료 검토(Peer review)는 작성자가 소프트웨어 산출물을 설명하고 동료 개발자들이 읽기 또는 토론을 통해 소프트웨어 산출물을 체계적으로 검사하는 것으로, 초기에 효과적으로 산출물의 결함이나 변경 부분을 파악 및 제거할 수 있는 기법이다.

- 버디 확인(Buddy checking): 작성자 이외의 인원이 비공식적으로 문서나 작업을 검토하며, 일반적으로 체크리스트를 사용하지 않으므로 반복할 수 없다.
- 순환 검토(circulation review): 검토 회의를 개최하지 않고 산출물을 동료들 사이에 순환시켜 의견을 구한다. 이 기법은 회의를 열지 않음으로써 문제에 대한 잠재적인 논쟁을 피할 수 있다.

❖ 기술 검토

기술 검토(technical review)는 개발에 관여한 팀별로 검토팀을 구성하여 산출물에 대해 기법, 스타일, 오류 그리고 개발 표준의 위반 여부를 평가한다. 이 기법은 전체 설계 검토보다 소규모 모듈 그룹을 수행함으로써 초점을 한정하여 오류 발견 확률을 높일 수 있다.

기술 검토는 좋은 문서화와 동료 및 기술 전문가를 포함하는 잘 정의된 결함 감지 프로세스를 사용한다. 이러한 종류의 검토는 일반적으로 경영진의 참여 없이 동료 검토로 수행된다.

❖ 워크스루

워크스루(Walkthrough)는 시스템 개발자, 관리자, 사용자, 외부 전문가들이 참여하는 검토 팀이 요구사항 명세와 산출물과의 일치성을 검토한다. 그래서 팀별로 특정 부문에 대한 검토를 수행하여 부적절하거나 누락되거나 관련 없는 정보를 발견함으로써 각 단계별 산출물의 완전성, 정확성, 기능 간의 적합성을 확인한다.

워크스루는 작성자가 동료에게 산출물을 제시하고 의견과 피드백을 받는다. 이 기법은 프로세스 및 발견된 문제에 대해 제한된 문서를 제공하여 결함 추적이 어렵다.

2 소프트웨어 인스펙션

소프트웨어 인스펙션(inspection)은 소프트웨어의 결함을 발견하기 위하여 명확하게 정의된 역할과 책임을 가진 제3자로 구성된 검토 팀이 정의된 기준에 따라 소프트웨어 개발 생명주기 과정상의 산출물을 공식적으로 검토하는 활동이다.

소프트웨어 인스펙션은 1970년대에 IBM의 Michael Fagan에 의해 설계 문서, 코드 명세서 및 테스트 데이터와 같은 다양한 소프트웨어 산출물의 체계적인 검토를 위해 사용하였으며, 이 기법은 현재 사용하고 있는 정적 테스트 중 가장 엄격하고 정형화된 기법이다.

인스펙션은 가능한 개발 초기에 작업 산출물의 결함을 효율적으로 관리함으로써 결함 발생을 예방할 수 있고, 테스트에서 발견할 수 있는 대부분의 결함을 효율적으로 찾을 수 있다. 그래서 결함으로 인한 재작업 시간을 줄이고 전체 테스트 시간을 단축시킬 수 있다. 또한 개발자들 간의 효율적인 커뮤니케이션과 작업 표준화를 통해 개발 생산성과 품질 향상을 가져올 수 있다.

소프트웨어 인스펙션은 결함의 해결이 아닌 발견에 초점을 둔다. 그래서 프로젝트의 처음부터 끝까지 적용하는 경우에는 매우 효과적일 수 있다. 일부 조사에 의하면 소프트웨어 인스펙션을 적용하는 경우 전체 프로젝트 개발 시간이 10~30% 줄어들고, 특히 테스트 실행 비용 및 시간이 5~10배 감소하는 것으로 나타났다.

그러나 일부 결함은 인스펙션에서는 발견되지 않고 소스 코드를 실행하는 테스트를 통해서만 감지할 수 있다. 따라서 인스펙션과 테스트는 상호 보완적인 프로세스로 고려해야 한다. 그리고 인원(4~5명)과 시간을 요구하기 때문에 많은 비용이 필요하고 검사자의 경험과 훈련에 따라 결과가 달라질 수 있다.

❖ 인스펙션 참여자

공식 인스펙션 프로세스에 참여하는 인원들은 유사한 수준의 서로 다른 전문지식을 가진 4~7명 정도의 팀들로 구성하여 주로 체크리스트 등을 이용하여 개발 중인 소프트웨어 산출물의 결함, 누락, 표준 위반 등을 검토한다. 검토는 크게 문서 검토와 소스 코드 검토로 분류한다.

참가자들은 진행자, 개발자, 제출자, 기록자 그리고 검토자 등으로 역할을 부여하고 역할에 따른 책임을 부여한다. 이때 인스펙션은 개발자가 아닌 훈련된 중재자가 이끈다.

- 개발자(Author): 검토 중인 문서나 작업 산출물을 작성한 사람으로, 자신을 방어하는 것이 아니라 작업을 발표하고 다른 사람들이 이해하도록 돕는다.
- 진행자(Moderator): 인스펙션 대상 문서로부터 결함을 발견하는 목적을 가지고 인스펙션을 수행한다.
- 기록자(Recorder): 인스펙션 과정에서 발견된 결함을 기록하고 중재자와 함께 프로세스 마지막에 검사 보고서를 준비한다.
- 제출자(Reader): 인스펙션 회의에서 코드 또는 문서를 알기 쉽게 의역한다.
- 검토자(Inspectors): 서로 다른 전문 지식과 각각 다른 관점을 인원들이 포함되어 질문을 제기하고 문제를 제안한다.

❖ 인스펙션 프로세스 단계

소프트웨어 인스펙션은 인스펙션 계획, 준비, 검토, 재작업 및 후속 조치의 5단계를 거친다.

1. 계획(Planning): 첫 번째 단계에서는 검사할 작업을 식별하고 검사 일정을 설정한다. 그리고 검사 팀의 규모와 구성을 결정하고 참가자들의 역할과 책임을 부여한다. 또한 산출물 작성자가 산출물 검토 준비 완료를 검토자에게 통지하고 진행자에게 자료를 전달하면 진행자는 인스펙션 회의 참석 인원을 결정하고, 검토 자료를 배포한다.
2. 준비(Preparation): 검토자들은 체크리스트를 기준으로 자료를 검토한다. 그리고 검토자는 발견된 문제를 기록하고 심각도를 결정한다.
3. 검토(Inspection Meeting): 준비 단계에서 발견된 결함에 대해 산출물의 작성자, 진행자, 검토자들이 모여 결함에 대해 논의를 한다.
4. 재작업(Rework): 개발자는 작업 산출물을 발견된 결함에 대해 수정을 한다. 그리고 회의 종료 후에 작성자와 진행자는 회의 결과를 기록한다.
5. 후속조치(Follow up): 인스펙션에서 발견된 결함의 수정 여부를 확인한다. 작성자 및 기타 관련자는 변경 내용을 검토한 후 품질관리자에게 보고한다.

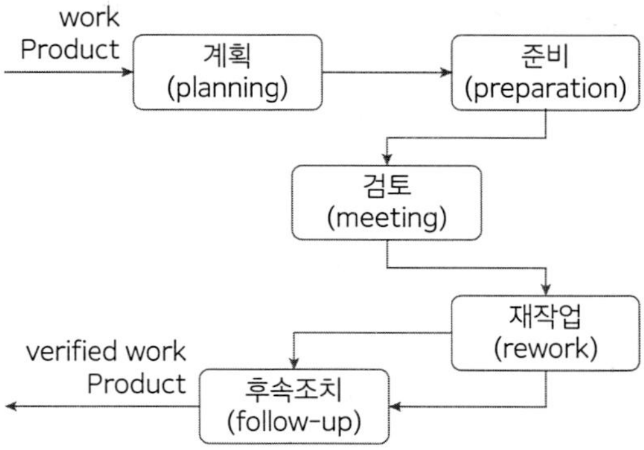

그림 5.8 소프트웨어 인스펙션 프로세스

❖ 인스펙션 기법

인스펙션을 효과적으로 수행할 수 있도록 질문지와 체크리스트를 제공한다. 검사할 수 있는 인스펙션 작업량은 일반적으로 1~2시간 안에 검토할 수 있는 크기로 기능 명세는 3~5페이지, 코드인 경우 200라인 이내를 검토한다. 따라서 인스펙션은 프로그램 개발 중에 비교적 작은 소프트웨어 컴포넌트에 대해 자주 수행하는 것이 필요하다.

또한 소스 관리 시스템과 함께 소스 코드를 검토하는 도구나 메모리 상태를 체크하는 도구 등의 자동화 도구를 적용하면 효과적인 인스펙션 결과를 얻을 수 있다.

❖ 산출물 인스펙션

소프트웨어 개발 생명주기 단계별 생성되는 산출물에 대한 인스펙션 활동 내용은 다음과 같다.

- 착수/계획단계: 비즈니스 요구사항 검토
  정의된 비즈니스 요구사항, 비즈니스 목표 및 이에 기반을 둔 세부 품질목표, 지표 등을 이해관계자 간의 리뷰를 통해 일관성, 완전성, 추적성 등에 대해 검증한다.

- 요구분석단계: 소프트웨어 시스템 요구사항 검토

  도출된 소프트웨어 요구사항이 비즈니스 목표 및 요구사항과 연계하여 잘 정의되었는지 중점적으로 검증한다. 그래서 정의된 프로세스를 준수하여 요구사항 분석 및 정의활동이 이행되었는지, 요구사항분석 단계에 작성된 산출물이 표준에 따라 잘 작성되었는지를 검토하고, 도출된 요구사항이 비즈니스 요구사항으로부터 양방향으로 추적성을 확보하는지 검증한다.

- 설계단계: 소프트웨어 설계 검토

  검토자는 시스템 설계를 기반으로 시스템 및 통합 테스트를 위한 테스트 설계를 수행한다. 설계가 완료되면 관련 이해관계자들이 설계 단계 산출물에 대한 통합 리뷰를 진행한다. 또한 요구사항으로부터 양방향으로 추적성을 확보하는지 검증한다. 신뢰성이 요구되는 소프트웨어의 경우는 모델 체킹 등 정형검증을 추가적으로 수행하여 신뢰성을 확보한다.

- 구현단계: 소프트웨어 코드 검토

  소프트웨어 개발자는 구현된 코드의 신뢰성 검증을 위해 정적분석을 수행한다.

  코드 인스펙션(Code Inspection)은 규칙 및 체크리스트를 기반으로 개발과정 중의 소스 코드를 검토하여 소스 코드 내의 직,간접적인 결함을 검출한다.

  코드 인스펙션은 코딩 스타일, 명명 규칙(naming convention) 등의 코딩 표준 적합성이나 메모리 누수 및 버퍼 오버플로와 같은 코드의 취약점을 찾아 제거할 수 있는 체계적인 검사로, 주요 목적은 테스트 단계에서 결함 증가를 방지하기 위해 결함을 찾는 것이다.

표 5.4 생명 주기 단계별 정적 테스트 대상

생명주기 단계	검토 대상	관련자
요구사항 정의	기술적 가능성, 투명성 및 타당성 테스트 가능성	개발자/QA 분석가 테스터
설계	기술적 적합성과 설계의 신뢰성 요구사항과의 적합성 사용 용이성	기술 전문가 BA 사용자
구현	코드 품질, 구조, 충실함	전문가
테스트	테스트 계획과 검토,시험 평가, 그리고 테스트 절차와 환경	전문가

1.5 소프트웨어 동적 테스트

효율적인 소프트웨어 품질 관리를 위해 동적 테스트에서는 구현이 완료된 코드를 대상으로 명세된 요구사항 검증을 통한 개발 산출물 간의 적합성과 구조적 검증을 수행한다.[19]

개발자는 구조적 검증을 위해 화이트박스 테스트를 수행하고, 테스트 결과인 구조적 커버리지가 목표한 수준을 충족하는지 확인한다. 그리고 화이트박스 테스트가 완료되면 소프트웨어 기능 검증 중심의 단위 및 통합테스트를 수행한다. 시스템 테스트는 테스터의 주도하에 품질 요구사항을 충족하는지 확인한다.

표 5.5 동적 테스트의 품질관리 지표

항목	지표	개요
요구사항 검증	기능 검증	기능 구현의 완전성 및 정확성 확인
	비기능 검증	정량적 품질목표 달성 확인
	정형 검증	고수준의 신뢰성이 요구되는 경우 수학적 모델 기반으로 검증
	사용자 검증	고객으로부터의 품질피드백 수행
구조 검증	구조적 커버리지	요구되는 신뢰성 수준에 따라 선택, 적용

출처: NIPA,2013

2 소프트웨어 테스트 활동

2.1 소프트웨어 테스트 단계

소프트웨어 테스트는 단일 모듈이나 모듈 그룹 또는 전체 시스템과 같은 테스트 대상에 따라 테스트 수준이 달라질 수 있다. 또한 개발 및 유지 관리 프로세스에 따라 서로 다른 수준에서 수행한다. 일반적으로 소프트웨어 개발 생명주기에서 테스트 프로세스는 단위 테스트, 통합 테스트, 시스템 테스트 그리고 인수 테스트의 네 단계를 포함한다.

2.1.1 단위 테스트

단위 테스트(Unit Test)는 소프트웨어 테스트 생명주기의 첫 번째 단계로 테스트가 가능한 소프트웨어 모듈이나 컴포넌트의 기능을 주로 개발자의 경험을 바탕으로 소프트웨어 개발자나 동료가 화이트박스 테스트를 기반으로 확인한다. 여기에서 단위(unit)란 독립적으로 실행 및 테스트가 가능한 모듈이나 컴포넌트로 일반적으로 하나 이상의 입력과 단일 출력을 가진다.

단위 테스트는 상위 레벨에서 결함을 발견하고 수정하는 데 비해 적은 노력과 쉬운 디버깅 그리고 빠른 개발과 유지보수 향상을 가져올 수 있다. 단위 테스트에서는 모듈 간의 데이터 인터페이스 테스트, 모듈 내의 자료구조 및 수행경로 테스트 또는 오류처리 및 경계 값 테스트를 수행한다.

단위 테스트 단계에서는 대상 모듈이 입력을 받아 출력을 발생시킬 때까지 모듈 내부에서 결함을 식별하는 과정을 화이트박스 테스트로 수행한다.

단위 테스트를 수행할 때는 개발자 자신이 독립적으로 테스트를 수행할 수 있도록 환경을 구성한다. 만일 소프트웨어가 일부만 개발된 상태에서 단위 테스트를 수행할 때는 스텁과 드라이버를 사용한다.

- 테스트 드라이버(test driver): 하위 모듈에서 상위 모듈로의 상향식 테스트를 진행할 때 테스트 대상 모듈을 호출하는 가상의 모듈이다.
- 테스트 스텁(test stub): 상위 모듈에서 하위 모듈로의 하향식 테스트에 사용하며, 테스트 대상 모듈이 호출하는 모듈로 단순히 값을 넘겨주는 가상의 모듈이다.

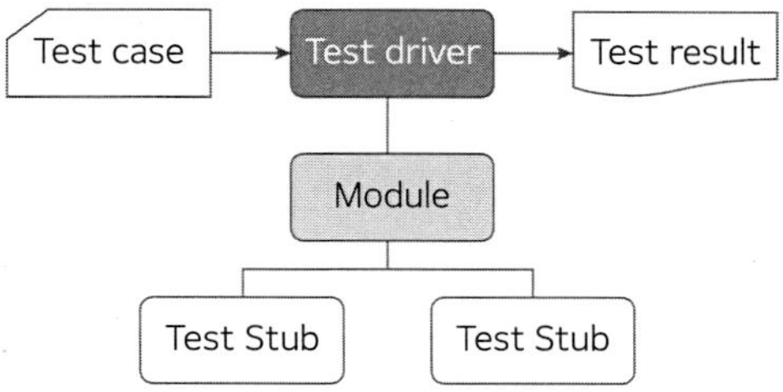

그림 5.9 테스트 드라이버와 스텁의 관계

표 5.6 단위 테스트 활동 내용

단계	활동 내용
입력	테스트 계획서, 소프트웨어 요구사항 명세서, 테스트 대상 단위 소스 코드, 프로그램 라이브러리, 상세설계 문서
시작 조건	단위 소스 코드 구현 완료, 테스트 환경 구축 완료, 코드 검토 완료, 단위 테스트 케이스 작성
종료 조건	계획된 테스트 케이스 수행 완료, 정의된 테스트 커버리지 달성
출력	단위 테스트 계획, 단위 테스트 케이스/테스트 데이터, 단위 테스트 결과/로그, 단위 테스트 버그 리포트/결과 리포트
식별 가능한 결함	• 잘못된 데이터 타입, 논리연산자, 계산 수식, • 우선순위에 의한 계산 또는 알고리즘에 따른 결과 • 잘못된 비교나 변수 • 부적절한 반복문의 종료, 무한 반복되는 조건 • 불일치 또는 부적절한 코드 • 오류가 발생하기 쉬운 초기화나 기본 값 • 잘못 기술된 변수 이름, 데이터 타입 불일치 • underflow, overflow를 포함하는 예외사항

2.1.2 통합 테스트

통합 테스트(Integration Test)는 소프트웨어 테스트 생명주기의 두 번째 테스트 단계로 단위 테스트가 완료된 이후에 독립된 테스터 팀이 컴포넌트 사이나 단위 시스템 사이 또는 통합 구성요소나 시스템 간의 상호작용에서 발생하는 결함을 발견하기 위해 수행한다. 통합 테스트 종류는 컴포넌트 통합 테스트와 시스템 통합 테스트가 있다.

- 컴포넌트 통합 테스트(component integration test): 통합된 컴포넌트 사이의 인터페이스와 상호작용에서 발생하는 결함을 발견
- 시스템 통합 테스트(system integration test): 시스템 및 패키지의 통합을 테스트 또는 외부 시스템과 인터페이스를 테스트

통합 테스트 단계에서는 소프트웨어 컴포넌트나 시스템의 상호작용에서 발생하는 데이터 전이로 인한 결함을 발견하기 위해 화이트박스 테스트, 블랙박스 테스트 또는 그레이박스 테스트 방법을 사용하여 통합성, 연계성 등을 확인한다.

통합 테스트는 통합된 요소 간의 불일치를 확인하지만, 여러 모듈이 복합적으로 관련되어 결함이 발생할 때 원인을 찾기 어렵고, 이로 인해 이해관계자들 사이에서 결함 해결에 많은 시간을 소비할 수 있다. 또한 테스트 과정에서 모듈 호출이 실행되지 않는 경우 테스트를 지원하기 위하여 테스트 드라이버와 테스트 스텁을 작성해야 한다.

통합 테스트는 한 번에 모든 모듈이나 컴포넌트를 통합하는 방법과 점진적으로 통합하는 방법 그리고 이 두 가지를 혼합하여 통합하는 방법 등이 있다.

표 5.7 통합 테스트 활동 내용

단계	활동 내용
입력	테스트 계획서, 소프트웨어 요구사항 명세서, 인터페이스 요구사항, 소프트웨어 아키텍처 설계서, 단위 테스트 결과물
시작 조건	단위 테스트 케이스 수행 완료, 단위 테스트 커버리지 달성, 식별된 결함 분석 및 수정 완료
종료 조건	시스템 통합 완료, 기능 요구사항 달성, 계획한 테스트 케이스 수행 완료, 식별된 결함 수정 완료
출력	통합 테스트 계획, 통합 테스트 케이스/테스트 데이터, 통합 테스트 결과/로그, 통합 테스트 버그 리포트/결과 리포트

1 일괄 통합 테스트(One-time integration test)

빅뱅 통합(Big Bang integration)이라 하며 단위 테스트를 수행한 소프트웨어 모듈이나 컴포넌트 등의 시스템 전체 구성요소를 한 번에 결합하여 테스트한다. 그래서 한 번에 테스트를 완료할 수 있지만, 에러를 발생시킨 모듈과 원인을 추적하기가 어렵다.

또한 이 기법은 시스템의 모든 모듈을 개발할 때까지 테스트를 기다려야 하기 때문에 테스트 실행 시간이 증가할 수 있다.

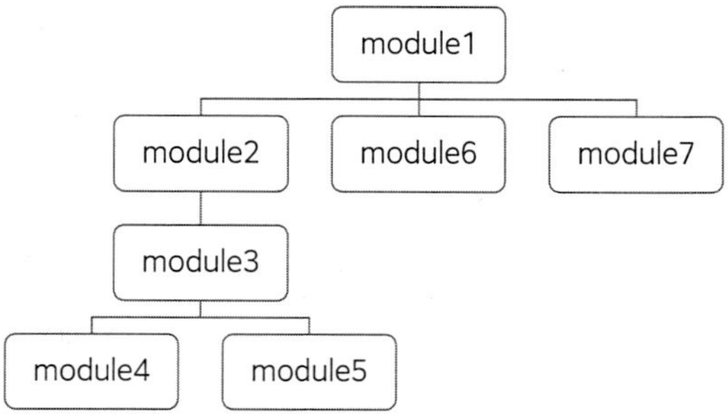

그림 5.10 일괄 통합 테스트

2 증분적 통합 테스트(Incremental integration test)

전체 시스템 중 먼저 개발된 일부 모듈부터 증분적, 반복적으로 통합하여 테스트하는 방식으로 하향식 통합과 상향식 통합의 두 가지 방식이 있다.

❖ 하향식 통합(Top Down Integration)

상위에 있는 모듈부터 단계적으로 하위 모듈을 통합하며 최하위 컴포넌트까지 반복적으로 테스트를 수행한다. 이 기법은 상위 모듈을 반복적으로 테스트하며 결함 발견이 용이하지만 필요한 하위 레벨이 없는 경우 테스트 스텁을 작성해야 한다. 또한 블랙박스 테스트만 하는 경우 하위 모듈에 대한 테스트가 부족할 수 있다.

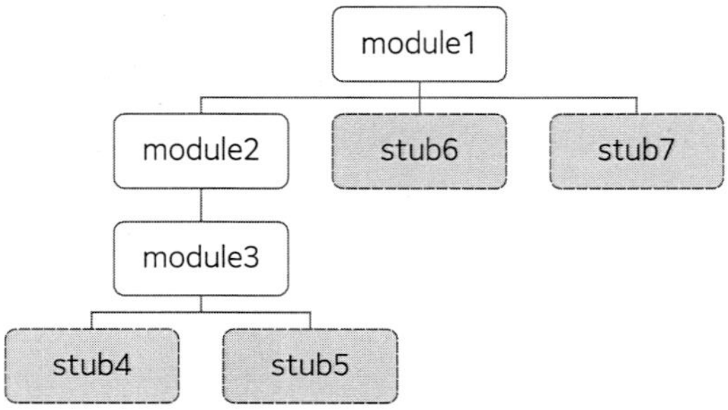

그림 5.11 하향식 통합 테스트

❖ 상향식 통합(Bottom Up Integration)

가장 하위에 있는 단위 모듈부터 최상위 모듈까지 상향식으로 통합하며 반복적으로 테스트를 수행한다. 이 기법은 조기에 설계 오류를 발견하기 어렵고, 필요한 상위 레벨을 사용할 수 없는 경우 테스트 드라이버를 작성해야 한다.

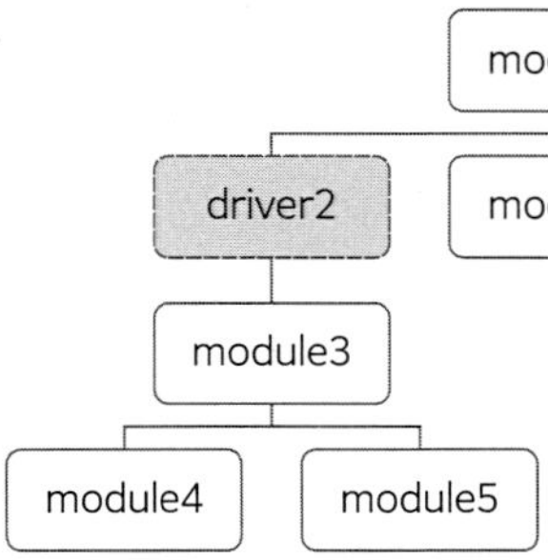

그림 5.12 상향식 통합 테스트

3 샌드위치/하이브리드 통합 테스트(Sandwich/Hybrid incremental integration test)

상향식과 하향식 통합 방법을 절충한 테스트로 전체적인 통합 테스트 이전에 먼저 테스트 가능한 주요 모듈에 대한 통합 테스트를 수행한다. 이 기법은 동기화 프로그래밍에 유용하고 위험도가 높은 모듈을 우선 검증할 수 있지만, 모듈 간의 상호작용을 명확하게 정의하거나 소프트웨어 형상관리 시스템이 구축되어 있어야 한다.

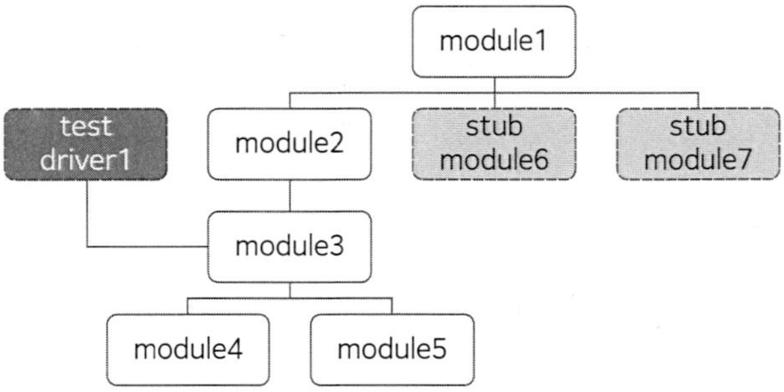

그림 5.13 하이브리드 통합 테스트

2.1.3 시스템 테스트

시스템 테스트(System Test)는 소프트웨어 테스트 생명주기의 세 번째 단계로 통합 테스트가 완료된 이후에 독립된 테스터가 소프트웨어 요구사항 명세서를 기준으로 기능, 비기능 요구사항을 만족하는지에 대해 전체 시스템 동작을 확인한다.

통합 테스트가 모듈 사이의 데이터 전이에 중점을 두고 컴포넌트나 시스템 간의 상호작용을 테스트하는 것에 비해 시스템 테스트는 시스템 환경 하에서 모든 기능 요구사항의 정확한 실행과 비기능 요구사항의 수행 결과 그리고 하드웨어, 소프트웨어 사용자 및 운영자 인터페이스 측면의 요구사항을 테스트한다. 그리고 데이터나 인터페이스 임계값과 과부하 상태에서의 내구성 및 매뉴얼의 적절성 등도 확인한다. 시스템 테스트에서 수행하는 확인 내용은 다음과 같다.

- 스트레스(Stress): 시스템이 예상 자원 내에서 시스템 리스크를 수용 가능한 수준으로 수행하는지 확인
- 실행(Execution): 시스템이 정상 환경에서 원하는 수준으로 동작하는지 확인
- 고장 복구(Recovery): 시스템이 고장 발생 후 이전 상태로 복원되는지 확인
- 운영(Operations): 이전 시스템과 새로운 시스템이 병행으로 동작할 때 정상적으로 동작하는지 확인
- 표준 준수(Compliance): 시스템 개발 시 표준과 절차에 따라 개발되는지 확인
- 보안(Security): 시스템이 우선순위 정책에 따라 보호되는지 확인

표 5.8 통합 테스트 활동 내용

단계	활동 내용
입력	테스트 계획서, 소프트웨어 요구사항 명세서, 통합 테스트 결과물, 매뉴얼(사용자 및 관리자)
시작 조건	통합 테스트 케이스 수행 완료, 기능 요구사항 결함 수정 완료, 시스템 테스트 수행 환경 및 테스트 데이터 구축 완료
종료 조건	시스템 테스트 케이스 수행 완료, 결함 수정 완료
출력	시스템 테스트 계획, 시스템 테스트 케이스 및 테스트 데이터, 시스템 테스트 결과 및 로그, 시스템 테스트 결과 리포트

시스템 테스트는 일반적으로 블랙박스 테스트를 사용하여 완성된 전체 시스템에 대한 기능 수행과 운영의 완전성뿐만 아니라 시스템 자원이나 고장 복구 및 보안 등과 관련된 품질의 만족 여부를 확인한다.[20]

❖ 기능 테스트(functional test)

사용자 관점으로 정의된 기능 요구사항의 충족 여부를 확인한다.

❖ 성능 테스트(Performance Test)

시스템이 시간, 자원 그리고 용량과 관련하여 설정된 성능 목표나 기준을 만족하는지를 측정하여 효율성을 확인한다. 또한 시스템이 특정 부하에서 최대한 발휘할 수 있는 임계 성능을 테스트한다. 성능 테스트는 크게 부하 테스트, 스트레스 테스트, 내구성 테스트 그리고 스파이크 테스트의 4가지로 수행한다.

- 부하 테스트(Load Test): 시스템 부하를 임계값에 도달할 때까지 증가시켜 최대 처리량과 응답 시간을 확인
- 스트레스 테스트(Stress Test): 시스템이 과부하나 자원의 비정상적 상황에서 적절하게 동작하는지를 확인
- 내구성 테스트(Endurance Test): 장시간 부하를 가하여 심각한 워크로드가 지속될 때 시스템의 안정성을 확인
- 스파이크 테스트(Spike Test): 사용자가 동시에 거래를 발생시켜 순간적으로 부하가 증가할 때 시스템의 상태를 확인

❖ 보안 테스트(security test)

시스템의 보안 취약점을 발견하고 불법 침입으로부터 데이터와 자원을 보호하기 위하여 보안 기능이 적절하게 제공되는지를 테스트한다.

❖ 사용성 테스트(usability test)

최종 사용자의 관점에서 시스템을 얼마나 쉽게 사용할 수 있는지 확인하기 위한 테스트이다.

❖ 민감도 테스트(sensitivity test)

유효한 입력 유형 중에서 불안정하게 하거나 부적절한 결과를 일으키는 데이터의 조합을 확인한다.

❖ 회귀 테스트(regression test)

시스템이 변경되었을 때 이와 관련되어 다른 부분에 새로운 결함이 발생하는지를 확인한다. 이 테스트는 새로 테스트 케이스를 생성하지 않고 이전 테스트 케이스를 다시 수행하며, 모든 단계의 테스트 중에 수행할 수 있지만 일반적으로 시스템 테스트와 가장 관련이 높다.

❖ 스모크 테스트(smoke test)

빌드 검증 테스트(Build Verification Test)라고 하며 소프트웨어 테스트를 수행하기 이전에 초기 빌드를 테스트할 가치가 있는지 판단하기 위해 시스템의 핵심 기능들을 간단하게 테스트하여 빌드의 안정성을 확인한다.

❖ 정밀 테스트(Sanity Test)

코드나 기능의 사소한 변경에 대하여 소프트웨어 빌드를 받은 후에 버그가 수정되었고 이 변경으로 인해 문제가 유입되지 않음을 확인한다.

❖ 적합성 테스트(compliance test)

규정 테스트 또는 표준 테스트라고 하며 시스템이 내부 또는 외부 표준을 준수하는지 여부를 확인한다.

2.1.4 인수 테스트

인수 테스트(Acceptance Test)는 소프트웨어 테스트 생명주기의 최종 단계로 시스템 테스트가 완료된 이후에 개발에 독립적인 인원이나 제3의 조직이 고객의 입장에서 비즈니스 요구사항을 충족하는지를 확인한다.

인수 테스트는 개발된 시스템의 결함을 찾는 것이 아니라 새로운 시스템을 정식으로 인수하기 전에 비즈니스 프로세스 및 사용자 요구사항 등과 관련하여 인수 기준을 충족시키는지를 확인한다.

인수 테스트는 일반적으로 블랙박스 테스트 기법을 사용하여 사용자, 고객 또는 기타 권한을 가진 주체가 실제 운영 환경에서 수행하고 테스트 결과에 대해서 시스템을 수락할지 여부를 결정한다. 인수 테스트는 테스트를 수행하는 주체에 따라 내부, 외부, 고객 그리고 사용자 승인 테스트로 구분한다.

❖ 내부 인수 테스트(Internal Acceptance Test)

알파 테스트(Alpha Test)라고 하며 사용자가 개발자 환경에서 가상으로 사용 환경을 구축하고 통제된 상태로 최종 시스템을 테스트한다. 이 테스트는 소프트웨어 개발 조직에는 속하지만 개발에 직접 관여하지 않는 인원들이 수행한다.

❖ 외부 인수 테스트(External Acceptance Test)

소프트웨어 개발 조직에 속하지 않은 인원들이 인수 테스트를 수행한다.

❖ 고객 인수 테스트(Customer Acceptance Test)

소프트웨어 개발 조직이 요청한 고객이 인수 테스트를 수행한다.

❖ 사용자 인수 테스트(User Acceptance Test)

베타 테스트(Alpha Test)라고 하며 개발자가 참여하지 않고 소프트웨어를 상용화하기 위해 일부 사용자들이 릴리즈 이전에 최종으로 수행하는 테스트이다. 이 테스트는 소프트웨어 최종 사용자가 수행한다.

전체 소프트웨어 테스트 단계를 기준으로 단계별 테스트 특성을 비교하면 다음과 같다.

표 5.9 소프트웨어 테스트 단계별 비교

	단위 테스트	통합 테스트	시스템 테스트	인수 테스트
대상	기능/모듈 객체/ 클래스	서브시스템/ 시스템 구성요소	전체 시스템	전체 시스템
목적	개별 컴포넌트의 독립적 기능수행을 확인	통합된 컴포넌트 간 상호작용에서 결함 여부 확인	통합시스템의 요구사항 준수와 결함 처리를 확인	시스템의 비즈니스 요구사항 준수를 확인
담당자	SW 개발자/동료	SW 개발자/ 독립된 테스터	독립된 테스터	독립된 외부고객
자료	상세설계문서/ 코드	아키텍처 문서	소프트웨어 요구사항 명세서	비즈니스 요구사항 명세서
기법	화이트박스/ 블랙박스 테스트	화이트박스/ 블랙박스/ 그레이박스 테스트	블랙박스 테스트	블랙박스 테스트
환경	개발 환경	테스트환경	테스트환경	운영환경

2.2 소프트웨어 기능 테스트

기능 테스트(Functional Test)는 시스템의 기능 요구사항이 정확하게 충족되는지 확인하기 위하여 기능에 입력 데이터를 제공하고 처리된 출력을 검사한다. 기능 테스트는 테스트 단계에 따라 화이트박스 테스트와 블랙박스 테스트를 수행한다.

표 5.10 기능 테스트 유형

테스트 단계	테스트 종류	테스트 커버리지
단위 테스트	화이트박스 테스트	코드/문장/패스/분기 커버리지 테스트
통합 테스트	블랙박스 테스트	기능, 회귀, 스모크, 시스템 테스트

일반적으로 기능 테스트는 테스트 초기에는 시스템 구조와 관련하여 기능이 어떻게 처리되는지 화이트박스 테스트 기법으로 확인한다. 그리고 테스트 후반기에는 블랙박스 테스트 기법으로 실제 시스템 사용과 관련하여 처리 결과를 확인한다. 블랙박스 테스트는 일반적으로 시스템 테스트 및 인수 테스트 단계에서 수행하며 테스트 조건이 사용자 또는 비즈니스 요구사항으로부터 직접 생성될 때 더욱 효과적이다. 기능 테스트의 수행 단계는 다음과 같다.

1. 소프트웨어가 수행할 기능을 식별한다.
2. 기능 명세를 기반으로 입력 데이터를 생성한다.
3. 기능 명세를 기반으로 출력 데이터를 결정한다.
4. 테스트 케이스를 실행한다.
5. 실제 결과와 예상 결과를 비교한다.

2.2.1 화이트박스 테스트

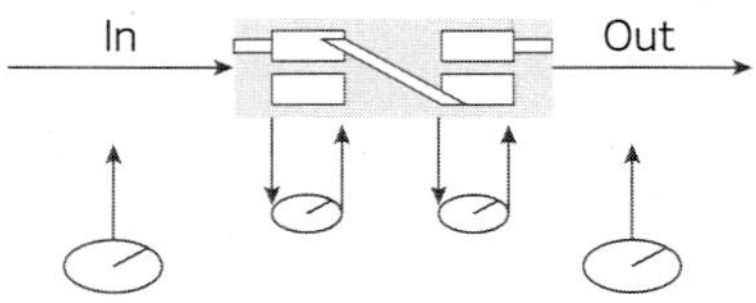

화이트박스 테스트(White Box Test)는 코드 기반 테스트 또는 구조 테스트라고 하며 주로 단위 테스트에서 모듈의 결합 원인을 분석하기 위해 소프트웨어 컴포넌트 등의 내부 구조나 구현 내용을 분석하여 테스트 케이스를 도출하고 컴포넌트 내의 경로를 테스트하거나 통합 테스트에서 단위 간의 경로를 테스트한다. 또한 시스템 테스트에서는 서브시스템 간의 경로를 테스트한다.

화이트박스 테스트는 사용자 인터페이스뿐만 아니라 시스템의 핵심 부분까지 테스트하며 테스트 초기 단계에서 시작이 가능하고 많은 테스트 경로를 포함할 수 있으며 또한 커버리지 측정이 가능하다. 일반적으로 같은 개발자가 테스트 케이스를 만들고 테스트한다.

그러나 프로그래밍 방법과 구현에 대한 지식이 필요하며, 매우 복잡하고 많은 테스트 경로를 고려해야 하기 때문에 비용과 시간이 많이 든다. 어떤 경우에는 모든 테스트 경로를 실행해도 결함을 발견하지 못할 수 있어 적절한 테스트 데이터의 선정이 필요하다. 또한 화이트박스 테스트는 소프트웨어가 작성되고 변경될 때마다 수행되어야 하기 때문에 유지 관리가 어렵다.

화이트박스 테스트 기법에는 커버리지 테스트, 제어 흐름 및 데이터 흐름 테스트가 있다.

❖ 커버리지 기준 테스트(Coverage criteria test)

테스트 커버리지(test coverage)는 테스트가 얼마나 충분히 수행되었는지를 측정하는 단위로, 테스트 케이스가 소프트웨어나 시스템의 논리적 구조를 테스트하는 정도를 나타낸다. 만일 테스트 커버리지가 100%라면 시스템의 모든 논리적 구조를 테스트한 것이다.

커버리지 기준 테스트는 특정 구조 기반의 커버리지 만족을 위하여 테스트를 수행한다. 테스트 커버리지 테스트 기준을 계층적으로 표현하면 다음과 같다.

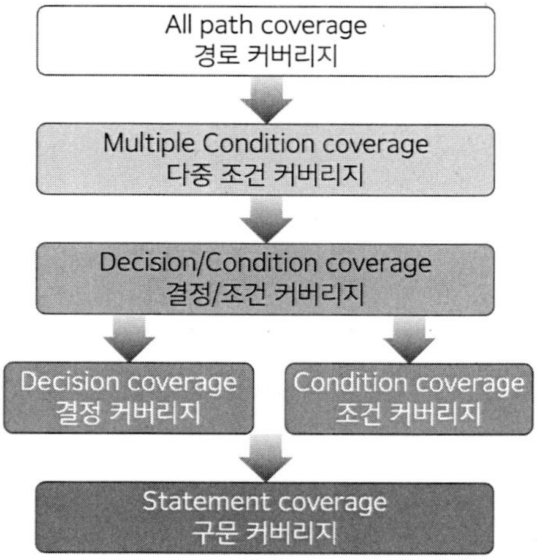

그림 5.14 테스트 커버리지 계층적 구조

커버리지 기준 테스트는 테스트 대상에 따라 모든 문장에 대해 테스트를 수행하는 문장 커버리지, 조건문에서 논리 값에 따라 테스트를 수행하는 결정 커버리지와 부울 대수의 논리 값에 따라 수행하는 조건 커버리지 등이 있다. 또한 프로그램의 모든 가능한 경로를 확인하는 경로 커버리지가 있다.

표 5.11 커버리지 기준 테스트 종류

종류	내용
문장 커버리지 (statement coverage)	코드의 모든 문장을 한 번 이상 실행하는 것을 확인한다. (code coverage, node coverage, line coverage)
결정 커버리지 (decision coverage)	각 조건문에서 True와 False를 최소 한 번 이상 실행하는 것을 확인한다. (branch coverage, edge coverage)
조건 커버리지 (condition coverage)	조건문 안의 각 부울 수식(boolean expression)의 True와 False를 최소 한 번 이상 실행하는지를 확인한다. 조건 커버리지는 문장 커버리지를 포함한다.
경로 커버리지 (path coverage)	프로그램의 각 기능에서 가능한 모든 경로를 만족하는지 확인한다. (basic path test) 이 테스트는 모든 경로를 테스트할 수 있지만, 모든 경로를 고려해야 하고 수행이 불가능한 경로가 존재할 수 있다.

❖ 제어 흐름 테스트(control flow test)

기본 경로 테스트(basic path test)라고 하며 프로그램의 제어 구조를 흐름그래프(flow graph)로 표현하고 순환복잡도(cyclomatic complexity)를 이용하여 그래프에서의 논리 분기들을 경로로 테스트한다.

흐름그래프는 프로그램을 순차, 조건 그리고 제어의 세 가지로 표현하며 알고리즘 또는 프로그램 구조에서 테스트 케이스를 도출하여 특정 경로를 테스트한다. 주로 단위 테스트나 통합 테스트에서 사용한다.

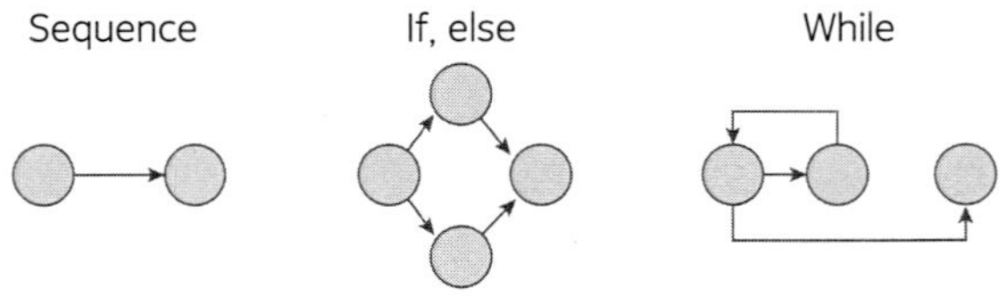

그림 5.15 흐름그래프의 경로 종류

순환복잡도는 프로그램의 논리적 복잡도를 측정하기 위한 메트릭으로, 모든 제어문을 테스트하기 위한 테스트 수는 순환복잡도와 같다. 즉, 순환복잡도는 프로그램에서 조건의 수와 같기 때문에 모든 구문을 최소 한 번 이상 실행하기 위하여 수행될 테스트 횟수의 상한을 이용한다. 이 기법은 모든 경로가 실행되지만 모든 경로 조합은 실행되지 않는다.

순환복잡도는 흐름 그래프의 연결선인 E(Edge), 노드 N(Node) 그리고 노드와 엣지로 둘러싸인 공간과 그래프 밖 영역의 수인 R(Region)로부터 구해지며 다음과 같이 나타낸다.

$$V(G) = E - N + 2 = R$$

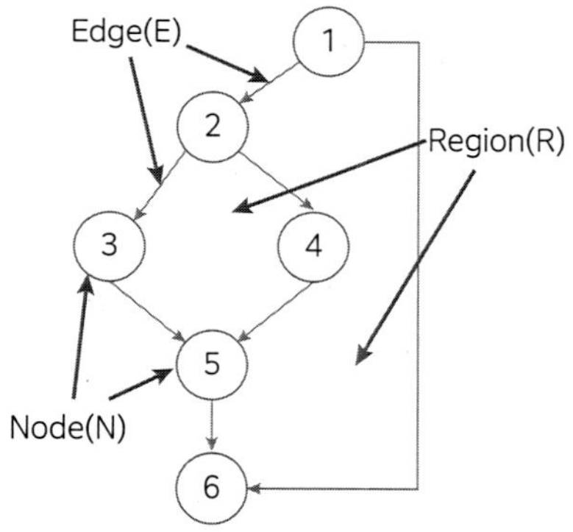

그림 5.16 흐름그래프의 표현

제어 흐름 테스트를 수행하는 과정은 다음과 같다.

1. 소스 코드를 제어 흐름도로 표현한다.
2. 제어 흐름도를 흐름그래프로 변환한다.
3. 흐름그래프로부터 순환복잡도를 구한다.
4. 전체 테스트 케이스의 수와 경로를 결정한다.
5. 테스트 케이스를 실행한다.

다음 예에서 E(Edge)는 8, N(Node)은 7, R(Region)은 3으로 V(G)는 3이다. 그래서 화이트박스 테스트에 대한 전체 테스트 케이스의 수는 최소 3개가 된다.

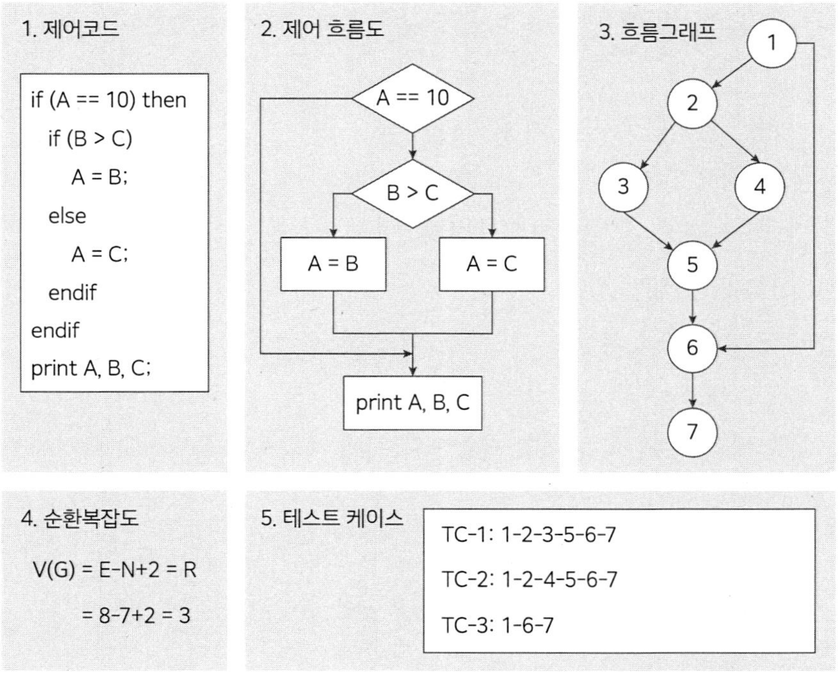

그림 5.17 제어 흐름 테스트 케이스 사례

❖ 데이터 흐름 테스트(Data flow test)

소스 코드 내에서 변수들이 값을 할당받은 지점이나 사용된 지점에 따라, 프로그램의 테스트 경로들을 선택한다.

2.2.2 블랙박스 테스트

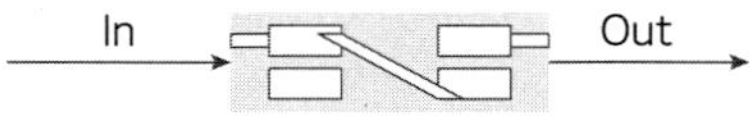

블랙박스 테스트(Black Box Test)는 동작 테스트(Behavioral Test) 또는 문서 기반 테스트(Document-oriented Test)라고 하며 소프트웨어 컴포넌트의 내부

구조를 참조하지 않고 소프트웨어 요구사항 명세서나 설계 문서 등을 기준으로 기능 또는 비기능 요구사항을 만족시키는지 확인한다.

블랙박스 테스트는 정형 또는 비정형 모델을 명세한 후 이들 모델로부터 테스트 케이스를 정의하여 주로 다음과 같은 오류 여부를 확인한다.

- 잘못되었거나 누락된 기능 확인
- 인터페이스 오류
- 데이터 구조 오류 및 외부 데이터베이스 액세스 오류
- 실행 또는 성능 오류
- 초기화와 종료 오류

이 테스트는 객관적 관점을 제공하기 위해 개발자와 독립적인 조직에 의해 통합 테스트, 시스템 테스트 및 인수 테스트 단계에 적용한다. 특히 프로그래밍 언어나 소프트웨어 구현 방법을 알 필요가 없기 때문에 테스트 단계가 높아지거나 시스템이 크고 복잡해질수록 적용하는 경우가 더 많아진다.

그러나 명확한 명세가 제공되어야 테스트 케이스를 설계할 수 있고 특히 요구사항이 잘못 명세되는 경우 테스트가 어려워진다. 또한 명세 없이 구현된 숨겨진 기능의 테스트나 중복 테스트 방지가 어렵고, 테스트 커버리지가 작은 단점을 가지고 있다.

다음 표에서는 블랙박스 테스트와 화이트박스 테스트 사이의 차이를 보여준다.

표 5.12 블랙박스 테스트 vs. 화이트박스 테스트

블랙박스 테스트	화이트박스 테스트
• (What) 시스템이 무엇을 수행하는지 테스트 • 시스템의 동작과 결과에서 결함 식별 • 숨겨진 기능을 테스트할 수 없음 • 요구사항을 잘못 명세하면 모든 테스트를 수행할 수 없음	• (How) 시스템이 어떻게 동작하는지 테스트 • 기능이나 내부 인터페이스에서 결함 식별 • 너무 많은 경로를 고려해야 함 • 모든 패스를 실행하고도 결함을 발견하지 못할 수 있음

블랙박스 테스트 기법에는 동등 분할, 경계값 분석, 원인-효과 그래프, 상태 전이 테스트 및 의사결정 테이블 테스트 등이 있다.

❖ 동등 분할(Equivalence Partitioning)

동등 분할은 입력 데이터를 같은 결과를 발생시키는 집합인 동등 클래스(EC: Equivalence Class)로 그룹핑하고 각 동등 클래스를 입력 값이 유효한 영역(Valid class)과 유효하지 않은 영역(Invalid class)으로 나누어 각 영역의 대표 값으로 테스트 케이스를 작성한다. 동등분할은 입력 데이터를 기준에 따라 분류하므로 중복 테스트를 방지할 수 있다.

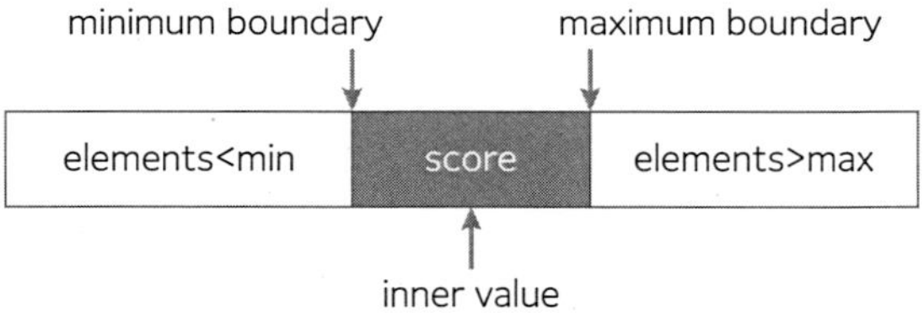

그림 5.18 동등 분할 개념

이 기법은 입력 조건에 따라 테스트 케이스를 설정할 수 있다. 입력 조건이 범위나 특정 값을 나타낼 때는 1개의 유효 클래스와 2개의 비유효 클래스 등 3개의 테스트 케이스를 생성한다. 반면에 입력 조건이 집합이나 부울 대수인 경우 유효와 비유효 클래스 각 1개씩 총 2개의 테스트 케이스를 생성한다.

표 5.13 동등 분할 테스트 케이스 수

입력 조건	허용 값	Valid EC	Invalid EC	EC #
범위	1≤count≤100	1≤count≤100	count<1 count>100	3
특정 값	count = 10	count=10	count<10 count>10	3
집합	count = c,o,u,n,t	c,o,u,n,t	c,o,u,n,t 이외	2
부울 값	사람 성별	man, woman	man, woman 이외	2

❖ 경계값 분석(Boundary Value Analysis)

경계값 분석은 입력 조건의 중간 값보다 경계 부분의 값에서 에러가 발생할 확률이 높기 때문에 입력 값의 경계 내부 및 외부 값에 대한 테스트 데이터를 선택한다. 이 기법은 동등 분할을 변형한 것으로 특히 비교 연산자를 사용할 때 유리하다.

경계값 분석에서 테스트 케이스 설정 기준은 상위와 하위 경계 값을 포함하여 경계보다 작은 값과 큰 값에 대한 최대 6개의 테스트 케이스를 설계한다. 그래서 입력 조건이 범위일 때는 범위의 양 끝 2개의 유효 EC와 4개의 비유효 EC 등 6개의 테스트 케이스를 가지고, 입력조건이 특정 값을 나타낼 때는 1개의 유효 EC와 2개의 비유효 EC를 가진다. 또한 입력 조건이 집합과 부울대수 값일 때는 1개의 유효 EC와 1개의 비유효 EC를 포함한다.

표 5.14 경계값 분석 테스트 케이스 수

입력 조건	허용 값	Valid EC	Invalid EC	EC #
범위	1≤count≤100	count=1	count=0, count=2	6
		count=100	count=99, count=101	
특정 값	count=10	count=10	count<10, count>10	3
집합	count=c,o,u,n,t	c,o,u,n,t	c,o,u,n,t 이외	2
부울 값	사람 성별	man, woman	man, woman 이외	2

❖ 원인–효과 그래프(Cause–Effect Graphing)

원인–효과 그래프는 입력 조건인 원인과 출력 조건인 결과를 식별하여 주어진 결과와 결과에 영향을 미치는 모든 요소 간의 관계를 원인–효과 그래프를 작성하고 논리적으로 테스트 케이스를 생성한다.

이 기법은 시스템의 외부 동작을 테스트하는 것으로, 원인(cause)은 시스템의 내부 변화의 입력 상태를 나타내고, 효과(effect)는 시스템의 변환 또는 원인의 조합으로 인한 출력 상태를 나타낸다.

원인-효과 그래프는 특정 프로세스 또는 효과에 영향을 미치는 요소들 사이에서 시스템의 상호작용과 연관되어 문제 또는 결과의 원인을 인식하고 올바른 결정을 빠르게 내릴 수 있도록 한다. 원인-효과 그래프를 작성하는 단계는 다음과 같다.

Step 1. 입력 조건(원인)과 조치(효과)를 식별하고 설명한다.
Step 2. 원인-효과 그래프를 작성한다.
Step 3. 원인-효과 그래프를 의사 결정 테이블로 변환한다.

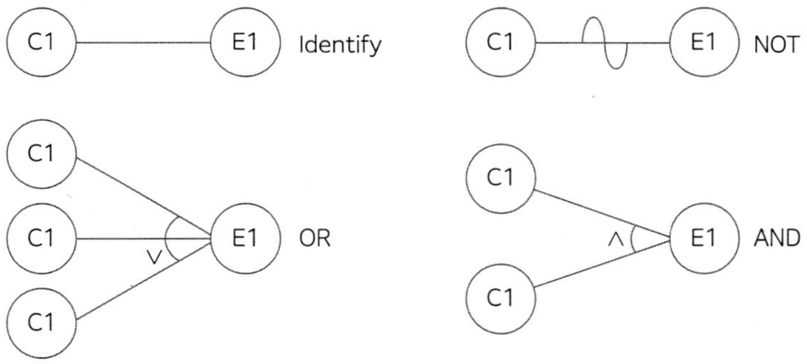

그림 5.19 Cause-Effect Graph 표기법

❖ 상태 전이 테스트(State Transition Test)

상태 전이 테스트는 시스템의 모든 상태에서 입력 값과 상태를 조합하여 도달 가능한 다음 상태를 매핑하는 상태 전이 테이블을 정의하고, 테스트 케이스를 설계한다. 즉, 시스템의 동작을 순서대로 다른 입력 조건에 대해 분석하고 동일한 입력에 대해 이전 상태에 따라 다른 출력을 제공할 때 사용한다.[21]

이 기법은 시스템의 동작을 그림이나 테이블 형태로 표현하여 테스터가 시스템 동작을 효과적으로 이해할 수 있고, 또한 모든 조건을 적용하고 결과를 얻는지 확인할 수 있다. 그러나 시스템이 유한 시스템이 아닌 경우 사용할 수 없고, 시

스템의 가능한 모든 상태를 정의해야 한다.

다음 예제는 웹 시스템에 로그인할 때 사용자가 패스워드를 입력하는 과정이다. 먼저 시스템에서 사용자가 정상적인 패스워드를 입력하면 메인 페이지로 이동하고 잘못된 비밀번호를 입력하면 다음 시도를 하며, 3번 틀린 암호를 입력하면 초기 상태로 이동하는 것을 상태 전이 다이어그램으로 표현한다.

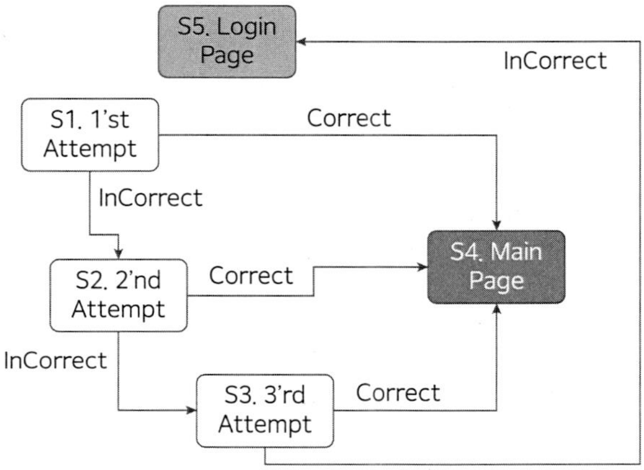

그림 5.20 웹 시스템의 패스워드 입력 상태 전이 다이어그램

그리고 상태 전이 다이어그램으로부터 상태, 입력 데이터 및 출력 데이터를 결정하여 상태 전이 테이블로 변환한다. 상태 전이 테이블은 진리표처럼 표현되며 모든 상태는 왼쪽에 그리고 이벤트는 맨 위에 기술한다.

표 5.15 웹 시스템의 패스워드 입력 상태 전이 테이블

State	Login	Correct	Incorrect
S1	1st Attempt	S4	S3
S2	2nd Attempt	S4	S4
S3	3rd Attempt	S4	S1
S4	Main Page		
S5	Login Page		

❖ 의사결정 테이블 테스트(Decision Table Test)

의사결정 테이블 테스트는 원인-효과 테이블(Cause-Effect table)이라고도 하며 다양한 입력 조합에 따라 생성되는 시스템 동작을 테이블 형식으로 나열하고 테스트 케이스를 설계한다.

이 테스트 기법은 시스템이 많은 입력 집합에 대해 동일한 동작을 나타내거나 비즈니스 로직이 복잡할 때 더 좋은 테스트 커버리지를 보장하고 또한 표현이 단순하여 해석 및 사용이 용이하다. 의사결정 테이블에서 각 열은 테스트 가능한 조건이며, 행은 프로세스와 연관된 모든 동작을 기술한다.

웹 시스템에 로그인할 때 사용자ID와 패스워드가 정상적으로 입력되면 메인 페이지로 이동하고 입력이 잘못되면 에러 메시지를 출력할 때, 각 입력 조건에 따른 결과는 다음과 같은 테이블 형태로 나열할 수 있다.

여기에서 테스트 케이스 1, 2, 3은 사용자 ID와 비밀번호가 모두 잘못 입력되거나 일부가 잘못 입력되어 화면에 에러 메시지를 출력한다. 그리고 테스트 케이스 4는 사용자 ID와 비밀번호가 모두 정상적으로 입력되어 화면이 메인 화면으로 이동한다.

표 5.16 사용자 ID와 패스워드 입력 조합과 의사결정 테이블

조건		TC 1	TC 2	TC 3	TC 4
입력	User_ID	F	T	F	T
	Password	F	F	T	T
예상 출력		에러 메시지 출력	에러 메시지 출력	에러 메시지 출력	메인 화면 이동

2.2.3 기타 테스트

❖ 그레이박스 테스트

그레이박스 테스트(Gray Box Test)는 블랙박스 테스트와 화이트박스 테스트를 결합한 테스트 방법으로, 테스트 케이스를 설계하기 위해 부분적으로 내부 데이터 구조 및 알고리즘에 접근하는 것이 가능할 때 사용한다. 이것은 화이트박스 테스트로만 모든 테스트를 수행할 수 없을 때 블랙박스 테스트와 병행하여 수행한다.

그레이박스 테스트는 모듈에 대한 코드를 분석하여 화이트박스 테스트를 수행하고, 인터페이스를 사용하여 블랙박스 테스트를 수행한다.

❖ Ad hoc 테스트

Ad hoc 테스트는 무작위 테스트라고도 하며 테스트 계획과 공식 절차 및 예상 결과 없이 비공식적이고 무작위로 테스트를 수행한다. 테스트 성공은 테스터의 개인적 역량에 의존하며 테스트 케이스 설계 없이 수행하여 발견된 결함을 재현하기 어렵다. 이 테스트 기법은 주로 인수 테스트에서 사용한다.

다음 표에서는 기능 테스트와 관련한 네 가지 테스트 기법의 내용과 사용 단계 및 케스트 케이스 설계 기법을 비교하여 보여준다.

표 5.17 테스트 기법 비교

방법	내용	단계	테스트 설계 기법
블랙박스 테스트	테스트 항목의 컴포넌트나 내부 구조를 참조하지 않고 기능 또는 비기능 테스트를 수행	기능 테스트 통합 테스트 시스템 테스트 인수 테스트	동등 분할 경계값 분석 원인-효과 그래프

방법	내용	단계	테스트 설계 기법
화이트박스 테스트	시스템의 내부 구조를 분석하고 테스트 케이스를 도출하고 테스트	단위 테스트 통합 테스트 시스템 테스트	제어 흐름 테스트 데이터 흐름 테스트 분기 테스트 경로 테스트
그레이박스 테스트	블랙박스 테스트와 화이트박스 테스트를 결합하여 테스트	시스템 테스트 인수 테스트	화이트박스 및 블랙박스 기법
Ad Hoc Test	공식적인 계획과 문서 없이 테스트	인수 테스트	ad-hoc

2.3 소프트웨어 품질 테스트

소프트웨어 품질 테스트는 주로 통합된 시스템 테스트 단계에서 기능뿐만 아니라 비기능 요구사항들을 만족하는지 테스트한다.

소프트웨어 품질은 소프트웨어 제품이나 서비스가 다양한 이해관계자의 명시적 그리고 암시적 요구를 충족시켜서 사용자에게 가치를 제공하는 정도를 말한다. 소프트웨어 품질 모델은 소프트웨어 제품을 평가할 때 어떤 품질 특성을 고려할 것인지 결정을 평가 시스템의 초석이다.

그러나 일반적으로 소프트웨어 품질은 비가시적으로 명확하게 정의하기 어렵다. 또한 품질은 속성들의 집합으로, 모든 속성에 대해 시스템을 만족시킬 수 없다. 시간이 흐름에 따라 사용자의 요구가 변경되고 사용 환경이나 적용 도메인에 따라 절대적인 품질 기준을 제공하기 어렵다.

그래서 국제 표준화 기구(ISO)에서는 소프트웨어 품질평가를 위한 통합모델 표준 ISO 25000–Systems and Software Quality Requirements and Evaluation(SQuaRE)을 제정하였다. SQuaRE는 소프트웨어 개발 생명주기 각 단계에서 산출되는 산출물이 사용자 요구를 만족하는지 검증하기 위해 품질 측정과 평가를 위한 모델, 측정기법, 평가방안을 통합한 품질 모델이다. ISO 25000은 다음과 같은 5개의 영역으로 구성되어 있다.[22,23]

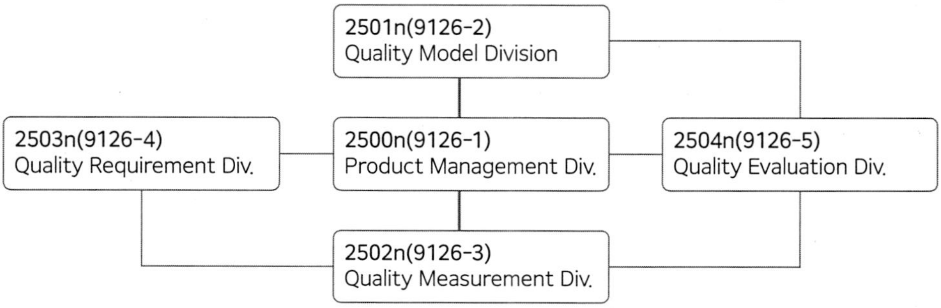

그림 5.21 SQuaRE 품질 모델 아키텍처

ISO 25010에서 정의하는 소프트웨어 제품 품질 모델은 제품 품질을 이해관계자의 요구에 대해 8가지 품질 특성 및 하위 특성으로 분류한다.

❖ 기능 적합성(Functional Suitability)

제품 또는 시스템이 특정 조건에서 사용될 때 명시적, 암시적 요구를 충족시키는 기능을 제공하는 정도를 평가한다.

- 기능적 완전성(Functional completeness): 기능 집합이 지정된 모든 작업 및 사용자 목표를 구현하는 정도
- 기능적 정확성(Functional correctness): 제품 또는 시스템이 필요한 정밀도로 정확한 결과를 제공하는 정도
- 기능적 적절성(Functional appropriateness): 기능이 지정된 작업과 목표를 쉽게 달성할 수 있는 정도

❖ 성능 효율성(Performance efficiency)

명시된 조건에서 사용되는 자원의 양과 관련된 성능을 평가한다.

- 시간 행위(Time behaviour): 기능을 수행할 때 응답시간 및 처리시간과 처리속도가 요구사항을 충족시키는 정도

- 자원 활용(Resource utilization): 사용하는 자원의 양과 유형이 요구사항을 충족시키는 정도
- 용량(Capacity): 제품 또는 시스템 매개변수의 최대 한계가 요구사항을 충족시키는 정도

❖ 호환성(Compatibility)

제품이나 구성 요소가 다른 제품 또는 구성 요소와 정보를 교환하거나 동일한 소프트웨어나 하드웨어 환경을 공유하면서 필요한 기능을 수행할 수 있는 정도를 평가한다.

- 공존성(Co-existence): 다른 제품에 영향을 미치지 않으며 공통 환경 및 자원을 공유하면서 필요한 기능을 효율적으로 수행할 수 있는 정도
- 상호운용성(Interoperability): 두개 이상의 제품 또는 구성요소가 정보를 교환하고 사용할 수 있는 정도

❖ 사용성(Usability)

사용자가 지정된 사용 환경에서 효과성, 효율성 및 만족도 등의 목표를 달성하며 제품을 사용할 수 있는 정도를 평가한다.

- 적절 인식성(Appropriateness recognizability): 제품 또는 시스템이 자신의 요구에 적합한지 사용자가 인식할 수 있는 정도
- 학습성(Learnability): 사용자가 제품 또는 시스템을 쉽게 사용할 수 있도록 효율적으로 학습할 수 있는 정도
- 운영성(Operability): 제품이나 시스템을 작동시키거나 제어하기 쉬운 속성을 갖는 정도
- 사용자 오류 방지(User error protection): 사용자의 과실로 인해 발생할 수 있는 문제를 사전에 방지하는 정도
- 사용자 인터페이스 심미성(User interface aesthetics): 사용자 인터페이스가

사용자에게 편안하고 만족스러운 상호작용을 가능하게 하는 정도

- 접근성(Accessibility): 광범위한 특성과 기능을 가진 사람들이 특정 사용 환경에서 제품을 사용하여 특정 목표를 달성할 수 있는 정도

❖ 신뢰성(Reliability)

제품 또는 구성요소가 일정 기간 동안 주어진 조건에서 요구된 기능을 수행하는 정도를 평가한다.

- 성숙도(Maturity): 시스템이 정상 작동할 때 신뢰성 요구를 만족하는 정도
- 가용성(Availability): 시스템, 제품 또는 컴포넌트의 사용을 요구할 때 작동하고 액세스할 수 있는 정도
- 결함 허용성(Fault tolerance): 하드웨어 또는 소프트웨어의 결함에도 불구하고 제품 또는 구성요소가 의도한대로 작동하는 정도
- 복구성(Recoverability): 제품 또는 시스템이 중단 또는 장애 발생 시 직접 영향을 받는 데이터를 복구하고 원하는 시스템 상태를 다시 설정할 수 있는 정도

❖ 보안(Security)

제품 또는 시스템이 정보 및 데이터를 보호해서 개인이나 다른 제품 또는 시스템이 접근 권한 유형 및 수준에 적합한 데이터 액세스를 허용하는 정도를 평가한다.

- 기밀성(Confidentiality): 권한을 가진 사용자만 제품이나 시스템의 데이터를 액세스할 수 있도록 하는 정도
- 무결성(Integrity): 시스템, 제품 또는 컴포넌트가 프로그램이나 데이터를 무단으로 액세스 또는 수정하는 것을 방지하는 정도
- 부인방지(Non-repudiation): 활동이나 이벤트가 발생한 것을 입증하여 나중에 부인할 수 없도록 하는 정도

- 책임성(Accountability): 엔터티의 활동을 고유하게 추적할 수 있는 정도
- 진위성(Authenticity): 행위나 자원에 대한 행위자임을 입증하는 정도

❖ 유지 보수성(Maintainability)

제품이나 시스템을 개선, 수정 또는 환경 변화 및 요구사항에 맞게 수정할 수 있는 효과성 및 효율성의 정도를 평가한다.

- 모듈성(Modularity): 시스템이나 프로그램이 개별 컴포넌트로 구성되어 다른 컴포넌트에 미치는 영향을 최소화하는 정도
- 재사용성(Reusability): 하나 이상의 시스템에서 또는 다른 자산을 구축할 때 자산을 사용할 수 있는 정도
- 분석성(Analysability): 변경으로 인한 영향을 평가하거나 결함이나 고장 원인을 진단 또는 수정할 대상을 식별할 수 있는 효과 및 효율성의 정도
- 수정 가능성(Modifiability): 결함이나 품질 저하 없이 제품이나 시스템을 효과적이고 효율적으로 수정할 수 있는 정도
- 테스트 가능성(Testability): 시스템, 제품 또는 컴포넌트에 대한 테스트 기준을 설정하고 테스트를 수행하는 효과 및 효율성의 정도

❖ 이식성(Portablility)

시스템, 제품 또는 컴포넌트를 한 하드웨어, 소프트웨어 또는 운영이나 사용 환경에서 다른 것으로 이전할 수 있는 효과성 및 효율성 정도를 평가한다.

- 적용성(Adaptability): 제품이나 시스템이 다양한 하드웨어, 소프트웨어 또는 기타 운영이나 사용 환경에 적용될 수 있는 정도
- 설치성(Installability): 지정된 환경에서 제품 또는 시스템을 성공적으로 설치 및 제거할 수 있는 정도
- 대체성(Replaceability): 제품을 같은 환경과 같은 목적에서 다른 소프트웨어 제품으로 대체할 수 있는 정도

<SW Product Quality Model>

Characteristic	Sub-characteristics
Functional suitability	• Functional completeness • Functional correctness • Functional appropriateness
Performance efficiency	• Time behavior • Resource utilization • Capacity
Compatibility	• Co-existence • Interoperability
Usability	• Appropriateness recognisability • Learnability • Operability • User error protection • User interface aesthetics • Accessibility
Reliability	• Maturity • Availability • Fault tolerance • Recoverability
Security	• Confidentiality • Integrity • Non-repudiation • Accountability • Authenticity
Maintainability	• Modularity • Reusability • Analyzability • Modifiability • Testability
Portability	• Adaptability • Installability • Replaceability

그림 5.22 ISO 25000 품질 특성 및 부특성

3 소프트웨어 테스트 생명주기

3.1 소프트웨어 테스트 생명주기 개요

소프트웨어 테스트 생명주기(STLC: Software Test Life Cycle)는 소프트웨어 테스트를 수행하는 전체 프로세스 활동으로, 구현된 내용이 요구사항을 만족하며 품질 높은 소프트웨어를 제공하기 위하여 품질과 커버리지를 측정하여 결함을 발견하는 데 목적이 있다. 이 생명주기는 테스트 조직의 역할과 책임, 테스트 작업과 절차 그리고 산출물을 정의하며, 이해관계자들이 정의한 소프트웨어 요구사항 명세서(SRS: Software Requirement Specification)를 공유한다.

소프트웨어 테스트 생명주기 단계는 요구사항 분석, 테스트 계획, 테스트 케이스 설계, 테스트 환경 설정 및 테스트 실행 그리고 테스트 평가 및 종료로 이루어진다.[25]

❖ 단계 1. 테스트 요구사항 분석

사용자 요구사항을 분석하여 수행할 테스트 요구사항 대상과 범위를 정의한다. 그리고 모든 기능 테스트와 비기능 테스트에 대한 완료 기준을 정의한다.

❖ 단계 2. 테스트 계획

테스트 목표를 달성하기 위해 필요한 활동 내역을 정의하고 노력과 비용을 계산한다. 테스트 대상 범위와 데이터를 식별하고 테스트 절차 및 기법 그리고 테스트 환경을 설정한다. 그리고 소프트웨어 테스트 계획서를 작성한다.

❖ 단계 3. 테스트 케이스 설계

테스트 목적을 테스트 케이스로 변환하고 테스트 데이터를 수집한다. 테스트 세부 단계 및 우선순위를 설정하고 예상 결과를 정의하여 테스트 케이스 문서를 작성한다.

❖ 단계 4. 테스트 환경 설정 및 실행

테스트 환경을 설정하고 계획에 따라 테스트 데이터를 이용하여 테스트 케이스를 실행한다. 그리고 완료 조건의 달성 여부를 확인하고 테스트 수행 결과서를 작성한다.

❖ 단계 5. 테스트 평가 및 종료

테스트 활동에서 수집한 산출물과 데이터를 분석하여 기준에 적합한지 평가하고 종료한다. 이때 각 단계별로 수행되는 활동 및 이와 관련된 입출력 자료는 다음과 같다.

표 5.18 소프트웨어 테스트 생명주기 단계별 활동

단계	활동 이름	입력 자료	출력 자료
테스트 요구사항 분석	• 테스트 대상 식별 및 범위 정의 • 테스트 단계별 접근 방법 정의 • 품질 목표 수준 정의 • 테스트 산출물 정의 • 테스트 일정 계획 수립 • 테스트 계획서 작성	• SRS • 프로젝트 계획서	총괄 테스트 계획서
테스트 계획	• 테스트 범위 정의 • 테스트 기준 및 환경 정의 • 테스트 자원 및 일정 정의 • 테스트 계획서 작성	• SRS • 프로젝트 계획서	총괄 테스트 계획서
테스트 케이스 설계	• 테스트 케이스 식별 • 테스트 시나리오 및 검증 항목 정의 • 테스트 케이스 속성 정의 • 테스트 데이터 준비 및 검증 • 테스트 케이스 명세서 작성	• SRS • 테스트 계획서	테스트 케이스
테스트 환경 설정 및 실행	• 테스트 환경 설정 • 테스트 케이스 실행 • 테스트 케이스 결과 분석 • 테스트 결과 작성 및 승인	• 테스트 계획서 • 테스트 케이스	테스트 실행 로그 결과보고서
테스트 평가 및 종료	• 테스트 결과 상세 분석 • 테스트 커버리지 평가 • 결함 분석 및 평가 • 테스트 종료 결정 • 결과보고서 작성 및 승인	• 테스트 계획서 • 테스트 결과보고서 • 결함관리대장	결과보고서

3.2 소프트웨어 테스트 계획

소프트웨어 테스트 계획(Software Test Plan)은 테스트 목표를 달성하기 위하여 수행할 테스트 활동을 정의하는 것으로, 소프트웨어 요구사항 명세서를 작성할 때 계획한다.

먼저 테스트 기준선을 검토하여 테스트 전략과 테스트 상세 절차를 계획하고,

테스트 계획서를 작성한다. 테스트 계획에는 테스트 범위, 테스트 착수 및 완료 기준, 테스트 환경, 자원과 일정, 테스트 리스크 및 보고 절차 정의 등을 포함한다.[2]

소프트웨어 테스트 계획은 마스터 테스트 계획, 단계 테스트 계획 그리고 테스트 유형별 테스트 계획 등으로 구분한다.

표 5.19 테스트 계획 유형

유형	내용
마스터 테스트 계획 (Master Test Plan)	프로젝트나 제품에 대한 모든 테스트 계획을 통합하는 최고 수준의 단일 테스트 계획
단계 테스트 계획 (Phase Test Plan)	단위 테스트, 통합 테스트, 시스템 테스트 및 수락 테스트 계획 등 각 테스트 단계별 계획
유형별 테스트 계획 (Type Specific Test Plans)	성능 테스트 계획이나 보안 테스트 계획과 같은 주요 테스트 유형에 대한 계획

그리고 소프트웨어 테스트 계획 활동은 다음과 같은 활동을 수행한다.

❖ 테스트 요소 식별

테스트 대상 시스템과 관련된 위험도 및 중요도를 고려하여 테스트 목표를 설정하고, 목표와 관련하여 테스트 요소를 정의한다. 그리고 정의된 요소에 대해 테스트 단계 및 유형별로 전략을 정의한다.

❖ 테스트 범위 정의

식별된 테스트 요소를 기준으로 시스템 범위와 소프트웨어 요구사항 명세서(SRS)를 분석하여 테스트 범위를 설정한다. 그리고 테스트를 수행하지 않는 대상에 대해서는 명확하게 제외 범위와 이유를 기술한다.

❖ 테스트 수행 기준 및 환경 정의

수행할 테스트 단계와 단계별 테스트 시작 및 종료 기준을 정의한다. 또한 각 테스트 단계에서 달성할 품질 목표와 수준을 정의한다. 그리고 테스트에 필요한 하드웨어 및 소프트웨어 환경을 정의한다.

❖ 테스트 자원 및 일정 수립

테스트에 필요한 하드웨어, 소프트웨어 및 데이터 획득 방법을 정의하고 테스트를 수행할 조직 및 역할을 정의한다. 그리고 각 테스트 단계별 시작 및 종료 일정을 정의한다.

❖ 테스트 계획서 작성

수행된 테스트 계획을 기반으로 테스트 계획서를 작성한다. 소프트웨어 테스트 계획서는 공식적으로 테스트의 기초가 되는 문서로서, 소프트웨어 테스트 범위와 활동 및 접근 방식을 정의한다. 일반적으로 테스트 계획서는 소프트웨어 요구사항 분석 단계에서 작성하며 프로젝트 관리자, 프로젝트 팀 및 테스트 팀과 다른 이해관계자들이 공유할 수 있다. 소프트웨어 테스트 계획서를 작성할 때는 간결하지만 구체적으로 작성한다. 그리고 승인 이전에 테스트 계획을 여러 번 검토하고, 지속적으로 업데이트한다.[1,13]

테스트 계획서를 작성할 때 자원, 예산 그리고 테스트 팀에 대한 제한 및 다른 테스트 단계 등을 고려하여 테스트 범위를 결정하고, 이해관계자들의 기대를 명확하게 하기 위해 테스트할 항목과 제외할 항목을 기술한다. 그리고 이해관계자들 사이에 의사소통을 위해 용어집을 작성한다.

표 5.20 소프트웨어 테스트 계획서 형식

1. 테스트 목표 (Purpose of the test plan)
2. 테스트 범위 (Test Scope)
3. 테스트 항목(Test Items)
   3.1 테스트할 항목(Items to be Tested)

항목(Feature)	버전	연결 시스템	개 요(Overview)

   3.2 테스트 제외할 항목(Not Tested)

테스트 제외 항목 이름	제외 이유

4. 용어집(Glossary)
5. 테스트 위험 및 이슈(Test Risks/Issues)
6. 테스트 전략(Test Strategy)
   6.1 테스트 도구(Test Tools)
   6.2 테스트 데이터(Test Data)
   6.3 테스트 환경(Test Environment)
7. 테스트 수행 조직(Test Staff and Training)

이름	역할	책임

8. 테스트 일정(Test schedule)
9. 테스트 기준(Test Criteria)
   9.1 테스트 규제/권한 기준(Test Regulatory/Mandate Criteria)
   9.2 테스트 시작/종료 기준(Test Entry/Exit Criteria)
   9.3 테스트 중지/재개 기준(Test Suspension/Resumption Criteria)
   9.4 테스트 적합 기준(Test Pass / Fail Criteria)
10. 테스트 활동 (Test Activities)
   10.1 테스트 방법(Test Approach)
   10.2 테스트 가정(Test Assumption)
   10.3 테스트 결과 보고(Test Result Reports)
   10.4 테스트 산출물(Test Deliverables)

3.3 소프트웨어 테스트 케이스 설계

소프트웨어 테스트 케이스는 시스템이 요구사항을 충족시키는지 또는 결함이 있는지를 확인하기 위해 구체적으로 테스트할 대상을 식별하고 테스트 대상에 대한 사전 조건, 입력 값, 예상 결과, 사후 조건 등을 제공한다.

그래서 소프트웨어 테스트 케이스는 시스템을 테스트하기 위한 입력과 시스템이 정의된 명세에 따라 작동하는 경우 이러한 입력에서 생성될 예상 출력으로 구성한다.

하나의 테스트 조건에 의해 여러 개의 테스트 케이스가 만들어질 수 있으며, 실행 가능한 테스트 케이스의 집합을 테스트 슈트(Test Suite)라 한다.

소프트웨어 테스트 케이스 설계 활동은 단위 테스트 설계, 통합 테스트 설계 그리고 시스템 테스트 설계 등으로 구분하며, 테스트 케이스의 유형에는 소프트웨어가 정의된 요구사항대로 의도된 동작을 하는지를 검증(Valid/Normal)하는 긍정 테스트(Positive test)와 소프트웨어가 의도하지 않은 동작에 대해 결과를 검증(Invalid/Abnormal)하는 부정 테스트(Negative test)의 두 가지 형태가 있다.

테스트 케이스를 설계할 때는 가능한 한 번에 하나만 테스트할 수 있도록 단순하게 작성한다. 그리고 정상적인 시나리오와 비정상적인 시나리오를 모두 포함하여 이해하기 쉽게 작성하고 중복되거나 복잡하지 않게 작성하다. 또한 양식이나 필드 등은 정확하고 일관된 이름을 사용하여 작성한다. 좋은 소프트웨어 테스트 케이스는 다음과 같은 특징을 가진다.

- 정확성(Accurate): 목적을 명확하게 설명한다.
- 경제성(Economical): 불필요한 테스트 단계나 활동을 제거한다.
- 추적성(Traceable): 요구사항 추적이 가능해야 한다.
- 반복성(Repeatable): 반복적으로 테스트 수행이 가능해야 한다.
- 재사용성(Reusable): 필요한 경우 재사용할 수 있어야 한다.

ISO/IEC/IEEE 29119 표준에서는 테스트 케이스를 설계하는 기법으로 명세 기반, 구조 기반 그리고 경험 기반의 세 가지 테스트 설계 기법을 제시하고 있다.

❖ 명세 기반 테스트 설계 기법(Specification-based Test Design techniques)

소프트웨어 요구사항 명세서(SRS)에 정의된 모든 요구사항에 대해 테스트 케이스를 설계하고 블랙박스 테스트를 실행하여 결함이 없음을 보장한다. 이 기법은 개발 초기에도 테스트 케이스를 생성할 수 있어 결함을 조기에 발견하기 용이하고, 인터페이스 및 자료구조 결함을 식별할 수 있다.

또한 모든 요구사항에 대해 누락 없이 테스트 케이스를 작성함으로써 포괄적 테스트가 가능하고 커버리지 측정이 가능하다. 그러나 구조 기반 설계 기법의 커버리지에 비해 의미가 제한적이다.

❖ 구조 기반 테스트 설계 기법(Structure-Based Test Design Technology)

소프트웨어 설계 문서나 소스 코드 등의 구현 정보를 기반으로 소프트웨어나 시스템의 내부 구조에 대해 테스트 케이스를 설계하고 화이트박스 테스트를 수행한다. 테스트 케이스는 컴포넌트 레벨, 통합 레벨 및 시스템 레벨의 3단계로 구분한다.

컴포넌트 레벨에서는 소스 코드로부터 상세 기능을 정의하고 각 모듈에 대한 단위 테스트 케이스를 작성한다. 통합 레벨에서는 소프트웨어 설계 문서로부터 통합된 테스트 대상 기능을 정의하고 통합 테스트 케이스를 작성한다. 그리고 시스템 레벨에서는 소프트웨어 요구사항 명세서와 기능 설계서 등으로부터 시스템 기능을 정의하고 시스템 테스트 케이스를 작성한다.

컴포넌트 레벨	• 문장 테스트(Statement Test): 프로그램 내의 모든 문장들을 한번 이상 수행하도록 테스트 케이스를 설계 • 결정 테스트(Decision Test): 프로그램 내의 각 분기들을 한 번 이상 수행하도록 테스트 케이스를 설계 • 분기 테스트(Branch Test): 프로그램 내의 각 조건들이 참이 되는 경우와 거짓이 되는 경우를 모두 수행하도록 테스트 케이스를 설계
통합 레벨	호출 트리(call tree)- 모듈 간의 호출 관계
시스템 레벨	메뉴 구조, 비즈니스 프로세스, 웹 페이지 구조 등

❖ 경험 기반 테스트 설계 기법(Experience-Based Test Design Technology)

소프트웨어 결함이나 결함의 분포 등과 관련한 테스터의 지식이나 경험을 기반으로 테스트 케이스를 설계한다. 이 기법은 탐색적 테스트와 분류 트리 기법으로 테스트 케이스를 설계할 수 있다.

표 5.21 ISO/IEC/IEEE 29119 테스트 설계 기법

테스트 설계	테스트 활동	테스트 설계 기법
명세 기반 테스트 설계	블랙박스 테스트	• 등가분할(Equivalence Partitioning) • 분류 트리 기법(Classification Tree Method) • 경계값 분석(Boundary Value Analysis) • 구조 테스트(Syntax Test) • 조합 테스트 설계 기법(Combinatorial Test Design Techniques) • 결정 테이블 테스트(Decision Table Test) • 원인-결과 그래프(Cause-Effect Graphing) • 상태 전이 테스트(State Transition Test) • 시나리오 테스트(Scenario Test) • 랜덤 테스트(Random Test)
구조 기반 테스트 설계	화이트박스 테스트	• 분기 테스트(Branch Test) • 결정 테스트(Decision Test) • 분기 조건 테스트(Branch Condition Test) • 분기 조건 조합 테스트(Branch Condition Combination Test) • 조건 결정 커버리지 테스트(Modified Condition Decision Coverage Test) • 데이터 흐름 테스트(Data Flow Test)
경험 기반 테스트 설계	테스터 경험	• 에러 추론(Error Guessing)

테스트 케이스를 설계할 때는 최소한의 테스트 케이스로 최대의 결함을 발견할 수 있도록 하고 연관된 속성을 순서적으로 구성한다. 특히 테스트 대상을 빠짐없이 처리하여 예외상황과 비정상적인 조건에서의 기능 테스트를 포함하고 수행 경로 시험을 포함하여 계획된 테스트 커버리지를 확보할 수 있도록 한다.

그리고 테스트 케이스 설계 기준을 고려하여 테스트 계획서에서 정의된 테스트 유형에 따라 각 테스트 단위별 테스트 케이스와 예상 결과를 작성한다. 테스트 케이스는 입력 테스트 값, 실행 사전 조건 및 사후 조건, 수행 절차, 기대 결과 및 수행 결과 등으로 구성한다. 또한 테스트 절차별로 테스트 데이터와 예상 출력 결과 및 실제 출력 결과 그리고 테스트 상태를 매핑하여 작성할 수도 있다.

품질 요구사항에 대한 테스트 케이스는 시스템에 대한 품질 목표와 테스트 대상 항목별 목표치를 정의한다. 그리고 테스트를 위한 시나리오와 결과를 기술한다.

표 5.22 테스트 케이스 예제

<table>
<tr><td colspan="2">Test Suite ID</td><td>TS-001</td><td>Test Case ID</td><td>TC-001</td></tr>
<tr><td colspan="2">Test Case 이름</td><td colspan="3">로그인</td></tr>
<tr><td colspan="2">Test Case 개요</td><td colspan="3">사용자가 로그인을 위해 로그인 페이지로 이동한다.</td></tr>
<tr><td colspan="2">모듈 이름</td><td></td><td></td><td></td></tr>
<tr><td colspan="2">관련 요구사항</td><td></td><td></td><td></td></tr>
<tr><td colspan="2">사전 조건</td><td></td><td></td><td></td></tr>
<tr><td colspan="2">테스트 환경</td><td></td><td></td><td></td></tr>
<tr><td>단계</td><td colspan="2">테스트 절차</td><td>테스트 입력</td><td>예상 출력</td></tr>
<tr><td></td><td colspan="2"></td><td></td><td></td></tr>
<tr><td></td><td colspan="2"></td><td></td><td></td></tr>
<tr><td></td><td colspan="2"></td><td></td><td></td></tr>
<tr><td colspan="2">사후 조건</td><td></td><td></td><td></td></tr>
<tr><td colspan="2">비 고</td><td></td><td></td><td></td></tr>
<tr><td colspan="2">작성자</td><td></td><td>작성일</td><td></td></tr>
<tr><td colspan="2">실행자</td><td></td><td>실행일</td><td></td></tr>
</table>

3.4 소프트웨어 테스트 환경 설정 및 실행

❖ 소프트웨어 테스트 환경 설정

효과적인 테스트를 수행하기 위해 하드웨어와 지원 소프트웨어를 포함하여 테스트 계획서에 명시된 테스트 환경을 설정하고 기반 프레임워크를 구축하여 단계별 테스트를 수행하기 위한 환경을 준비한다.

모든 소프트웨어는 테스트에 투입되는 비용과 노력이 제한적이기 때문에 완전한 테스트가 불가능하며 노력 대비 결과 품질도 낮다. 그래서 소프트웨어 테스트를 위해 다음과 같은 환경을 제공한다.

- 테스트 기반 개발(test-driven development): 테스트 이전에 테스트 케이스를 작성한다.
- 가치 기반 테스트(value-based test): 중요 기능에 높은 가치를 부여하고 가치 기반의 테스트 케이스를 작성하고 실행한다.
- 위험 기반 테스트(risk-based test): 모든 결함을 발견하는 것은 불가능하다. 그래서 시간, 자원 및 노력의 한계를 고려하여 비즈니스 리스트를 관리한다.
- 표준 기반 테스트(standard-based test): 품질 목표 및 특성을 정의하고 품질 특성 간의 우선순위를 제공한다.

단위 테스트나 통합 테스트 단계에서 테스트 드라이버나 테스트 스텁 등이 필요할 경우 이를 작성한다. 또한 데이터베이스와 연동이 필요한 컴포넌트의 경우도 준비한다. 그리고 활용할 테스트 데이터를 충분히 준비한다. 특히 성능 테스트를 수행하는 환경은 실제 시스템 운영 환경과 최대한 가깝도록 테스트 환경을 설정한다.

❖ 소프트웨어 테스트 실행

테스트 실행은 테스트 계획서의 계획을 바탕으로 테스트 케이스와 테스트 절차에 따라서 수행하고, 실제 결과나 오류 내용 등의 수행 결과를 기술한다.

테스트 실행은 먼저 각 테스트 레벨별 테스트 계획서와 대상 테스트 케이스에 따라 테스트 데이터를 준비하고 검증한다. 그리고 테스트 케이스를 실행한 후 결과를 분석한다. 만일 실행 결과가 실패로 기록되면, 발견된 결함을 결함 관리대장에 기록하고 식별한 오류에 대해 수정하고 재 테스트를 실시한다. 필요시 오류와 연관된 다른 테스트 케이스도 회귀 테스트(Regression Test)를 수행한다. 그리고 실행이 완료되면 테스트 케이스 명세서에 해당 테스트 케이스 실행 결과를 작성한다.[26]

표 5.23 소프트웨어 테스트 실행 결과서

<table>
<tr><th colspan="2">Test Suite ID</th><td>TS-001</td><th>Test Case ID</th><td colspan="2">TC-001</td></tr>
<tr><th colspan="2">Test Case 이름</th><td colspan="4">로그인</td></tr>
<tr><th colspan="2">Test Case 개요</th><td colspan="4">사용자가 로그인을 위해 로그인 페이지로 이동한다.</td></tr>
<tr><th>단계</th><th>테스트 절차</th><th>Input 데이터</th><th>예상 결과</th><th>실행 결과</th><th>Status</th></tr>
<tr><td>1</td><td>로그인 페이지로 이동</td><td>사용자가 로그인 버튼을 누른다.</td><td>로그인 페이지로 이동</td><td>정상 처리</td><td>Pass</td></tr>
<tr><td>2</td><td>정상적인 ID 제공</td><td>User ID: example</td><td>패스워드 입력 대기</td><td>정상 처리</td><td>Pass</td></tr>
<tr><td>3</td><td>비정상적인 비밀번호 제공</td><td>Password: 1234</td><td>에러 메시지 출력</td><td>로그인 성공</td><td>Fail</td></tr>
</table>

표 5.24 단위 테스트 수행 결과보고서

번호	TC_ID	예상 결과	실제 결과	결함 유형	결함 심각도	해결 방안	확인
1	TC-01	시스템 코드 삭제 가능	삭제 에러	불완전	중요	버그 수정	
2	S-02	ID중복 여부 체크	체크 가능	OK			
3	S-03	사원수정 가능 여부	일련번호까지 수정 가능	불완전	보통	처리 안됨	

3.5 소프트웨어 테스트 평가 및 종료

각 단계별 테스트를 종료하면 테스트 활동 중 발생한 데이터를 수집하고 테스트 결과와 결함 및 테스트 커버리지를 상세히 분석한 후 종료 기준에 적합한지 판단하여 단계별 테스트 수행 결과보고서를 작성한다. 그리고 최종적으로 테스트 결과보고서를 작성한다.

표 5.25 시스템 통합 테스트 결과보고서

1. 테스트 수행 결과

TC_ID	테스트 항목	담당자	테스트일자	테스트 결과	결함내용	결함심각도
1	ID 검색	테스터	2019.10.10	OK		
2	로그인	테스터	2019.10.10	불완전		
3	환경설정	테스터	2019.10.10	OK		

2. 테스트 결과 조치 내역

TC ID	테스트 항목	조치자	조치일자	조치내용	확인
1	인증권한대로 접근	보안자	2019.10.11		

3. 최종 테스트 결과보고서

프로젝트 이름	
테스트 유형	기능 테스트
테스트 항목	신규 가입자
테스트 개요	신규 가입자 생성

항목	개요	TC 실행율	TC 미실행	TC 성공율	TC 통과수	TC 실패수
가입						

표 5.26 소프트웨어 테스트 최종 결과보고서 양식

소프트웨어 테스트 최종 결과보고서			
Test Suite ID	TS-001	Test Case ID	TC-001
Test Case 이름	Login Screen Test		
Test Case 개요	Verify login with valid user-name and password		
모듈 이름	App_login-1		
관련 요구사항	MainReq-001, UsabilityReq-003		
사전 조건	1. User is authorized. 2. Coin balance is available.		
테스트 환경	OS: Windows Y, Browser: Chrome N		

1. 개요
   1.1 목적
   1.2 범위
2. 테스트 대상 및 환경
   2.1 선정 기준
   2.2 테스트 대상
   2.3 테스트 절차 및 일정
   2.4 테스트 환경
   2.5 테스트 도구
3. 테스트 수행 결과
   3.1 테스트 결과
   3.2 결함 내역
   3.3 특이사항
4. 결론

출처: NIPA

참고문헌

1. IEEE-STD-829, "IEEE Standard for Software and System Test Documentation", IEEE, 2008
2. ISTQB, Foundations of Software Testing ISTQB Certification, www.istqb.org
3. Bill. Hetzel, The Complete Guide to Software Testing 2nd Ed., John Wiley & Sons, Inc., 1988
4. Glenford J. Myers, The Art of Software Testing, 3rd Ed., John Wiley & Sons, Inc., 2012
5. Gelperin, D., and B. Hetzel, "The Growth of Software Testing", CACM, Vol. 31, No, 6, 1988, pp. 687-695.
6. OSS, "공개 SW 테스트 가이드", https://www.oss.kr/info_test, 2012
7. Predrag Skoković, Marija Rakić-Skoković, "Requirements-based testing process in practice", IJIEM, Vol.1, No.4, 2010
8. Kent Beck, Test Driven Development By Example, Addison Wesley, 2002
9. IEEE-STD-610, "IEEE Standard Glossary of Software Engineering Terminology", IEEE, 1990
10. 데이터산업진흥원, "소프트웨어 테스팅의 두 가지 특징 정적 코드 분석과 동적 코드 분석의 이해", https://www.kdata.or.kr/, 2011
11. 임태형, "소프트웨어 테스팅 (ISO/IEC/IEEE 29119) 국제표준 현황", TTA Journal Vol.167, 2016
12. IEEE-STD-1028, "IEEE Standard for Software Reviews and Audits", IEEE, 2008
13. TTAS.IE-829, "소프트웨어 시험 문서화 표준", TTA, 2002
14. ISO/IEC/IEEE 29119-1:2013, Software and Systems engineering- Software testing- Part 1: Concepts and Definitions

15. ISO/IEC/IEEE 29119–2:2013, Software and Systems engineering– Software testing– Part 2: Test Processes
16. ISO/IEC/IEEE 29119–2:2013, Software and Systems engineering– Software testing– Part 3: Test Documents
17. ISO/IEC/IEEE 29119–2:2015, Software and Systems engineering– Software testing– Part 4: Test Techniques
18. ISO/IEC/IEEE 29119–2:2016, Software and Systems engineering– Software testing– Part 5: Keyword–driven testing
19. NIPA, SW 개발 품질관리 매뉴얼, 소프트웨어공학센터, 2013
20. Boris Beizer, "What's the difference between load and stress testing?", faqs.org
21. Rajkumar, "State Transition Test Case Design Technique", https://www.softwaretestingmaterial.com/state–transition–test–design–technique/, 2018
22. ISO/IEC 25000:2014, Systems and software engineering – Systems and software Quality Requirements and Evaluation (SQuaRE) – Guide to SQuaRE
23. ISO/IEC 25010:2011, Systems and software engineering – Systems and software Quality Requirements and Evaluation (SQuaRE) – System and software quality models
24. ISO/IEC 25020:2019, Systems and software engineering – Systems and software Quality Requirements and Evaluation (SQuaRE) – Quality measurement framework
25. NIPA, "공개 SW 테스트 가이드", 2012
26. 국방부, "국방 CBD 방법론 V2.0", 2010
27. NIPA, "공개SW 신뢰성 테스트 결과보고서", 공개SW역량플라자, 2010

APPENDIX

6

부록

CONTENTS

A Reference Standard List

1 BOK(Body of Knowledge)

- IEEE, "Guide to the Software Engineering Body of Knowledge (SWEBOK® Guide) V3.0", IEEE Computer Society, https://www.computer.org, 2014
- IIBA, "A Guide to the Business Analysis Body of Knowledge® (BABOK® Guide) V3", https://www.iiba.org/, 2015
- PMI, "A Guide to the Project Management Body of Knowledge (PMBOK® Guide) 6 Ed.", https://www.pmi.org/, 2017
- CMI, "The Change Management Body of Knowledge (CMBoK)", https://www.change-management-institute.com/, 2017
- ASQ, "Guide to the Quality Body of Knowledge (QBOK®) V2.0", https://asq.org/, 2015

2 Guide

- OMG, "Unified Modeling Language® (OMG UML®) V2.5.1", Object Management Group, 2017
- MISRA-C:2012, "Guidelines for the Use of the C Language in Critical Systems", MISRA, 2013
- Sun Microsystems, "Java Code Conventions", http://java.sun.com/docs/codeconv/, 1997
- Google, "Google Java Style Guide", https://google.github.io/styleguide/javaguide.html
- 국방부, "국방 CBD 방법론 V2.0", 2010
- 특허청, "소프트웨어 개발 방법론", 2014
- 조달청, "공공정보화 사업유형별 제안요청서 작성 가이드", 2018
- 행정안전부, "프로그램 표준 코딩 규칙", 2010

- NIA, "제안요청서의 요구사항 작성 가이드(ISP 사업자 작성용)", 2011
- NIA, "제안요청서의 요구사항 작성 가이드(발주자 자체 작성용)", 2011
- NIPA, "공공SW사업 제안요청서 작성을 위한 요구사항 상세화 실무가이드라인", SW발주기술지원센터, 2018
- NIPA, "소프트웨어사업 요구사항 분석 · 적용 가이드", 2012
- NIPA, "소프트웨어 기술성 평가기준 적용 가이드", 2019
- NIA, "정보시스템 구축 발주자를 위한 표준프레임워크 적용가이드 3.9", 표준프레임워크센터, 2020
- NIPA, "사례기반 소프트웨어 단계별 발주 가이드", http://www.swit.or.kr, 2019
- 행정안전부, "전자정부 SW개발. 운영자를 위한 소프트웨어 개발보안 가이드", 2019
- 행정안전부, "웹사이트 발주자 · 관리자를 위한 행정 · 공공기관 웹사이트 구축 · 운영 가이드", 2019
- NIPA, "공개 SW 테스트 가이드", 2012
- NIPA, "소프트웨어 개발 UI/UX 참조모델 가이드", 소프트웨어공학센터, 2014
- 행정안전부, "전자정부 웹사이트 UI · UX가이드라인", 2019

3 Standard

❖ Taxonomy

- ISO/IEC/IEEE 24765:2017 Systems and software engineering–Vocabulary

❖ Software Engineering

- ISO/IEC 19759:2015 Software Engineering – Guide to the Software Engineering Body Of Knowledge (SWEBOK)
- ISO/IEC 15940:2013 Systems and Software Engineering – Software Engineering Environment Services

- ISO/IEC 20741:2017 Systems and Software Engineering – Guideline for the Evaluation and Selection of Software Engineering Tools

❖ Software Life Cycle Processes

- ISO/IEC/IEEE 12207:2017 Systems and Software Engineering – Software Life Cycle Processes
- ISO/IEC TR 24774:2010 Systems and Software Engineering – Life Cycle Management – Guidelines for Process Description
- ISO/IEC/IEEE 24748-1:2018 Systems and software engineering – Life cycle management – Part 1: Guidelines for life cycle management
- ISO/IEC/IEEE 24748-2:2018 Systems and Software Engineering – Life Cycle Management – Part 2: Guidelines for the Application of ISO/IEC/IEEE 15288 (System Life Cycle Processes)
- ISO/IEC/IEEE 24748-3:2020 Systems and Software Engineering – Life Cycle Management – Part 3: Guidelines for the Application of ISO/IEC/IEEE 12207 (Software Life Cycle Processes)
- ISO/IEC/IEEE 24748-4:2016 Systems and Software Engineering – Life Cycle Management – Part 4: Systems Engineering Planning
- ISO/IEC/IEEE 24748-5:2017 Systems and Software Engineering – Life Cycle Management – Part 5: Software Development Planning
- ISO/IEC TS 24748-6:2016 Systems and Software Engineering – Life Cycle Management – Part 6: System Integration Engineering
- ISO/IEC/IEEE 24748-7:2019 Systems and Software Engineering – Life Cycle Management – Part 7: Application of Systems Engineering On Defense Programs
- ISO/IEC/IEEE 24748-8:2019 Systems and Software Engineering – Life Cycle Management – Part 8: Technical Reviews And Audits on Defense Programs

❖ Acquisition

- ISO/IEC/IEEE 41062:2019 Software engineering – Recommended practice for software acquisition
- IEEE 1062–2015 IEEE Recommended Practice for Software Acquisition

❖ Requirement

- ISO/IEC/IEEE 29148:2018 Systems and software engineering – Life cycle processes – Requirements engineering
- ISO/IEC TR 24766:2009 Information Technology – Systems And Software Engineering – Guide For Requirements Engineering Tool Capabilities
- IEEE 830–1998 IEEE Recommended Practice for Software Requirements Specifications, 1998
- TTA, TTAS.KO–11.0022 소프트웨어 요구명세서 표준, 2000
- TTA, TTAK.KO–11.0091, 소프트웨어 요구사항 명세 품질 평가 지침, 2009
- TTA, TTAK.KO–11.0103 소프트웨어 요구사항 품질 평가 항목, 2010

❖ Design

- ISO/IEC/IEEE 42020:2019 Software, systems and enterprise – Architecture processes
- ISO/IEC/IEEE 42030:2019 Software, systems and enterprise – Architecture evaluation framework
- IEEE 1016:2009, IEEE Standard for Information Technology – Systems Design – Software Design Descriptions

❖ Test

- ISO/IEC/IEEE 29119–1:2013 Software and systems engineering – Software testing – Part 1:Concepts and definitions
- ISO/IEC/IEEE 29119–2:2013 Software and systems engineering – Software testing – Part 2:Test processes

- ISO/IEC/IEEE 29119-3:2013 Software and systems engineering – Software testing – Part 3: Test documentation
- ISO/IEC/IEEE 29119-4:2015 Software and systems engineering – Software testing – Part 4: Test techniques
- ISO/IEC/IEEE 29119-5:2016 Software and systems engineering – Software testing – Part 5: Keyword-Driven Testing
- ISO/IEC 30130:2016 Software Engineering — Capabilities of Software Testing Tools
- IEEE 829-2008 IEEE Standard for Software and System Test Documentation

❖ Assurance

- ISO/IEC/IEEE 15026-1:2019 Systems and software engineering – Systems and software assurance – Part 1:Concepts and vocabulary
- ISO/IEC 15026-2:2011 Systems and Software Engineering – Systems and Software Assurance – Part 2: Assurance Case
- ISO/IEC 15026-3:2015 Systems and Software Engineering – Systems and Software Assurance – Part 3: System Integrity Levels
- ISO/IEC 15026-4:2012 Systems and Software Engineering – Systems and Software Assurance – Part 4: Assurance in the Life Cycle
- ISO/IEC 20246:2017 Software and Systems Engineering – Work Product Reviews
- IEEE 1012-2016 IEEE Standard for System, Software, and Hardware Verification and Validation
- IEEE 1028-2008 IEEE Standard for Software Reviews and Audits
- IEEE 730-2014 IEEE Standard for Software Quality Assurance Processes

❖ Maintenance

- ISO/IEC 14764:2006 Software Engineering – Software Life Cycle Processes – Maintenance

❖ Reuse

- IEEE 1517–2010 IEEE Standard for Information Technology–System and Software Life Cycle Processes – Reuse Processes

❖ Documentation

- ISO/IEC/IEEE 26511:2018 Systems and software engineering – Requirements For Managers of Information for Users of Systems, Software, and Services
- ISO/IEC/IEEE 26513:2017 Systems and Software Engineering – Requirements for Testers and Reviewers of Documentation
- ISO/IEC 26514:2008 Systems and Software Engineering – Requirements for Designers and Developers of User Documentation
- ISO/IEC/IEEE 26531:2015 Systems and Software Engineering – Content Management for Product Life Cycle, User, and Service Management Documentation
- IEEE 1063–2001 IEEE Standard for Software User Documentation

❖ Quality

- ISO/IEC 25000:2014 Systems and Software Engineering – Systems And Software Quality Requirements And Evaluation (SQUARE) – Guide To Square
- ISO/IEC 25001:2014 Systems and Software Engineering – Systems And Software Quality Requirements And Evaluation (SQUARE) – Planning And Management
- ISO/IEC 25010:2011 Systems and Software Engineering – Systems And Software Quality Requirements And Evaluation (SQUARE) – System And Software Quality Models
- ISO/IEC TS 25011:2017 Systems and Software Engineering – Systems And Software Quality Requirements And Evaluation (SQUARE) – Service Quality Models
- ISO/IEC 25012:2008 Systems and Software Engineering – Systems

And Software Quality Requirements And Evaluation (SQUARE) – Data Quality Model

- ISO/IEC 25020:2019 Systems and Software Engineering – Systems And Software Quality Requirements And Evaluation (SQUARE) – Quality Measurement Framework
- ISO/IEC 25021:2012 Systems and Software Engineering – Systems And Software Quality Requirements And Evaluation (SQUARE) – Quality Measure Elements
- ISO/IEC 25022:2016 Systems and Software Engineering – Systems And Software Quality Requirements And Evaluation (SQUARE) – Measurement Of Quality In Use
- ISO/IEC 25023:2016 Systems and Software Engineering – Systems And Software Quality Requirements And Evaluation (SQUARE) – Measurement Of System and Software Product Quality
- ISO/IEC 25024:2015 Systems and Software Engineering – Systems And Software Quality Requirements And Evaluation (SQUARE) – Measurement Of Data Quality
- ISO/IEC 25030:2019 Systems and Software Engineering – Systems And Software Quality Requirements And Evaluation (SQUARE) – Quality Requirements Framework
- ISO/IEC 25040:2011 Systems and Software Engineering – Systems And Software Quality Requirements And Evaluation (SQUARE) – Evaluation Process
- ISO/IEC 25041:2012 Systems and Software Engineering – Systems And Software Quality Requirements And Evaluation (SQUARE) – Evaluation Guide For Developers, Acquirers And Independent Evaluators
- ISO/IEC 25045:2010 Systems and Software Engineering – Systems And Software Quality Requirements And Evaluation (SQUARE) – Evaluation Module For Recoverability
- ISO/IEC 25051:2014 Systems and Software Engineering – Systems And Software Quality Requirements And Evaluation (SQUARE) –

Requirements For Quality Of Ready To Use Software Product (Rusp) And Instructions For Testing

- ISO/IEC TR 25060:2010 Systems and Software Engineering – Systems And Software Quality Requirements And Evaluation (SQUARE) – Common Industry Format (Cif) For Usability: General Framework For Usability–related Information
- ISO/IEC 25063:2014 Systems and Software Engineering – Systems And Software Quality Requirements And Evaluation (SQUARE) – COMMON INDUSTRY FORMAT (CIF) FOR USABILITY: CONTEXT OF USE DESCRIPTION
- ISO/IEC 25064:2013 Systems and Software Engineering – Systems And Software Quality Requirements And Evaluation (SQUARE) – Common Industry Format (Cif) For Usability: Context Of Use Description
- ISO 25065:2019 Systems and Software Engineering – Systems And Software Quality Requirements And Evaluation (SQUARE) – Common Industry Format (Cif) For Usability: User Requirements Specification
- ISO/IEC 25066:2016 Systems and Software Engineering – Systems And Software Quality Requirements And Evaluation (SQUARE) – Common Industry Format (Cif) For Usability – Evaluation Report
- ISO/IEC TS 30103:2015 Systems and Software Engineering – Lifecycle Processes — Framework For Product Quality Achievement

❖ Reliability

- IEEE 1633–2016 IEEE Recommended Practice on Software Reliability

❖ Measure

- ISO/IEC/IEEE 15939:2017 Systems and software engineering – Measurement process
- IEEE 2430–2019 IEEE Trial–Use Standard for Software Non–Functional Sizing Measurements

❖ Project Management

- ISO/IEC/IEEE 16326:2019 Systems And Software Engineering – Life Cycle Processes – Project Management

❖ Risk Management

- ISO/IEC/IEEE 16085:2006 Systems and Software Engineering – Life Cycle Processes – Risk Management

❖ Configuration Management

- IEEE 828–2012 IEEE Standard for Configuration Management in Systems and Software Engineering
- ISO/IEC TR 18018:2010 Information Technology – Systems And Software Engineering – Guide For Configuration Management Tool Capabilities

B 표준프레임워크 공통컴포넌트 List

한국정보화진흥원의 "정보시스템 구축 발주자를 위한 표준프레임워크 적용가이드 3.9"에서 제공하는 공통 기술 147종과 요소 기술 104종 등 총 251개의 공통 컴포넌트 리스트를 보여준다.

출처: NIA, "정보시스템 구축 발주자를 위한 표준프레임워크 적용가이드 3.9", 표준프레임워크센터, 2020.03

순번	중분류	소분류	컴포넌트명	설명
1	사용자 디렉토리/ 통합인증	사용자 통합인증	인증서 로그인	로그인한 사용자의 공인인증서를 사용하여 사용자 인증 처리
2	사용자 디렉토리/ 통합인증	사용자 통합인증	일반 로그인	사용자의 로그인 정보(사용자ID/패스워드)를 입력받아 사용자 인증 처리 모바일 웹 컴포넌트 기능 제공(모바일 웹 제공 시 파일첨부 기능 제외)
3	사용자 디렉토리/ 통합인증	로그인	로그인정책 관리	사용자 로그인 정책에 맞게 로그인을 제한(특정 IP에 대한 로그인 제한, 중복로그인 방지)
4	보안	실명확인	실명확인	주민번호와 성명을 이용하여 실명확인서비스와 연계하여 본인 확인
5	보안	실명확인	공공i-Pin 실명확인	공공i-Pin(G-Pin)을 이용하여 공공 i-PIN센터와 연계하여 실명을 확인
6	보안	역할/ 권한관리	권한관리	사용자에게 권한을 부여하고 관리
7	보안	역할/ 권한관리	권한그룹 관리	권한그룹을 관리하고 개별 사용자를 할당
8	보안	역할/ 권한관리	그룹관리	사용자 그룹별 권한관리
9	보안	역할/ 권한관리	롤관리	사용자 역할에 따라 접근권한을 관리
10	보안	역할/ 권한관리	부서권한 관리	부서별로 권한을 부여

순번	중분류	소분류	컴포넌트명	설명
11	보안	암호화/ 복호화	암호화/ 복호화	GPKI를 통한 데이터의 암호화/복호화 및 전자서명과 확인
12	통계/ 리포팅	통계	게시물통계	게시물 현황에 대한 통계자료를 기간별로 그래프와 텍스트로 제공
13	통계/ 리포팅	통계	사용자통계	사용자 현황 통계자료를 기간별로 그래프와 텍스트로 제공
14	통계/ 리포팅	통계	접속통계	사용자 접속 현황 통계자료를 기간별로 그래프와 텍스트로 제공
15	통계/ 리포팅	통계	화면통계	화면현황에 대한 통계자료를 메뉴별에 따라 기간별로 그래프와 텍스트로 제공
16	통계/ 리포팅	통계	보고서통계	보고서현황에 대한 통계자료를 특정 조건에 맞게 제공
17	통계/ 리포팅	통계	자료이용현황 통계	게시판 다운로드 현황에 대한 통계자료를 특정 조건에 맞게 제공
18	협업	게시판	게시판	공통으로 사용되는 게시판 관리 기능 모바일 웹 컴포넌트 기능 제공 (모바일 웹 제공 시 파일첨부 기능은 제외)
19	협업	게시판	게시판생성 관리	게시판 생성과 관련하여 Setup 정보를 관리
20	협업	게시판	공지사항 관리	공지사항을 등록, 검색, 조회 모바일 웹 컴포넌트 기능 제공(모바일 웹 제공 시 파일첨부 기능은 제외)
21	협업	게시판	디자인템플릿	게시판별 디자인 템플릿을 관리
22	협업	게시판	유효게시판	게시물의 유효일을 설정할 수 있도록 게시판을 관리 모바일 웹 컴포넌트 기능 제공 (모바일 웹 제공 시 파일첨부 기능은 제외)
23	협업	게시판	익명게시판	게시물 등록자의 이름이 나타나지 않도록 게시판 관리 모바일 웹 컴포넌트 기능 제공 (모바일 웹 제공 시 파일첨부 기능은 제외)
24	협업	게시판	자료실관리	자료를 첨부파일로 등록, 검색, 조회 및 다운로드
25	협업	게시판	댓글관리	게시판 등록 글에 대해 한줄 댓글 작성 모바일 웹 컴포넌트 기능 제공 (모바일 웹 제공 시 파일첨부기능은 제외)

순번	중분류	소분류	컴포넌트명	설명
26	협업	게시판	스크랩기능	게시판 글 중에 특정글 들을 한곳에 모아 조회 모바일 웹 컴포넌트 기능 제공 (모바일 웹 제공 시 파일첨부기능은 제외)
27	협업	게시판	만족도조사	게시판 등록 글에 대해 만족도를 조사
28	협업	동호회	커뮤니티관리	커뮤니티 개설, 가입, 등록 모바일 웹 컴포넌트 기능 제공 (모바일 웹 제공 시 파일첨부기능은 제외)
29	협업	동호회	커뮤니티 방명록	커뮤니티 방명록 정보를 관리 모바일 웹 컴포넌트 기능 제공 (모바일 웹 제공 시 파일첨부기능은 제외)
30	협업	동호회	커뮤니티 사진첩	커뮤니티 사진첩을 관리 모바일 웹 컴포넌트 기능 제공 (모바일 웹 제공 시 파일첨부기능은 제외)
31	협업	동호회	동호회관리	동호회 정보 관리
32	협업	문자메시지	문자메시지 서비스	전자정부 SMS(M-gov) 서비스를 이용하기 위한 문자메시지 전송 인터페이스 모바일 웹 컴포넌트 기능 제공 (모바일 웹 제공 시 파일첨부기능은 제외)
33	협업	일정관리	부서일정관리	부서원이 등록한 일정을 관리하고 일별/주간으로 조회 모바일 웹 컴포넌트 기능 제공 (모바일 웹 제공 시 파일첨부기능은 제외)
34	협업	일정관리	일정관리	공유일정으로 등록한 일정을 관리하고 일별/주간으로 조회 모바일 웹 컴포넌트 기능 제공 (모바일 웹 제공 시 파일첨부기능은 제외)
35	협업	일정관리	일지관리	지시사항, 보고문서, 업무일지, 특이사항등의 일지를 등록하고 관리 모바일 웹 컴포넌트 기능 제공 (모바일 웹 제공 시 파일첨부기능은 제외)
36	협업	일정관리	전체일정	전체 일정을 검색하고 조회 모바일 웹 컴포넌트 기능 제공 (모바일 웹 제공 시 파일첨부기능은 제외)

순번	중분류	소분류	컴포넌트명	설명
37	협업	전자우편	메일연동 인터페이스	메일 솔루션과의 연동을 위한 표준 인터페이스 전자우편을 발송하는 기능은 없고, 메일발송시스템과의 인터페이스 지원과 발송할 메일 내역 관리
38	협업	주소록/명함록	명함관리	개인 명함 정보를 관리
39	협업	주소록/명함록	주소록관리	이메일 주소를 그룹핑하여 관리 모바일 웹 컴포넌트 기능 제공 (모바일웹 제공 시 파일첨부기능은 제외)
40	협업	일정관리	간부일정관리	내부회원(인사) 정보를 연계하여 기관 내 간부일정을 확인
41	협업	일정관리	부서업무함 관리	부서의 업무를 등록하고 확인
42	협업	일정관리	주간/월간 보고관리	주간/월간 업무 보고를 등록하고 조회
43	협업	일정관리	메모/할일 관리	사용자가 할 일을 일별로 메모하고 해당 일에 알림 기능
44	협업	일정관리	메모보고	기관 내 업무보고를 메모 전달형태로 보고
45	협업	전자결재	약식결재	기안, 상신, 반려, 승인 등 약식 결재
46	사용자지원	사용자관리	기업회원관리	기업회원의 가입 및 관리
47	사용자지원	사용자관리	사용자관리	사용자정보(ID, 비밀번호 등)를 관리
48	사용자지원	사용자관리	회원관리	회원가입 및 가입한 회원의 정보를 관리
49	사용자지원	사용자관리	출퇴근관리	사용자 출/퇴근 관리
50	사용자지원	개인화	마이페이지	사용자 인터페이스나 정보를 제공 모바일 웹 컴포넌트 기능 제공 (모바일 웹 제공 시 파일첨부기능은 제외)
51	사용자지원	약관관리	약관관리	회원가입에 따른 정보공유 동의 여부 및 회원약관 동의여부 확인 모바일 웹 컴포넌트 기능 제공 (모바일 웹 제공 시 파일첨부기능은 제외)
52	사용자지원	약관관리	저작권보호 정책	저작권보호정책에 대한 내용과 동의여부를 관리

순번	중분류	소분류	컴포넌트명	설명
53	사용자지원	약관관리	개인정보보호 정책확인	회원가입 및 이용안내 시 개인정보보호 정책을 확인
54	사용자지원	온라인헬프	도움말	응용 프로그램 사용에 필요한 정보 및 도움말 제공 모바일 웹 컴포넌트 기능 제공 (모바일 웹 제공 시 파일첨부기능은 제외)
55	사용자지원	온라인헬프	용어사전	용어사전 관리 모바일 웹 컴포넌트 기능 제공 (모바일 웹 제공 시 파일첨부기능은 제외)
56	사용자지원	온라인헬프	FAQ관리	자주하는 질문에 대한 답변 관리 모바일 웹 컴포넌트 기능 제공 (모바일 웹 제공 시 파일첨부기능은 제외)
57	사용자지원	온라인헬프	Q&A관리	질문과 답변관리 모바일 웹 컴포넌트 기능 제공 (모바일 웹 제공 시 파일첨부기능은 제외)
58	사용자지원	온라인헬프	행정전문용어 사전관리	행정전문 용어사전 등록/검색관리 모바일 웹 컴포넌트 기능 제공 (모바일 웹 제공 시 파일첨부기능은 제외)
59	사용자지원	온라인헬프	온라인 매뉴얼	응용프로그램의 온라인 매뉴얼 등록 및 조회 모바일 웹 컴포넌트 기능 제공 (모바일 웹 제공 시 파일첨부기능은 제외)
60	사용자지원	온라인참여	상담관리	상담내용 및 답변을 관리 모바일 웹 컴포넌트 기능 제공 (모바일 웹 제공 시 파일첨부기능은 제외)
61	사용자지원	온라인참여	설문관리	설문조사를 위한 기본 정보를 관리(설문제목, 시작일자/종료일자, 설문조사대상, 응답내용 등)
62	사용자지원	온라인참여	설문조사	설문조사 질문중, 객관식/주관식 질문에 대한 답변기능 제공 모바일 웹 컴포넌트 기능 제공 (모바일 웹 제공 시 파일첨부기능은 제외)
63	사용자지원	온라인참여	설문템플릿 관리	설문문항 유형 및 질문/답변형식을 생성/수정 및 배포
64	사용자지원	온라인참여	응답자관리	설문조사에 응한 답변자의 정보를 관리
65	사용자지원	온라인참여	질문관리	설문조사의 각 문항을 관리

순번	중분류	소분류	컴포넌트명	설명
66	사용자지원	온라인참여	항목관리	설문조사 문항 중 객관식인 경우 선택항목을 관리
67	사용자지원	온라인참여	회의관리	회의안건 및 회차별 회의결과를 기록하고 관리
68	사용자지원	온라인참여	온라인poll 관리	관리자가 설정한 특정 주제에 대해 찬반에 대한 투표 기능 모바일 웹 컴포넌트 기능 제공 (모바일웹 제공 시 파일첨부기능은 제외)
69	사용자지원	정보제공/알림	뉴스관리	사용자에게 뉴스정보를 게시판 형태로 제공 모바일 웹 컴포넌트 기능 제공 (모바일 웹 제공 시 파일첨부기능은 제외)
70	사용자지원	정보제공/알림	사이트관리	사이트링크, 사이트정보, 사이트맵, 관련사이트, 추천사이트를 관리
71	사용자지원	정보제공/알림	사이트맵	웹사이트맵 기능 제공 모바일 웹 컴포넌트 기능 제공 (모바일 웹 제공 시 파일첨부기능은 제외)
72	사용자지원	정보제공/알림	추천사이트 관리	개인추천 웹사이트 관리 기능 모바일 웹 컴포넌트 기능 제공 (모바일 웹 제공 시 파일첨부기능은 제외)
73	사용자지원	정보제공/알림	행사/이벤트/캠페인	행사, 이벤트, 캠페인 일정 및 내용 관리 모바일 웹 컴포넌트 기능 제공 (모바일 웹 제공 시 파일첨부기능은 제외)
74	사용자지원	정보제공/알림	팝업창관리	관리자가 팝업창을 등록하고 사용자가 접속하면 나타나게 하는 기능
75	사용자지원	정보제공/알림	정보알림이	관리자가 등록한 메시지를 사용자에게 알려주는 알림서비스
76	사용자지원	정보제공/알림	배너관리	배너이미지를 등록하면 메인화면에 반영되어 링크된 사이트로 이동
77	사용자지원	정보제공/알림	로그인화면 이미지관리	로그인 화면에 대한 이미지를 등록하고 로그인 화면에 출력
78	사용자지원	정보제공/알림	최근검색어 조회	검색창에서 최근 검색한 검색어를 리스트로 보여주는 기능
79	사용자지원	정보제공/알림	메인이미지 관리	메인화면에 보여지는 이미지를 등록하여 메인화면에 출력

순번	중분류	소분류	컴포넌트명	설명
80	사용자지원	정보제공/알림	통합링크관리	링크 사이트에 대한 통합링크 기능
81	사용자지원	정보제공/알림	사용자부재 관리	사용자 부재여부를 등록하여 해당 사용자가 부재중인지 여부를 조회
82	사용자지원	정보제공/알림	인터넷서비스 안내 및 관리	인터넷으로 서비스하는 정보를 등록 관리하여 해당 서비스 안내 정보가 웹페이지에 보여 지게 하는 기능
83	사용자지원	정보제공/알림	Wiki기능	오픈소스 Wiki를 활용한 가이드 작성 및 관리
84	사용자지원	정보제공/알림	RSS태그관리	웹2.0의 RSS 태그를 관리
85	사용자지원	정보제공/알림	Twitter연동	Twitter 서비스 연동 기능
86	사용자지원	정보제공/알림	쪽지관리	메시지를 쪽지로 보내는 기능
87	사용자지원	정보제공/알림	받은쪽지함 관리	수신한 쪽지를 보관하고 조회
88	사용자지원	정보제공/알림	보낸쪽지함 관리	송신한 쪽지를 보관하고 조회
89	사용자지원	정보제공/알림	회의실관리	회의실에 대한 정보관리
90	사용자지원	정보제공/알림	회의실예약 관리	회의실 예약, 관리
91	사용자지원	정보제공/알림	직원경조사 관리	내부 회원(인사)정보를 연계하여 직원 경조사 정보 관리
92	사용자지원	정보제공/알림	휴가관리	사용자 정보를 연계하여 사용자의 휴가사용 정보 관리
93	사용자지원	정보제공/알림	당직관리	당직(일직/숙직) 정보 관리
94	사용자지원	정보제공/알림	포상관리	내부 회원(인사)정보를 연계하여 기관 내 포상관리를 지원
95	사용자지원	정보제공/알림	기념일관리	사용자정보와 연계하여 사용자의 생일, 결혼기념일 등에 대한 알림 서비스 제공
96	사용자지원	정보제공/알림	행사신청관리	교육, 세미나 등 이벤트나 행사 참여 신청 관리
97	사용자지원	정보제공/알림	행사접수관리	교육, 세미나 등의 참여 신청을 접수 관리
98	사용자지원	정보제공/알림	약도관리	위치 정보기반 지도 서비스 연계
99	사용자지원	정보제공/알림	페이스북연동	페이스북 서비스 연동
100	사용자지원	정보제공/알림	개인연차관리	개인연차 관리

순번	중분류	소분류	컴포넌트명	설명
101	시스템관리	공통코드 관리	공통분류코드	공통코드의 그룹을 대표하는 공통분류코드를 관리
102	시스템관리	공통코드 관리	공통상세코드	공통분류코드에 대한 상세코드를 관리
103	시스템관리	공통코드 관리	공통코드	공통코드를 관리
104	시스템관리	공통코드 관리	우편번호 주소찾기	우편번호를 선택하여 주소를 입력
105	시스템관리	공통코드 관리	우편번호관리	우편번호 정보를 관리
106	시스템관리	공통코드 관리	행정코드관리	행정코드(법정동,행정동)를 관리
107	시스템관리	공통코드 관리	기관코드수신	행정표준코드관리 시스템으로부터 기관코드를 수신하는 인터페이스 기능
108	시스템관리	공통코드 관리	도로명주소 관리	도로명주소 관리
109	시스템관리	로그관리	로그관리	시스템 운영 시 발생한 각종 로그내용을 특정 조건으로 검색하고, 검색된 내용을 선택하여 조회
110	시스템관리	로그관리	사용로그관리	사용자가 시스템을 사용한 이력 조회
111	시스템관리	로그관리	송/수신 로그관리	송/수신한 자료의 처리에 대한 이력관리
112	시스템관리	로그관리	시스템이력 관리	시스템 관리자가 각 시스템의 변동사항에 대한 이력사항을 등록하고 관리
113	시스템관리	로그관리	웹로그관리	웹 기반 시스템의 로그 처리
114	시스템관리	로그관리	접속로그관리	사용자가 시스템에 로그인/로그아웃한 이력을 관리
115	시스템관리	로그관리	개인정보 조회로그	사용자가 개인정보 로그를 조회
116	시스템관리	메뉴관리	메뉴관리	메뉴를 생성하고 해당하는 화면을 나타나게 하는 관리
117	시스템관리	메뉴관리	메뉴생성관리	사용자 권한에 따라 사용자 메뉴를 생성
118	시스템관리	메뉴관리	바로가기메뉴 관리	자주 쓰는 메뉴에 대해 바로가기 메뉴로 등록하고 찾아가기
119	시스템관리	프로그램 관리	프로그램관리	프로그램 관리(등록,수정,삭제)

순번	중분류	소분류	컴포넌트명	설명
120	시스템관리	배치관리	배치작업관리	시스템에서 실행되는 배치작업을 등록하여 스케줄처리 기능에서 등록된 배치작업을 실행
121	시스템관리	배치관리	배치결과관리	스케줄처리 기능에 의해 처리된 배치 작업 결과를 등록하고 조회
122	시스템관리	배치관리	스케줄처리	배치작업을 실행하기 위한 작업주기, 방식 등의 작업 스케줄을 관리
123	시스템관리	시스템관리	백업관리	시스템 백업 시 주기와 일시, 위치 등을 관리
124	시스템관리	시스템관리	네트워크관리	서버 자원이나 사용자등에게 할당하기 위한 IP등의 네트워크정보를 관리
125	시스템관리	시스템관리	서버정보관리	웹서버, WAS서버, DB서버 등 시스템을 구성하는 서버의 정보를 관리
126	시스템관리	장애관리	장애신청관리	시스템 장애발생 시 장애내역을 등록하고 처리를 요청
127	시스템관리	장애관리	장애처리결과관리	시스템 장애 발생 시 장애조치 내역을 등록하고 처리결과를 조회
128	시스템/서비스연계	시스템연계	시스템연계관리	시스템을 연계하기 위한 안내와 연계신청 및 승인, 연계이력 등을 관리
129	시스템/서비스연계	시스템연계	연계현황관리	연계기관별, 연계방법별 현황을 등록하고 조회
130	시스템/서비스연계	시스템연계	연계메시지관리	연계항목별 송수신하는 정보를 등록하여 조회
131	시스템/서비스연계	시스템연계	연계기관관리	연계대상 시스템정보(IP, 포트정보 등)를 관리
132	디지털자산관리	지식관리	개인지식관리	개인의 노하우 등 지식을 수집하고 체계적으로 활용
133	디지털자산관리	지식관리	지식맵관리	지식에 대한 분류를 유형별, 조직별로 분류하고 관리
134	디지털자산관리	지식관리	지식전문가관리	사용자가 특정지식의 습득을 필요로 하는 경우에 해당지식의 전문가를 통하여 최적의 정보를 제공
135	디지털자산관리	지식관리	지식정보관리	지식 등록, 수정, 삭제와 같은 지식정보를 관리

순번	중분류	소분류	컴포넌트명	설명
136	디지털 자산관리	지식관리	지식평가관리	구성원 및 조직이 내.외부 자원을 통하여 필요지식을 생성하여 시스템에 등록할 때, 전문가의 평가를 거치는 유형의 입력지식에 대해 전문가/지식관리자가 등록지식의 품질 및 유의성을 평가하고, 일정기간 또는 기준에 의해 지식을 폐기하거나 저장하는 정제활동
137	디지털 자산관리	모바일차트/ 그래프	모바일 차트/ 그래프	데이터 변경 추이 및 현황정보를 5종의 차트로 지원
138	협업	모바일실시간 공지서비스	모바일실시간 공지서비스	서버측에서 주기적으로 클라이언트 디바이스로 공지사항을 전송하며 이를 디바이스에서 확인
139	협업	오프라인 웹서비스	오프라인웹 서비스	오프라인 상에서도 온라인과 동일한 사용자 화면을 구성 및 지원
140	협업	오프라인 웹서비스	동기화서비스	네트워크 환경의 온오프라인 구분 없이 작업을 지원
141	협업	모바일위치 정보연계 서비스	모바일위치 정보연계 서비스	모바일 디바이스를 기준으로 위치정보 및 주변 공공기관 정보 확인
142	협업	모바일기기 식별	모바일기기 식별	접속 모바일 디바이스의 접속정보를 지원
143	시스템/ 서비스연계	시스템연계	OPEN-API 연계서비스	타 기관에서 제공되는 OPEN-API 서비스를 연계
144	시스템/ 서비스연계	시스템연계	모바일MMS 서비스	정부통합 전산센터에서 제공하는 MMSAPI를 연계한 MMS 전송서비스
145	디지털 자산관리	모바일 사진앨범	모바일 사진앨범	모바일 디바이스 내에서 사진앨범을 목록 및 상세 형태로 조회
146	디지털 자산관리	모바일 멀티미디어 제어	모바일 멀티미디어 제어	접속 모바일 디바이스의 지원 가능한 멀티미디어 파일을 선별 및 실행
147	사용자지원	개인화	모바일 메뉴관리	모바일 메뉴를 관리
148	요소기술	달력	일반달력	일반 사용자 중심의 일반달력 화면제공
149	요소기술	달력	행정달력	공공기관 행정업무를 위한 행정 달력 화면 제공
150	요소기술	달력	휴일관리	일반 공휴일과 추가로 지정한 공휴일(선거일)을 관리

순번	중분류	소분류	컴포넌트명	설명
151	요소기술	메시지처리	경고메시지	주어진 키 값에 따라서 경고 메시지 영역에 해당하는 메시지를 호출
152	요소기술	메시지처리	에러메시지	주어진 키 값에 따라서 에러 메시지 영역에 해당하는 메시지를 호출
153	요소기술	메시지처리	정보메시지	주어진 키 값에 따라서 정보 메시지 영역에 해당하는 메시지를 호출
154	요소기술	메시지처리	확인메시지	주어진 키 값에 따라서 확인 메시지 영역에 해당하는 메시지를 호출
155	요소기술	인쇄/출력	화면인쇄	인터넷 브라우저에서 화면의 범위를 지정하여 인쇄
156	요소기술	인쇄/출력	프린터상태 확인	인터넷 브라우저에서 인쇄/출력 시 프린터 상태 확인 팝업창을 출력
157	요소기술	인쇄/출력	전자관인출력	전자적인 이미지 형태의 전자 관인을 출력
158	요소기술	쿠키/세션	세션관리	세션 생성, 등록, 사용, 폐기
159	요소기술	쿠키/세션	쿠키관리	쿠키 생성, 등록, 사용, 폐기
160	요소기술	인터페이스/화면	메인메뉴	메인 메뉴를 생성, 수정, 삭제
161	요소기술	인터페이스/화면	트리메뉴	클라이언트에서 서버의 데이터를 받아 트리 형태로 메뉴를 구성
162	요소기술	웹에디터	웹에디터	게시판, 자료실의 메모장에서 사용자가 자유롭게 컨텐츠를 편집
163	요소기술	포맷/계산/변환	날짜/시간/요일 계산	날짜, 시간, 요일을 계산
164	요소기술	포맷/계산/변환	날짜/시간/요일 변환	날짜, 시간, 요일의 데이터(DATE) 타입을 문자열(STRING), 숫자(INTEGER)로 변환
165	요소기술	포맷/계산/변환	날짜/시간/요일 유효성체크	날짜, 시간, 요일이 유효한지 체크
166	요소기술	포맷/계산/변환	날짜/시간/요일 포맷변경	날짜, 시간, 요일을 다양한 형태의 포맷으로 변경
167	요소기술	포맷/계산/변환	랜덤날짜 구하기	두 개의 날짜 사이의 랜덤일자를 제공

순번	중분류	소분류	컴포넌트명	설명
168	요소기술	포맷/계산/변환	랜덤문자열 구하기	문자열 A에서 Z사이의 랜덤 문자열을 제공
169	요소기술	포맷/계산/변환	랜덤숫자 구하기	특정 숫자 집합에서 랜덤 숫자를 제공
170	요소기술	포맷/계산/변환	문자열검색	검색대상 문자열 중에서 검색하고자하는 문자열의 위치를 반환
171	요소기술	포맷/계산/변환	문자열변환	주어진 문자셋으로 문자열의 인코딩을 변환
172	요소기술	포맷/계산/변환	문자열유효성 체크	주어진 문자열과 비교대상 문자열을 비교
173	요소기술	포맷/계산/변환	번호유효성 체크	입력받은 주민번호, 법인번호, 사업자번호, 외국인등록번호, 전화번호, 이메일 주소가 유효한지 체크
174	요소기술	포맷/계산/변환	문자열치환	원본문자열에 포함된 특정 문자열을 새운 문자열로 치환
175	요소기술	포맷/계산/변환	숫자검색	특정 숫자 집합에서 특정 숫자가 있는지 체크
176	요소기술	포맷/계산/변환	숫자변환	숫자 타입을 문자열이나 데이터 타입으로 변환
177	요소기술	포맷/계산/변환	숫자유효성 체크	특정 숫자가 숫자인지 아닌지 체크
178	요소기술	포맷/계산/변환	숫자치환	특정 숫자를 다른 숫자로 치환
179	요소기술	포맷/계산/변환	포맷유효성 체크	입력받은 정보가 정해진 포맷(전화번호 형식, 이메일 형식 등)에 유효한지 체크
180	요소기술	포맷/계산/변환	실수/정수/음수 체크	특정 숫자가 실수인지, 정수인지, 음수인지 체크
181	요소기술	포맷/계산/변환	양력/음력변환	양력을 음력으로 음력을 양력으로 변환
182	요소기술	포맷/계산/변환	인코딩/디코딩	문자열을 다양한 문자셋(EUC-KR, UTF-8,..)으로 인코딩 및 디코딩
183	요소기술	포맷/계산/변환	특수문자열 처리	HTML 특수문자를 처리('<' 문자열을 '<'로, '&' 문자열을 '&amp' 로 변환)

순번	중분류	소분류	컴포넌트명	설명
184	요소기술	포맷/계산/변환	환율계산	대한민국(KRW), 미국(USD), 유럽연합(EUR), 일본(JPY), 중국원화(CNY) 간의 환율을 계산
185	요소기술	포맷/계산/변환	TIMESTAMP 값 구하기	17자리의 TIMESTAMP 값 계산
186	요소기술	포맷/계산/변환	단위계산	넓이, 길이, 무게 등에 대한 단위를 환산
187	요소기술	시스템	네트워크상태 체크	시스템 네트워크가 정상 접속이 가능한지 체크하는 기능을 제공함
188	요소기술	시스템	네트워크정보 확인	시스템 네트워크 정보(MAC 주소, IP 주소, PORT 번호, 네트워크 상태 등) 확인
189	요소기술	시스템	디렉토리감시	디렉토리에 파일이 들어오면 자동알림
190	요소기술	시스템	디레토리 권한 체크	디렉토리의 읽기, 쓰기 권한을 체크
191	요소기술	시스템	디렉토리복사	디렉토리를 다른 디렉토리로 복사
192	요소기술	시스템	디렉토리삭제	특정 디렉토리를 삭제
193	요소기술	시스템	디렉토리생성	디렉토리를 생성
194	요소기술	시스템	디렉토리속성 정보체크	디렉토리가 가지고 있는 속성정보(디스크명, 디렉토리명, 생성일자, 생성자, 디렉토리접근권한, 사이즈 등)를 체크
195	요소기술	시스템	디렉토리압축/해제	압축 알고리즘을 사용하여 디렉토리를 압축하고 해제
196	요소기술	시스템	디렉토리이동	디렉토리를 다른 디렉토리로 이동
197	요소기술	시스템	디렉토리 일자체크	디렉토리의 생성일자 정보 제공
198	요소기술	시스템	디렉토리 존재체크	디렉토리가 존재하는지 체크
199	요소기술	시스템	디스크속성 정보체크	디스크가 가지고 있는 속성정보(디스크명, 디스크 종류, 접근권한정보, 전체용량, 사용량, 유효사용량 등)를 체크
200	요소기술	시스템	디스크유효 용량체크	특정 디스크의 유효 용량을 체크

순번	중분류	소분류	컴포넌트명	설명
201	요소기술	시스템	디스크존재 체크	특정 디스크가 존재하는지 체크
202	요소기술	시스템	서버정보확인	메일서버, WAS서버, WEB서버 등의 정보를 체크
203	요소기술	시스템	시스템정보 확인	시스템 고유 속성정보(시스템명, 프로세서 ID, OS종류, 디스크(HDD) 용량, 메모리(메인메모리) 용량 등)를 체크
204	요소기술	시스템	유효메모리 체크	시스템에서 사용할 수 있는 유효 메모리 용량을 체크
205	요소기술	시스템	클라이언트 정보확인	웹 브라우저가 실행되고 있는 클라이언트 정보(웹 브라우저 버전, 클라이언트 IP주소 등)를 체크
206	요소기술	시스템	파일권한체크	파일의 읽기, 쓰기 권한을 체크
207	요소기술	시스템	파일다운로드	서버에 저장되어있는 파일을 표준 Http 방식으로 다운로드
208	요소기술	시스템	파일변환	다양한 형태(워드, 엑셀 등)의 파일을 PDF 파일로 변환
209	요소기술	시스템	파일보안	암호화 알고리즘을 사용하여 파일을 암호화 및 복호화
210	요소기술	시스템	파일복사	파일을 다른 디렉토리에 복사
211	요소기술	시스템	파일비교	두 개의 파일이 동일한지 비교
212	요소기술	시스템	파일삭제	지정된 경로에 존재하는 물리적 파일을 삭제
213	요소기술	시스템	파일생성	물리적인 파일을 지정된 경로에 생성
214	요소기술	시스템	파일속성 정보체크	파일 고유의 속성정보(디스크명, 디렉토리명, 파일명, 최종수정일자, 생성자, 파일접근권한, 파일사이즈, 파일포맷 등)를 체크
215	요소기술	시스템	파일송/수신	FTP 프로토콜을 사용하여 파일을송수신
216	요소기술	시스템	파일압축/해제	압축 알고리즘을 사용하여 파일을 압축 및 해제
217	요소기술	시스템	파일업로드	브라우저를 통해서 확인 가능한 사용자의 저장소에 저장되어 있는 파일을 개발프레임워크의 기능을 연동하여 표준 http방식으로 서버로 업로드
218	요소기술	시스템	파일이동	물리적인 파일을 지정된 위치로 이동
219	요소기술	시스템	파일일자체크	파일의 생성일자, 수정일자 정보 수집
220	요소기술	시스템	파일존재체크	파일이 존재하는지 체크

<table>
<tr><th>순번</th><th>중분류</th><th>소분류</th><th>컴포넌트명</th><th>설명</th></tr>
<tr><td>221</td><td>요소기술</td><td>시스템</td><td>파일파싱</td><td>텍스트 파일을 특정 구분자(‘,’, ‘|’, ‘TAB’)로 파싱하여 정보 추출</td></tr>
<tr><td>222</td><td>요소기술</td><td>시스템</td><td>프로세스 ID 확인</td><td>시스템에서 실행되고 있는 프로세스 ID 체크</td></tr>
<tr><td>223</td><td>요소기술</td><td>시스템</td><td>프로퍼티</td><td>시스템에 존재하는 프로퍼티 항목 중에서 인자로 주어진 키 값에 해당하는 프로퍼티 값을 찾기</td></tr>
<tr><td>224</td><td>요소기술</td><td>시스템</td><td>XML 데이터 조립</td><td>XML로 전환 가능한 자바 객체를 XML파일로 생성</td></tr>
<tr><td>225</td><td>요소기술</td><td>시스템</td><td>XML 데이터 파싱</td><td>XML 데이터를 파싱하여 자바객체로 생성</td></tr>
<tr><td>226</td><td>요소기술</td><td>시스템</td><td>송수신 모니터링</td><td>연계서버와 관련 있는 정보시스템(송수신 서버 포함)의 관련정보 관리</td></tr>
<tr><td>227</td><td>요소기술</td><td>시스템</td><td>DB서비스 모니터링</td><td>DB가 정상 서비스를 하고 있는지 점검하고, 문제 발생 시 관리자에게 통보</td></tr>
<tr><td>228</td><td>요소기술</td><td>시스템</td><td>HTTP서비스 모니터링</td><td>웹 서비스(웹서버 및 WAS 점검)가 정상적인지 점검하고, 문제 발생 시 관리자에게 통보</td></tr>
<tr><td>229</td><td>요소기술</td><td>시스템</td><td>프로세스 모니터링</td><td>특정 프로세스가 기동 중인지 점검하고, 문제 발생 시 관리자에게 통보</td></tr>
<tr><td>230</td><td>요소기술</td><td>시스템</td><td>네트워크서비스 모니터링</td><td>소켓(특정 port 점검)에 대한 네트워크 서비스를 점검하고, 문제 발생 시 관리자에게 통보</td></tr>
<tr><td>231</td><td>요소기술</td><td>시스템</td><td>파일시스템 모니터링</td><td>파일 시스템의 사용량 정보를 모니터링하고, 임계치 이상 사용 시 관리자에게 통보</td></tr>
<tr><td>232</td><td>요소기술</td><td>시스템</td><td>프록시서비스</td><td>프록시 설정을 동적으로 관리하고 연결에 대한 기본 서비스(telnet, ftp, jdbc 연결)에 대한 로깅을 기록</td></tr>
<tr><td>233</td><td>요소기술</td><td>시스템</td><td>파일동기화</td><td>파일 저장 및 삭제에 대하여 여러 AP 서버에 동기화시키는 기능으로 AP 서버들 간 동기화를 통해 파일 첨부 및 다운로드 기능 제공</td></tr>
<tr><td>234</td><td>요소기술</td><td>시스템</td><td>로그인세션 정보체크</td><td>로그인한 세션정보를 체크하여 정의한 페이지로 이동</td></tr>
<tr><td>235</td><td>요소기술</td><td>시스템</td><td>서버자원 모니터링</td><td>웹서버, WAS, DB 서버 등의 서버자원의 사용 현황 모니터링</td></tr>
<tr><td>236</td><td>요소기술</td><td>시스템</td><td>웹표준검사</td><td>브라우저 호환성을 위해 웹표준 준수여부 검사</td></tr>
</table>

순번	중분류	소분류	컴포넌트명	설명
237	요소기술	시스템	로그패턴분석	로그파일을 분석하여 특정 문자열 등의 패턴과 일치하는 내용을 추출
238	요소기술	시스템	파일업로드/다운로드	대용량 파일 업로드 및 다운로드
239	요소기술	신규 컴포넌트	중복로그인 방지	로그인 중복 방지
240	요소기술	신규 컴포넌트	지역화 처리	날짜, 문자 지역화처리
241	요소기술	신규 컴포넌트	이중등록 방지	이중등록 방지 처리
242	요소기술	웹에디터	웹에디터 (WYSIWYG)	CK WYSIWYG 웹에디터 서비스
243	요소기술	신규 컴포넌트	HTTPS 자동 전환	HTTPS RE WRITE 자동 전환 서비스
244	요소기술	신규 컴포넌트	HTTP Request 정보 취득	HTTP Request 정보 취득 서비스
245	요소기술	신규 컴포넌트	Resource Close 처리	Resource Close 처리 서비스
246	요소기술	신규 컴포넌트	Basic 로그	Basic 로그 처리 서비스
247	요소기술	신규 컴포넌트	showModal Dialog대체	showModalDialog 대체 기능 서비스
248	요소기술	외부추가 컴포넌트	소셜인증기반 로그인	소셜 인증 기반 로그인 기능 서비스
249	요소기술	외부추가 컴포넌트	LDAP 조직도관리	LDAP조직도관리 서비스
250	요소기술	외부추가 컴포넌트	배치프레임워크 간소화	배치 프레임워크 간소화 기능 서비스
251	요소기술	외부추가 컴포넌트	Web Messenger	Web Messenger 기능 서비스

C Open Source Software List

여기에 제공된 공개소프트웨어 리스트는 NIPA 공개SW역량프라자에서 조사한 대표적인 공개 소프트웨어 솔루션 맵을 보여준다.

출처: NIAP, "2018 공개SW 기업 편람", NIPA 공개SW역량프라자, 2018

1 시스템 소프트웨어

❖ 운영체제

솔루션	커뮤니티
Asianux	Asianux Project(asianux.com)
CentOS	CentOS Project(centos.org)
Debian	Debian Project(debian.org)
Fedora	Fedora Project(fedoraproject.org)
FreeBSD	FreeBSD Project(freebsd.org)
HamoniKR	HamoniKR Community(hamonikr.org)
Oracle Linux	Fedora Project(fedoraproject.org)
Red Hat Linux	Fedora Project(fedoraproject.org)
SCIENTIFIC	Fermilab(scientificlinux.org)
SULinux	SULinux(sulinux.net)
SUSE	SUSE(suse.org)
Ubuntu	Ubuntu Community(ubuntu.com)

❖ 데이터 관리

솔루션	커뮤니티
CUBRID	CUBRID(cubrid.com)
MariaDB	MariaDB Foundation(mariadb.org)
MongoDB	MongoDB(mongodb.com)
MySQL	Mysql Project(dev.mysql.com)
Percona Server	Percona(percona.com)
PostgreSQL	PostgreSQL Project(postgresql.org)
Postgres Advanced Server	PostgreSQL Project(postgresql.org)
ankus(analyzer/Optimizer)	Ankus Community(openankus.org)
Hadoop	Apache Foundation(hadoop.apache.org)
OBICs DataArk	Apache Foundation(hadoop.apache.org)
Flamingo	Flamingo Project (sourceforge.net/projects/hadoop-manager/)
Tajo	Apache Tajo(Tajo.apache.org)
Redis	redis community(github.com/antirez/redis)
Splunk	splunk community (splunk.com/en_us/ community.html)
HDF/HDP(Hortonworks Data Flow/Platform)	Apache(Apache.org)
ARCUS	ARCUS(github.com/jam2in/arcus)
eXperDB	PostgreSQL Master(cafe.naver.com)
HamoniKR Rescue	HamoniKR Community(hamonikr.org)
RealDisplay Platform	RealDisplay(kopens.com)
Tungsten Replicator	Tungsten Replicator (github.com/vmware/tungsten-replicator)
Elastic Search	(github.com/ elastic, elastic.co)
Elastic Stack	(github.com/ elastic, elastic.co)

❖ 스토리지

솔루션	커뮤니티
Ceph	Ceph Community(ceph.com)
GlusterFS	Gluster Community(gluster.org)
LVM2	LVM2(sourceware.org/lvm2)
Red Hat Ceph Storage	Ceph Community(ceph.com)
Red Hat Gluster Storage	Gluster Community(gluster.org)

❖ 가상화

솔루션	커뮤니티
KVM	OVA(linux-kvm.org)
Red Hat Virtualization	ovirt(ovirt.org)
Xen	Xen Project(xenproject.org)
XenServer	XenServer(xenserver.org)

❖ 보안

솔루션	커뮤니티
ForgeRock	ForgeRock Community(forgerock.org)
Fail2Ban	Fail2Ban(fail2ban.org)
freeIPA	Fedora Project(freeipa.org)
keyCloak	Jboss Community(Jboss.org)
ModSecurity	ModSecurity(modsecurity.org)

❖ 자원관리

솔루션	커뮤니티
389 Directory Server	Fedora Project(port389.org)
Ansible	Ansible Community(ansible.com)
Corosync	Corosync Community(corosync.github.)
DRBD	drbd(www.linbit.com/drbd)
GaleraCluster	Codership(galeracluster.com)
Heartbeat	Linux-HA(linux-ha.org)
LSCP	LSCP(sourceforge.net/projects/lscp)
LSMP	LSMP(sourceforge.net/projects/lsmprojec)
Nagios	Nagios(nagios.org)
Cacti	Cacti(cacti.net)
OpenLDAP	Openldap Project(openldap.org)
Pacemaker	ClusterLabs(clusterlabs.org)
Red Hat Cluster Suite(RHCS)	Fedora Project(fedoraproject.org)
SaltStack	SaltStack(saltstack.com)
SeOA	SeOA(sw.selim.re.kr)
Zabbix	ZABBIX(zabbix.com)
OBICs Watch SMS	
Samba	Samba Team(samba.org)
3Scale	3Scale Community(3scale.net/tag/community)
WDRBD	mantech(github.com/mantechnology/wdrbd)

❖ SW공학도구

솔루션	커뮤니티
CKEditor	CKSource(ckeditor.com)
Django	Django(djangoproject.com)
eGovFrame	eGovFrame Community(egovframe.go.kr)
Essencia	uEngine(uengine.org)
GitLab	GitLab(about.gitlab.com)
Python	Python(python.org)
R	R Community(rproject.org)
SmartBuilder	SmartBuilder(kicco.com)
Jmeter	Apache JMeter(jmeter.apache.org)
OBICs DevPro	Spring Project(spring.io)
spring batch	

2 미들웨어

❖ 분산시스템SW

솔루션	커뮤니티
ActiveMQ	Apache ActiveMQ(activemq.apache.org)
Camel	Apache Camel(camel.apache.org)
Storm	Apache Storm(storm.apache.org)
HAProxy	HAProxy(haproxy.org)
LVS	LVS(linuxvirtualserver.org)
OCFS2	OCFS2(oss.oracle.com/projects/ocfs2)
Red Hat Global File System	Fedora Project(fedoraproject.org)
MapReduce	Apache Hadoop(hadoop.apache.org)
Apache Spark	Apache Spark Community(spark.apache.org/community.html)

❖ WEB 서버

솔루션	커뮤니티
Apache HTTP	Apache Software Foundation(apache.org)
JBoss Web Server	Wildfly Community(wildfly.org)
Nginx	NGINX(nginx.org)
ProFTPD	ProFTPD Project(proftpd.org)
Resin	Caucho(caucho.com)

❖ WAS 서버

솔루션	커뮤니티
Jboss Enterprise Application Platform	Wildfly Community(wildfly.org)
NAWAS	NAWAS(nawas.co.kr)
Tomcat	Apache Software Foundation(tomcat.apache.org)
uWSGI	uWSGI Project(uwsgidocs.readthedocs.io)
WildFly	Wildfly Community(wildfly.org)

3 ESB

❖ Cloud Service

솔루션	커뮤니티
Redhat Jboss Fuse	Red Hat(Red Hat.com/jbossiddleware/fuse)

솔루션	커뮤니티
ApacheCloudstack	Apache Cloudstack(cloudstack.apache.org)
FastCatSerach	지앤클라우드(fastcat.co)
OBICs devpack	CloudFoundry(cloudfoundry.org)

솔루션	커뮤니티
Open Cloud Engine	OpenCloudEngine(opencloudengine.org)
Openshift	Openshift(openshift.com)
Openstack	OpenStack Foundation(Openstack.org)
Red Hat OpenStack Platform	OpenStack Foundation(Openstack.org)
Red Hat Cloudforms	Red Hat(redhat.com/cloudforms)
Red Hat OpenShift Enterprise	enshift(openshift.com)
Docker	Docker(github.com/ docker/docker-ce)
SCI	SCI(sw.selim.re.kr)

4 응용SW

❖ Contents Distributer

솔루션	커뮤니티
Drupal	Drupal Community(drupal.org)
Q-Portal	Liferay(liferay.com)
WordPress	Make BCT(makebct.net)

❖ Collaboration Management

솔루션	커뮤니티
git	git Community(git-scm.com)
Process CODI	uEngine(uengine.org)
subversion	Apache Foundation(subversion.apache.org)
Zimbra Collaboration	Zimbra(zimbra.com)

❖ BI/OLAP

솔루션	커뮤니티
OBICs Orchestra	Redmine Community(redmine.org)
Redmine	
uEngine BPM	uEngine(uengine.org)

❖ 기타

솔루션	커뮤니티
(영상처리) Hamonia MediaWeaver	WebRTC(webrtc.org)
(자연어처리) FastCatSerach	지앤클라우드(fastcat.co)
(오피스웨어) LibreOffice	The Document Foundation(libreoffice.org)
(ERP) Apache OFBiz	Apache OFbiz(ofbiz.apache.org)
(CRM) SugarCRM	SugarCRM(community.sugarcrm.com)

5 기타

❖ GIS

솔루션	커뮤니티
GeoServer	Open Geospatial Consortium(geoserver.org)
OpenLayers	OpenLayers Dev Team(openlayers.org)
PostGIS	PostGIS PSC(postgis.net)
QGIS	QGIS Devlopment Team(qgis.org)

❖ AI

솔루션	커뮤니티
TensorFlow	TensorFlow Community(tensorflow.org/community)

❖ LMS

솔루션	커뮤니티
Hamonia ClassMate	iTALC(italc.sourceforge.net)
Moodle	Moodle HQ(moodle.org)
Open-edx	OPENedX Community(open.edx.org)

❖ 기타

솔루션	커뮤니티
(공학 CFD) OpenFOAM	OpenFoam Foundation(openfoam.org)
(수치제어) 제누이노 CNC	CNC(dev.naver.com/projects/hihanjn)
(라이선스 및 보안취약점검증서비스) Protex/Code Center/ Hub	Blackducksoftware(openhub.net)